나는 이렇게 세 딸을 하버드에 보냈다

나는 이렇게 세 딸을

심활경 지음

하버드에 보냈다

쌤앤
파커스

차례

PART 2 ◇◇

아이 인생의 밑그림을 함께 그려라   123
: 유아동 시기

PART 3 ◇◇◇

지금의 선택이 10년 후 미래를 바꾼다   169
: 초등학생 시기

프롤로그_

딸 셋을 다
하버드에 보냈다고요?

 LA 시내로 볼일을 보러 나갔다. 여러 곳을 다니며 일을 보고 있
었지만 마음 한구석은 긴장감이 역력했다. 하버드 대학교 합격자
발표가 있는 날이기 때문이었다. 오후 2시쯤 되면 모든 것이 확실
해질 것이라고 생각했다. 합격 이메일이 도착하기만을 기다리고
있는 딸아이와 함께 초초하게 집에 있자니 오히려 딸아이가 더 긴
장하고 중압감을 느낄 것 같다는 생각이 들었다. 평상시처럼 그날
을 맞이하고 싶었다. 엄마, 아빠는 하버드를 크게 기대하지 않는다
는 사인을 주고 싶었다.
 2시가 좀 지나자 핸드폰의 벨소리가 들렸다. 순간 일찍 전화가
온다는 게 좋은 사인 같다는 예감이 들었다.

"엄마…. 나, 하버드에 합격했대!"

울음과 흥분이 섞인 딸의 목소리를 듣는 순간 너무나 감격스럽고 말로 표현 못할 감동이 마음속 깊은 곳에서 흘러나와 주체할 수 없었다. 그다음 일정들을 어떻게 하고 다녔는지 기억이 나지 않는다. 당사자인 첫째 혜민이도 하버드에서 보낸 이메일이 도착했을 때 너무 떨려서 열어볼 수가 없었다고 했다. 보다 못한 동생들이 대신 열어주었는데 "Congratulation"이라는 첫 단어를 보는 순간 자매들끼리 "우와~!" 하고 함성을 지르며 껴안고 울고불고하며 감격의 도가니였다고 했다.

이후에도 하버드 합격 소식을 두 번이나 더 경험하게 되었다. 경험할수록 익숙해지는 게 아니라 더 긴장되고 떨렸다. 셋째 혜성이는 언니들과 달리 IT 세대에 걸맞게 합격 메일을 열어보는 장면을 영상으로 담을 준비까지 해놓았다. 지금도 그 영상을 보면서 그때의 감격을 되새긴다.

혜민이가 하버드에 입학한 후 주변 지인으로부터 가장 많이 받은 질문이 있다. "엄마와 아빠 중에 누구를 닮았나요?" 그러면 나와 남편은 딱히 누구라고 답할 수 없었다. 엄마인 나를 닮은 것도, 그렇다고 아빠를 닮은 것도 아니다. 우리 부부는 같은 대학, 대학원에서 공부한 캠퍼스 커플이었다. 그래서 서로를 잘 안다. 우리 모두를 닮지 않았다는 사실을. 그래서 이렇게 대답 하곤 했다. "우리 둘 다 아니에요. 돌연변이에요." 그러면 지인은 고개를 끄덕이고는 했다. 둘 모두 닮지 않았으니 돌연변이라는 말이 설득력이 있어 보였다.

그러나 둘째에 이어 셋째까지 모두 하버드에 입학하게 되자 만나는 사람마다 하버드에 보낸 비결을 알고 싶어했다. "딸들이 모두 누구를 닮아서 그렇게 될 수 있었어요?" 그러면 우리 부부는 늘 같은 대답을 했다. "우리를 닮은 것이 아니고 돌연변이에요." 모두들 이 대답에 만족하지 않았다. 고개를 끄덕이기는 커녕 다른 질문을 더 던졌다. "하나는 돌연변이일 수 있는데…. 셋 모두가 돌연변이는 아니겠죠. 무언가 '하버드 DNA'가 있는 것 같은데. 알려주세요." 이 말을 듣고 '정말 하버드 DNA가 우리 가정에 있나?' 하는 생각을 하게 되었다.

나는 그 질문에 대한 답을 대신해 이 책을 쓰게 되었다. 나는 결국 우리 가정의 교육이 세 딸 모두를 하버드에 보낸 DNA인 것을 발견했다. 그 DNA가 구체적으로 무엇인지 알게 함으로써 자녀를 키우는 모든 엄마들에게 조금이나마 도움이 되길 바란다. 이 책이 우리의 소중한 모든 자녀들에게 자신 속에 있는 위대한 거인을 발견하고 깨우는 계기가 되었으면 좋겠다.

아이의 모든 것을 수집하는 컬렉터

어느 날, 이제 12학년에 올라가는 첫째 혜민이의 카운슬러에게 서 연락이 왔다. 딸에 대한 엄마의 생각을 듣고 싶다고 했다. 학교 안에서의 혜민이가 아니라 나고 자랐던 가정의 배경과 더불어 살 아온 이야기를 궁금해한다는 생각이 들었다. 이를 물어온 까닭은 혜민이의 대학 추천서를 쓰기 위함이었다. 혜민이는 걱정스러운 얼굴로 "엄마가 나에 대해서 잘 얘기해야 할 텐데…" 하며 말끝을 흐렸다. 나는 혜민이에게 "걱정하지 마. 엄마는 너를 설명할 수 있 는 모든 것을 가지고 있어"라고 말했다. 그리고 지금까지 보물처럼 간직해왔던, 혜민이에 대한 모든 기록이 담겨 있는 파일과 혜민이 인생의 포트폴리오라고 해도 과언이 아닐 것들을 가져왔다. 혜민 이는 이를 보고 놀라 눈이 휘둥그레지면서 "와, 엄마 진짜 대단하 다! 이런 것들을 언제 다 모았어?"라며 감탄했다.

무거운 파일 안에는 서너 살부터의 혜민이에 관한 다양한 흔적 들이 들어 있었다. 선생님의 코멘트가 꼼꼼하게 적혀 있는 빛바랜 유치원 성적표부터 학교 수업 시간에 잘 썼다며 칭찬을 받았거나 상을 받았던 에세이들(혜민이는 에세이들의 첫 장마다 적힌 선생님의 코멘 트를 보며 그때 그 시절로 돌아간 것 같다며 좋아했다), 켄터키시장배 아카 데믹상, 지역 사회 봉사 활동의 일환으로 오케스트라 공연을 했던 수료증, 학교 신문에 소개된 기사, 학생 대표로 했던 졸업 연설문, 심지어 교회의 여름성경학교 수료증까지. 그동안 혜민이가 걸어온 모든 행적이 들어 있었다. 대학 추천서를 써줄 선생님이 이 자료들만 봐도 혜민이가 어떻게 살아왔고 어떤 아이인지 파악하기에 충분한 자료였다. 신이 난 혜민이는 그 큰 파일을 무거운 줄 모르고 학교에 가져가 카운슬러에게 보여주었다. 자료를 보고 크게 감동한 선생님은 혜민이에게 이런 엄마를 가진 것이 행운이라며 몇 번이나 반복해 이야기했다고 한다.

나는 지극히 평범한 엄마였다

혜민이와 카운슬러 사이에 있었던 일을 듣고 '내가 과연 칭찬받을 만큼 대단한 엄마인가?' 하고 스스로에게 물어보았다.

나는 평범한, 아니 사실 가정 형편이 그리 좋지 않은 가정에서 자랐다. 하지만 아버지의 교육열만큼은 대단했다. 아버지는 대학을 졸업하진 않으셨지만 여러 분야에 관심이 많고 굉장히 박식한 분이셨다. 그렇지만 안타깝게도 본인의 삶에서는 그 다양한 지식을 토대로 큰 성과를 이루어내지는 못하셨다. 그래서 본인의 못다 이룬 꿈을 자식들을 통해 완성하고자 매일 저녁 식사 후 직접 공부를 가르쳐주셨다. 당시 매일 배달되던 '일일공부'라는 학습지가 있었다. 아버지는 이것을 가지고 직접 문제를 읽어주며 풀도록 하셨다. 이런 아버지의 교육에 대한 열정이 곧 우리 집안의 분위기였다.

다행히 오빠는 그런 아버지의 꿈을 실현시켜줄 정도의 실력을 가지고 있었지만 나는 아버지의 기대만큼 영특하지 못했다. 그렇다 보니 아버지께서는 나를 보며 답답해하시는 게 한두 번이 아니었다. 아버지에게서 배우면서 혼도 많이 나고 울기도 많이 울었다. '내 머리가 나쁜 탓일까?' 하는 생각도 했지만, 일상생활에서는 재치 있고 말도 잘하는 데다 상황 파악도 빠르다는 칭찬을 듣곤 했다. 이처럼 내게도 남들과는 다른 장점과 재능이 있었을 텐데 부모님은 알아채지 못하신 것 같다. 그렇지만 어려운 집안 형편 때문에 공부 외에 다른 기회는 생각도 못 하셨을 거라 생각한다. 예체능 쪽을 배운다거나 여행이나 여타 취미를 가질만한 여유도 내겐 없었다.

이런 유년 시절을 지나 나에게 찾아온 기회는 이화여자고등학교에 입학하게 된 것이었다. 비평준화였던 이화여고가 내가 입학할 당시 평준화가 되면서 추첨으로 받게 된 행운이었다. 운으로 얻은 기회임에도 불구하고 아버지는 무척 기뻐하셨다. 동네방네 만나는 분마다 "우리 딸이 명문 이화여고에 들어갔다"고 자랑하며 다니셨다. 이화여고 입학을 그렇게 좋아하셨던 아버지는 내가 대학을 졸업한 해에 지병으로 돌아가셨다. 만약 아버지께서 살아계셔서 손녀딸 셋 모두 한국의 명문도 아니고 세계의 명문이라 일컬어지는 하버드 대학교에 들어간 것을 보셨다면 어떤 반응이셨을지 충분히 상상이 된다. 그렇기에 나는 이 점이 늘 아쉽다. 아버지께서는 왜 그렇게 이화여고 입학을 좋아하셨는지 그 속내를 전부 알 수 없지만, 어쨌든 나에게는 인생을 바꾸는 전환점이 된 것은 분명하다.

우선 이화여고의 분위기는 이전에 경험했던 학교들과 전혀 달랐다. 처음에는 왜 그런지 몰랐다. 후에 알게 된 결정적 차이는 자유가 있다는 점이었다. 학업과 생활고에 찌들어 있던 나에게 자연과 어우러지는 캠퍼스는 그 자체로 힐링이 되었고 100년 넘게 이어진 역사 속에 내려온 자유의 정신은 다른 세상을 볼 수 있는 눈을 선물했다. 그 자유의 근원이 무엇일까 생각해보니 기독교 정신에서 유래했음을 느끼게 되었다.

입학 당시 나는 기독교인이 아니었다. 교회라곤 어릴 때 성탄절 과자를 받으러 방문했던 것이 전부였다. 그러나 학교 내의 모든 문화 행사가 기독교식으로 진행되었음에도 나는 거부감 없이 받아들였다. 그렇게 힐링 속에 학교 생활을 누리게 되었다. 집에서는 느낄 수 없는 편안함 그리고 내 안에 숨은 무언가가 나와서 표현될 것 같은 느낌을 받았다. 그렇다고 갑자기 공부를 잘하게 되어서 우등생이 되었다거나 리더십이 발휘되어서 반을 이끌고 선생님들에게도 인정받는 그런 학생이 되지는 않았다. 여전히 존재감 없이, 조용히 남들 눈에 띄지 않고 학교만 다니는 학생에 불과했다.

내게 주어진 새로운 기회

고등학교 2학년이 되었을 때 담임 선생님께서 학급 임원을 발표하시는데 그중에 내 이름도 포함되어 있었다. 그때까지의 학교 생활에 비추어 봤을 때 일어날 수 없는 일이 일어난 것이다. 그것도 '선교위원'이라는 직책이었다. 선교위원은 각 반의 예배를 준비하고 목회실이 주관하는 활동이나 행사를 반 친구들에게 알리고 선도하는 역할을 했다. 당시에는 '이런 일을 왜 내가 하게 되었을까?' 하는 의문이 생겼다. 왜냐하면 나는 기독교인이 아니었고 생활기록부에도 무교라고 답했기 때문이다. 아무래도 선생님께서 착각하셨다는 확신이 들어 교무실로 찾아갔다. 그러나 선생님은 무슨 생각이셨는지 모르지만, 무조건 할 수 있다고 말씀하셨다. 나는 교회에 다니지 않는다고 설명했지만, 선생님은 완강하셨다. 임원 활동을 하면 리더십도 키울 수 있으니 오히려 좋은 기회라고 하셨다. 리더십을 키울 수 있는 기회라는 말은 내 안의 무언가를 건드린 것 같았다.

예상했던 대로 선교위원 활동은 결코 쉽지 않았다. 목회실에서 예배 자료를 받아 이해한 후 예배를 진행한다는 것은 교회에 다녀 보지 않은 나로서는 큰 도전이었다. 게다가 함께 선교위원이 된 아이들은 학급 예배에 관심이 없었다. 다른 많은 반에서는 학생들의 요구로 학급 예배 대신 자율학습을 하고는 했다. 반 친구들은 우리도 그렇게 하자며 나를 설득했다. 하지만 학교에서 공식적으로 정한 것을 거스른다는 것은 있을 수 없는 일이었다. 결국 1년 동안 한 번도 거르지 않고 학급 예배를 진행했다. 이런 성실함은 매일 빼놓지 않고 학습지로 공부하게 하셨던 아버지에게서 비롯되었다고 생각한다. 담임 선생님이 어떤 이유로 자격이 없는 나를 선교위원으로 지목하셨는지는 지금도 알 수 없다. 어쨌든 그 활동이 내 안에 잠재된 가능성을 발견하는 시발점이 된 것은 분명하다.

고3이 되었을 때 내 인생의 또 다른 문이 열렸다. 신실한 기독교인이셨던 담임 선생님은 다시 나에게 선교위원을 맡기셨다. 2학년 때 열심히 활동했으니 계속 하라는 것이 이유였다. 선생님은 가끔 학급 예배에도 참석하셔서 아이들의 신앙생활도 신경을 많이 써주셨다. 시간이 흐르면서 자연스레 진로에 대한 고민이 생겼고 선생님은 신학대학을 추천해주셨다. 1년 동안 선교위원으로 학급을 인도하는 것을 쭉 지켜보니 나에게 가르치는 재능이 있다며 기독교교육학과에 대해 설명해주셨다. 그때까지는 그 누구도 나에게 어떤 재능이 있다고 말해준 적이 없었다. 아니, 나의 재능을 발견해준 사람이 없었다. 선생님의 말씀 덕분에 드디어 내 안의 재능을 발견하게 된 것이다.

내 재능의 씨앗을 발견한 사람이 고3 담임 선생님이라면 물을 부어 키워주신 분은 교목님이셨다. 기독교 학교였던 터라 매달 다양한 기독교 문화 행사를 접하면서 음악을 알게 되었고 연극을 보면서 인생의 단면을 볼 수 있었다. 또한 기독교 동아리 활동을 통해서는 봉사를 배우고 공동체를 경험했다. 이 모든 행사와 문화적 배경을 만들고 이끄는 건 교목님과 종교 선생님이었다. 나는 교목님을 가까이서 뵙는 것만으로도 무척 기뻤고 교목님이 시키는 작은 일에도 최선을 다했다.

잠재되어 있던 나의 가능성

학교 일로 무척 바쁘셨던 교목님의 책상은 늘 다양한 책과 서류로 가득 차 있었다. 나는 항상 교목님의 주위를 맴돌면서 오늘은 어떤 흥미로운 일이 펼쳐질지 기대하곤 했다. 그럴 때마다 교목님은 내 마음을 읽은 것처럼 무언가 일을 맡기셨다.

교목님의 책상 근처는 사실 아무나 접근할 수 없었다. 어수선해

보이지만 모두가 필요한 메모로 가득했고, 강의 노트와 책들이 쌓여 있었기에 잘못 치우다 잃어버리면 곤란해질 수 있었기 때문이다. 그래서 교목님은 책상 정리를 잘 맡기지 않으셨다. 그런데도 책상 정리는 매번 내 몫이었다. 비록 사소하고 작은 일이었지만 이 과정에서 발견한 재능이 하나 있다. 어떤 책을 어디에 놓아야 하는지, 어떤 메모를 어디에 정리해야 찾기 편한지, 강의 노트는 어떤 봉투에 담아야 효율적인지 고민하고 정리하면서 꼼꼼함을 알게 된 것이다. 훗날 강의할 기회가 생겼을 때 교목님께 배운 노하우는 큰 도움이 되었다.

교목님 덕분에 깨달은 또 하나의 것은 어떤 재능도 만들 수 있다는 점이다. 지금이야 모든 일을 컴퓨터로 처리하는 시대지만 당시만 해도 모든 문서는 직접 손으로 적어야 했다. 매주 발행하는 교회 주보도 초안을 손으로 쓰면 마스터 인쇄기로 제작했다. 당시 주보를 작성하시던 선생님의 손글씨가 무척 예뻐서 쉽게 따라할 수 없다고 생각했다. 그러던 어느날 그 선생님이 갑자기 그만두게 되자 내가 그 일을 맡을 수밖에 없게 되었다. 나는 매주 그 선생님의 글씨를 똑같이 베끼는 연습을 했다. 그렇게 몇 년이 지나자 그 선생님의 글씨인지 내 글씨인지 구분되지 않게 되었다. 글씨 잘 쓰는 재능을 가진 사람이 된 것이다.

언젠가 둘째 혜은이가 말콤 글래드웰의 《아웃라이어》라는 책을 내게 선물했다. 이 책에는 '1만 시간의 법칙'이 등장한다. 진정한 아웃라이어가 되기 위해서 1만 시간이 필요하다는 뜻이다. 이것을 증명하는 많은 예가 나왔는데 결론은 재능에 연습을 더하는 것이었다. 나는 혜은이를 통해 이 법칙을 알게 되기 전에 이미 이 법칙을 경험했다. 평범하고 눈에 띄지 않던 학생이었지만 재능을 깨달은 것은 물론이고 없던 재능도 만들어지는 것을 보았다.

신학 대학교에 입학해보니 나처럼 고등학생이 되어서야 기독교에 귀의한 사람은 거의 없었다. 모두 부모님이 목사나 장로이거나 어려서부터 신앙생활을 꾸준히 하며 자란 이들이었다. 그래서 때로는 이방인처럼 느껴질 때가 있었다. 모두 아는 찬송가도 새로웠고 성경마저 낯선 부분이 있었는데 신학 이론은 더욱 이해하기 어려웠다. 다른 학생들이 이미 가지고 있는 밑바탕과 기본부터 익히며 따라가야 했기에 학업 성과가 빨리 나타나지 못했다. 그렇지만 기독교 교육이라는 학문은 무척 흥미로웠다. 그렇게 배운 것을 나름대로 적용하며 교육하는 일에 열정을 가지게 되었다. 점차 내 활동 영역은 점점 넓어져《신앙과 교육》이라는 잡지에 기고하기도 했고 기독교 교육 협회에서 활동하면서 강의도 하는 등 더 넓은 세상에서 활동했다. 그러다 남편을 만났다. 성장 환경은 많이 달랐지만 삶의 비전은 같았다. 남편은 교육에 대한 나의 열정과 학문의 실천을 이해하고 지지해주었다. 그렇게 우리는 대학을 졸업하고 같은 대학원에 진학해 함께 공부하며 결혼까지 했다. 이후 우리 가족은 남편의 유학으로 미국행을 택하게 되었고 세 아이들의 양육을 그곳에서 하게 되었다.

엄마로서 내가 가진 재능

이렇게 내 삶을 돌아보니 지극히 평범해서 혜민이의 카운슬러가 "훌륭한 엄마"라고 칭찬할 면이 없어 보인다. 주변을 보면 전문직에 종사하면서 아이를 키우는 엄마들도 있다. 더 대단하고 존경스러운 엄마는 자녀를 집에서 공부시키는 홈스쿨링을 하는 엄마다. 나는 이런 엄마에 비하면 정말 부족하다. 목회하는 남편을 도와 많은 시간을 교회와 성도들을 위해 썼다. 넉넉한 형편도 아니었기에 아이들이 필요로 하는 것을 충분히 채워준 적도 없었음에도 미안해하지 않는 엄마였다. 하지만 내게는 다른 무언가가 있었다. 그것이 내 아이들 스스로 자신의 인생을 의미 있게 만들고 세상에 선한 영향력을 끼치도록 성장하게 만들었다고 생각한다.

지극히 평범한, 특별한 구석이라고는 하나도 없는 나지만 엄마로서, 교육자로서 내가 가진 재능은 '아이 안에 숨겨진 보물을 발견하는 것'이다. 이런 재능은 어디에서 비롯된 것일까? 과거의 시간

속에서 내게 큰 영향을 주고 내 재능을 키워준 이들이 있었다. 그 영향이 크든 작든, 의도했든 의도하지 않았든 말이다. 그들은 아버지, 담임 선생님, 교수님, 목사님, 남편이라고 생각한다. 보잘것없고 평범한 나도 이들 덕분에 오늘날의 내가 될 수 있었다. 나는 내 안에 있는 재능을 일깨워준 사람들이 있었다는 사실을 살아오면서 경험해왔다.

우리 아이들에게 엄마라는 존재는 누구보다 먼저, 누구보다 많이 자신들의 재능을 알아봐주고 키워준 사람이다. 엄마야말로 이 세상에서 제일 처음 만난 보호자, 교사, 멘토였기 때문이다. 사람마다 엄마에 대해 다양한 정의를 내리겠지만, 내가 생각하는 엄마는 아이 안의 잠재력과 재능을 발견하고 깨우는 사람이다. 재능을 발견하는 것은 엄마라면 누구나 할 수 있다. 지식이 많은 엄마든 그렇지 않은 엄마든, 도시에 살든 시골에 살든 상관없이 엄마라면 내 아이를 관찰하고 알아가면서 재능을 발견할 수 있다. 나처럼 평범한 엄마도 해냈으니 말이다. 다만 내가 더 잘했던 것은 이를 빨리 깨닫고 자녀교육에 접목하고 실행한 점이다. 작은 씨앗을 보면 보잘것없다고 생각하기 쉽다. 하지만 나는 작은 씨앗을 보면 들뜨고 흥분된다. 그것이 자라 멋지게 성장한 결과물이 보이기 때문이다. 상상만으로도 즐겁고 기쁜 일이다. 이렇듯 모든 아이는 별것 아닌 것처럼 보이는 씨앗 같은 존재다. 그런 그들을 보면서 큰 나

무와 멋진 미래를 상상하는 것은 내가 가진 교육적 안목이며 관찰력이다. 생각해보면 겨자씨 한 알이 자라 나무가 되어 공중의 새들이 가지에 모여든다는 성경 구절이 내 마음에 스며들어 나도 모르는 사이 이런 관점으로 아이들을 바라보게 된 것이다. 일찍이 가능성을 발견하고 깨닫도록 돕는 부모를 둔 아이라면 밝은 미래를 보여줄 것은 분명하다.

PART 1

아이 안에
잠든 거인을 깨워라

: 부모의 태도

1

발견하는 사람 :
아이의 재능은 부모가
처음 마주하게 된다

경험의 용량을 늘려준다

　부모는 아이의 재능을 발견하는 최초의 사람이다. 태어나서 가장 처음 만나는 인격체인 부모는 아이와 가장 많은 시간을 보내고, 가장 많은 스킨십을 나누는 사람이다. 셀 수 없이 많은 상호 작용 속에서 서로를 알아가며 아이는 성장한다. 둘 이상의 자녀를 둔 부모라면 공감하겠지만 첫째보다 둘째, 셋째를 키울 때 아이를 파악하는 시간이 훨씬 짧아진다. 나 또한 세 아이를 키우면서 내 아이들을 알아가는 나름의 방법을 터득했다.

　아이를 알기 위해 다양한 자극을 주었고 그 반응을 통해 아이를 파악했다. 아이와 있는 동안에는 한시도 눈을 떼지 않으려고 노력하면서 아이의 오감을 자극할 방법을 끊임없이 고민했다. 이런 노력 때문에 육아가 힘들기도 했지만 아이의 발달 측면에서는 훨씬 긍정적이었다고 생각한다. 부모가 주는 자극으로 아이는 경험의 범위가 넓어지기 때문이다. 이 말을 컴퓨터에 비유하자면 '저장 용량을 늘리는 것'이라고 말할 수 있다. 저장 용량이 작은 컴퓨터는 어느 순간이 되면 더 이상 파일을 저장할 수 없게 된다. 이처럼 아이의 용량이 작은데 섣불리 이것저것 가르치면 역효과가 난다. 어릴 때는 용량을 크게 만드는 것에 집중해야 한다. 이를 위해서 다양한 방법으로 오감을 활용해 끊임없이 상호 작용하면서 경험을 쌓도록 만들어야 한다. 다양한 자극에 노출될수록 내 아이의 가능성과 창조성은 발견하기 쉬워진다. 이 과정에서 부모는 아이의 흥미와 관심사를 주의 깊게 관찰해야 한다.

재능을 자극한다

첫째 혜민이를 임신했을 때는 입덧도 없이 식욕이 왕성했다. 그런 탓인지 혜민이는 태어나서부터 정말 잘 먹었다. 식욕뿐만 아니라 모든 것에서 열정이 남달랐다. 유전적 영향으로 알레르기가 있었지만 대체로 건강했고 체력도 좋았다. 혜민이가 낮잠을 자야 나도 잠깐이나마 쉴 수 있었는데도 도무지 낮잠을 자지 않았다. 그렇다고 피곤하다며 징징대지도 않았다. 그저 한시도 가만히 있지 않고 움직이면서 무엇이든 엄마와 같이 하기를 원했다. 이런 의욕 넘치는 신생아를 상대하기에 내 체력은 많이 부족했다. 하지만 식사 준비를 못 하는 일이 생기고 빨래가 밀리거나 청소를 못 해 집이 엉망이어도 혜민이와의 활동에 우선순위를 두었다.

혜민이는 여러 활동 중에서도 책 읽어주는 것을 가장 좋아했다. 혜민이가 18개월쯤 되었을 때, 얼마나 오랫동안 책 읽기에 집중할 수 있을지 궁금해 작정하고 책을 읽어 주었다. 점심을 먹고 오후 2시부터 책을 읽어주기 시작했는데 저녁 6시가 되도록 멈출 생각이 없어 보여 내일 더 읽어주겠다고 말할 수밖에 없었다. 그 어린 아이가 4시간이나 집중했던 것이다. 그렇게 혜민이의 학습에 대한 열정을 확인한 후부터는 집 안이 어수선해지는 것을 감수하고 여기저기 책을 두어 언제든지 읽기 쉽게 만들었다. 외출할 때마다 책을 챙기는 것은 필수였고 도서관 방문은 일상이었다.

학습에 대한 혜민이의 열정은 미국에 와서 영어를 깨우치는 데에도 큰 영향을 미쳤다. 이 열정은 혜민이가 자라는 내내 늘 차고 넘쳤고 대학 졸업을 앞두고 진로를 결정할 때까지 이어져 정치학 박사 과정에 진학하게 되었다.

또한 혜민이는 어려서부터 사람과 관계를 맺고 자기 생각을 분명하게 표현하며 상호 작용하는 것을 좋아했다. 장난감보다 사람을 좋아하는 아이였다. 그러니 혜민이에게는 늘 곁에 있는 엄마가 가장 좋은 장난감이었다. 늘 나에게 이것저것 묻는 것을 즐겼고 대답이 길어지더라도 끝까지 경청하고 이해했다. 집을 찾아온 손님이나 교회에서 만난 어른들에게도 부끄러워하지 않고 다가갔다. 늘 호기심을 가지고 따라다니며 이것저것 물으며 귀찮게 하는 아이였다. 이런 혜민이를 양육하는 사람으로서 내가 할 일은 관계가 잘 지속될 수 있도록 예의범절을 가르치고, 상대방을 이해하고, 사랑받는 아이가 되도록 가르치는 것이었다.

이렇게 자란 혜민이는 소수 민족으로 공립 학교에서 교육을 받았지만 백인 중심의 학교에서도 잘 적응하며 관계를 맺고 리더가 될 수 있는 영향력을 키워갔다. 지금 생각해보면 말하기 좋아하는 엄마가 말도 못 하는 아이에게 끊임없이 말을 건네면서 자극을 주다 보니 자연스럽게 능력이 개발된 것 같다.

자신감을 심어준다

미국에서는 다른 사람 앞에서 자신의 의견을 피력하는 스피치 능력을 높이 평가한다. 어려서부터 자연스럽게 스피치 실력을 키워왔던 혜민이는 중학교를 졸업할 때 졸업 연설을 하게 되었다. 미국에서 졸업 연설을 한다는 건 영예로운 일이다. 졸업식이 거의 끝나갈 때쯤 혜민이가 누군가와 한참 동안 이야기하는 모습을 보았다. 나중에 들으니 인근 고등학교의 시사 토론 클럽의 담당 선생님이라고 했다. 그는 자신의 학교로 진학해 함께 활동하면 좋겠다는 '영입 제안'을 했던 거였다. 혜민이가 그 학교로 진학하지는 않았지만 이때부터 스피치 능력을 인정받기 시작했다고 생각한다.

혜민이는 고등학교에 진학하자마자 자연스럽게 시사 토론 클럽에 들어갔다. 그 학교의 시사 토론 클럽은 수상 기록 등이 그렇게까지 뛰어나지 못했다. 게다가 담당 선생님도 크게 관심을 가지는 것 같지 않았다. 그렇게 시간이 흘러 지역 토론 대회에 참가할 기회가 생겼다. 대회장에 도착하니 토론 클럽 아이들도, 선생님도 찾아볼 수 없었다. 대회 시작 시간이 거의 다 되었을 때 12학년인 클럽 회장이 도착했다. 그 아이는 혜민이에게 "오늘이 첫 대회이니 경험이라고 생각해"라고 조언했다. 풀이하자면 잘하지 않아도 괜찮으니 충격을 받지 말라는 뜻이었다. 하지만 나는 혜민이에게 용기를 가지면 잘할 수 있을 거라며 격려했다.

시간이 지나 난생 처음 출전한 토론 대회를 마치고 나오는 혜민이의 손에는 큰 트로피 하나가 들려 있었다. 12학년 선배가 신입생에게 했던 충고가 무색하게 첫 도전에서 큰 기쁨을 맛보게 된 것이다. 사실 이 성과의 바탕에는 어렸을 때부터 키워온 담대함, 자신감, 열정, 흥미를 지속할 에너지, 표현력, 논리적 사고 등 이 대회에 필요한 능력이 있었다.

재능에 열정이라는 불을 붙인다

셋째 혜성이가 3학년 때, 담임 선생님의 추천으로 캘리포니아 교육진흥원에서 진행하는 어워즈 프로그램에 지원한 적이 있다. 이때 '나를 열광하게 만들고 매혹시키는 것들'이라는 주제로 자신에 대한 에세이를 써서 냈다. 혜성이는 이 글에서 동물이 자신을 열광하게 만들고 매혹시킨다며 동물에 대한 관심과 열정이 삶의 많은 부분을 채우고 있다고 표현했다. 혜성이는 어렸을 때부터 상당히 무거운 동물도감을 읽으면서 새로운 사실을 발견하고 공부하는 게 삶의 큰 기쁨이었다. 단순히 책을 읽는 것에서 더 나아가 나름대로 '이 주의 동물'을 정해 더 깊이 조사하고 연구하기도 했다. 원래 수의사가 되고 싶었지만 지금은 세상의 다양한 동물을 연구하는 학자가 되어 아직 알려지지 않은 새로운 동물을 연구하고 세상에 알리고 싶다면서 '미국동물학대방지협회'라는 단체에서 일하고 싶다고 밝혔다. 혜성이의 글 모든 곳에서 동물에 대한 열정이 삶에 큰 영향을 주었음을 보여주고 있었다.

그렇다면 아이가 보여주는 열정과 관련해 엄마는 무엇을 해야 할까? 아이가 자라며 그 열정이 식지 않도록 도와주고 이해해 주는 것이 엄마의 역할이다. 물론 아이가 열 살 때 동물에 관심이 많았다고 해서 훗날 동물학자가 되지는 않는다. 아이들의 꿈은 자라면서 바뀌기도 하고 성장하며 접하는 정보와 지식으로 인해 다른 길을 선택하기도 한다. 하지만 그런 과정에서 갖게 된 열정만큼은 식지 않게 지켜주고 계속 가져갈 수 있도록 해야 한다. 이 말은 열정이 주는 흥미와 기쁨을 아이가 잃어버리지 않게 도와야 한다는 뜻이다.

혜성이는 언니들보다 과학적으로 사고하는 것을 좋아했다. 고등학교에 들어가서 10학년이 되자 여름방학 동안 대학교나 병원에서 인턴을 하고 싶어 했다. 미국에서 인턴 활동을 한다는 것은 꽤 어려워서 부모나 지인을 통해 들어가게 되는 것이 일반적이다. 그러나 나처럼 부모가 이민자일 경우 미국에서의 인맥이 넓지 않아 도움을 주기가 힘들다. 미국 내 인맥이 있다 하더라도 고등학생이 참여할 수 있는 인턴 자리는 많지 않다.

혜성이는 이러한 현실적인 어려움에도 불구하고 자신이 가진 열정과 관심사를 성심성의껏 작성해 이력서와 함께 인근 대학교와 병원의 연구자들을 대상으로 50통이 넘는 이메일을 보냈다. 결과를 기다리던 중 심장에 대해 연구하는 UCLA의 한 교수님으로부터 회신이 왔다. 이력서를 꼼꼼히 검토한 그는 혜성이만이 할 수 있는 것을 발견했다며 인터뷰를 요청했다. 그의 연구실에서는 당시까지 고등학생을 인턴으로 둔 적이 없었지만 고등학생 신분으로는 혜성이가 첫 번째 인턴이 되었다고 한다. 혜성이가 인턴을 마치고 학교로 돌아가자 혜성이의 역할을 대신하기 위해 돈을 주고 사람을 고용했다는 이야기도 듣게 되었다. 그만큼 주어진 역할 이상으로 최선을 다해 몫을 해냈다는 뜻이었다. 혜성이에게는 고등학생 신분으로는 접하기 힘든 소중한 경험을 쌓은 귀한 시간이었다.

자유를 맛보게 한다

세 아이가 모두 하버드 대학교에 입학하게 되자 여기저기에서 많은 사람들로부터 큰 관심과 질문이 쏟아졌다. 엄마인 나에게도 그랬지만 아이들도 많은 질문을 받았다고 한다. 한번은 아이들이 주변으로부터 받았던 질문을 가지고 이런 대화를 나누었다.

"엄마, 사람들이 엄마를 오해하고 있는 것 같아서 속상해."

"어떻게 생각하고 있었는데?"

"엄마가 집에서 공부만 시키고 무섭게 닦달하면서 스파르타식으로 성적을 관리한 줄 알더라니까. 더 화가 나는 건 학교 친구 중에는 멋대로 엄마를 판단해서 '자기는 그렇게 공부만 시키는 엄마랑 살면 답답할 것 같다'고 하는 거 있지!"

우리 아이들은 종종 이런 이야기를 들으면 당당하고 자신 있게 이렇게 말하곤 했다.

"저는 엄마에게서 한 번도 '숙제해라', '공부해라', '왜 이것밖에 못하니?', '1등 해야 한다!' 같은 말을 들어본 적이 없다고 말해요. 엄마가 공부하라는 잔소리를 해서 공부한 게 아니라고요."

애 셋을 모두 하버드에 보냈으니 부모가 아이들을 붙잡고 공부를 엄청 시켰을 거라고 생각하는 것도 무리는 아니다. 하지만 나는 아이들 곁에서 모든 것을 조율하고 관심을 줄 만한 시간적, 경제적 여유가 없었다. 이민자인 데다 목회를 하면서 늘 교회 일이 우선이었고 가정에서보다 교회에서 더 많은 시간을 보냈다. 이런 상황이었음에도 우리 아이들이 자율적으로 공부할 수 있었던 것은 무엇 때문일까? 그것은 바로 공부할 이유를 부모에게서 찾은 게 아니라 스스로 찾았기 때문이다. 이런 자립심은 어릴 때부터 누려온 자유에서 시작한다. 자기가 하고 싶은 것을 마음껏 해보는 자유 속에서 숨겨진 능력을 발견하고 성취감도 느끼면서 어떤 상황에서든 도전할 수 있는 자세는 자연스럽게 익히게 된다. 아이가 재능을 발견하게 도와주고 싶다면 반드시 세상을 탐험할 자유를 제공해야 한다. 이런 기회를 주어야 실패할 기회 또한 생긴다. 과잉보호 속에서 자란 아이들에게는 그 어떤 창조성과 모험심도 기대할 수 없다.

어릴수록 호기심과 모험심이 많은 법이다. 아이들은 세상을 마음껏 탐험할 수 있는 자유가 주어지면 무언가 하고 싶다는 의욕을 갖게 된다. 그런 환경 속에서 성장하게 될 때 자신의 재능을 발견하고 창조성이 발달된다. 이 때문에 아이들이 억압받지 않고 자유로운 가정 환경에서 성장하는 것이 무척 중요하다.

세 아이 중 자립심이 가장 강한 아이는 둘째 혜은이로 뭐든지 스스로 하는 것을 좋아했다. 자기만의 독립적인 공간에서 상상하는 것을 좋아했고 특이한 것을 만들거나 그리는 것에 흥미를 보였다.

우리 가족이 미국에 도착했을 때 첫째는 다섯 살, 둘째는 막 두 살이 되었고 셋째는 아직 태어나기 전이었다. 당시 우리 가족은 남편이 유학 중인 학교 근처에 위치한 시민 아파트에 살게 되었다. 정부에서 운영하는 저소득층 대상의 집이었지만 방이 세 개나 되는 2층 집이었다. 학업 때문에 미국에 8개월 먼저 도착했던 남편은 학교의 도움을 받아 아이들 방을 따로 꾸며놓았다. 침대, 책상, 의자도 놓고 여기저기에서 장난감도 얻어와 아이방의 모습을 제법 잘 갖추어놓았다. 나는 아이들에게 각자 방을 줄 수 있다는 생각에 무척 설레고 기뻤다. 미국에 오기 전 시댁에서 살 때는 온 가족이 한 방에서 생활했었기 때문이다.

그날 밤부터 우리 아이들은 자기만의 침대에서 홀로 자야 했다.

나는 첫째는 자기 방이 생긴 것을 좋아하며 잘 적응하리라 생각했고 둘째를 어떻게 떼어놓아야 하나 걱정했다. 두어 시간 정도 지났을까? 방문을 열며 다가온 아이는 둘째가 아니라 첫째 혜민이로 혼자 자는 것이 무섭다며 울고 있었다. 신기하게도 더 어린 둘째 혜은이는 첫날부터 잘 잤다. 다음 날도, 그다음 날도 잘 자면서 잠자리 독립에 성공했다. 오히려 혜민의 독립에 더 오랜 시간이 걸렸다. 이 경험으로 특별히 더 독립적인 아이가 있을 수 있다는 사실을 알았다. 나는 이런 아이들의 모습을 존중하며 한 발 뒤에서 지켜보았다. 무엇이든 원하는 것을 하는 자유 속에서 거인의 상상은 실현되기 시작한다.

자유는 새로운 창조를 부른다

이렇게 독립적이었던 혜은이는 1학년부터 서서히 영어에 익숙해지면서 글쓰는 재미를 느끼기 시작했다. 아이가 처음으로 쓴 글의 제목은 '친구(Friends)'였다. 그림이 함께 들어간 10쪽 정도 분량의 작은 책이었다. 나는 이 글을 지금도 보물처럼 간직하고 있다. 보는 관점에 따라서는 이것이 뭐 그리 대단하냐고 할 수도 있다. 맞는 말이다. 아마 다른 아이들보다 조금 더, 평균적인 수준보다 살

짝 뛰어난 정도였을 것이다. 그러나 이 작은 스토리를 완성한 후 우리 가족은 혜은이에게 이야기를 제일 잘 만드는 사람이라고 불러주었다.

이처럼 무언가를 창작하는 걸 좋아했던 혜은이는 점차 자신만의 개성을 만들어갔다. 좋아하는 책을 찾아서 스스로 읽었고 수시로 글을 썼다. 우리 부부는 그런 아이를 늘 격려했다. 우리 가족 중에서 너만큼 글을 잘 쓰는 사람이 없다고 칭찬하고 또 칭찬했다. 글을 쓴다는 것은 인내와 끈기가 필요하다. 오래 앉아서 생각하고, 쓰고, 다시 생각하고, 쓰고… 참 지난한 과정을 거쳐야 하기 때문이다. 그런 인내의 과정과 연습의 결과로 글을 잘 쓸 수 있는 능력을 갖게 된다. 혜은이가 이러한 과정을 끝까지 해냈던 것은 글을 쓰면서 느끼는 희열과 자유가 있었기 때문이다. 아이가 일찌감치 이런 창조의 기쁨을 알게 된 것이 무척 기쁘고 감사했다.

둘째 혜은이가 고등학생일 때, 하루는 한국인이 운영하는 미용실에 머리를 하러 갔다. 미용실 원장님이 말씀하시기를 요즘 들어 숏커트를 요청하는 학생들이 찾아왔다면서 요즘은 이렇게 짧은 헤어스타일이 유행이냐고 물어보았다고 한다. 그랬더니 혜은이라는 친구가 숏커트를 했는데 자기도 그렇게 하고 싶어졌다고 답했다는 것이다. 사실 혜은이에게 내색하지는 않았지만 내가 보기에는 왠지 촌스럽고 예뻐보이지 않았다. 전형적인 사춘기 소녀의 상징은

찰랑거리는 긴 머리라고 생각했는데 혜은이는 무슨 생각으로 숏커트를 했을까 싶었다. 혜은이의 짧은 머리를 본 학교 친구들의 반응은 예쁘다는 쪽과 긴 머리가 좋다는 쪽으로 극명하게 갈렸다. 예쁘다는 쪽은 사실 자기도 그렇게 해보고 싶었다면서 용기를 얻었다고 했다.

사실 혜은이가 머리를 자르게 된 것은 나름의 이유가 있었다. 머리가 길다 보니 아침에 일어나 준비할 때 너무 많은 시간이 필요했던 데다 머리가 꼭 길어야 할 필요는 없다고 생각했기 때문이다. 한창 멋을 내고 외모에 신경 쓸 나이였지만, 그럴만한 이유가 있었다. 미국에서는 11학년 때가 가장 바쁘다. 혜은이도 마찬가지로 바쁜 하루하루를 보내고 있었다. 다만, 다른 아이들과 조금 달랐던 것은 주로 글을 쓰는 것 때문에 바빴다는 점이다.

당시 혜은이는 매 수업마다 주어졌던 에세이 과제를 소화하느라 바빴음에도 여러 에세이 대회를 준비하고 있었고, 3,500부씩 발행되는 학교 신문사의 편집장으로 있었으며, 글쓰기 수업 봉사를 했고, 한 비영리단체의 뉴스레터 편집위원인 데다, 지역 신문의 인턴 기자와 《미주 중앙일보》의 학생 기자로 활동하면서 정기적으로 기고까지 하고 있었다. 상황이 이렇다 보니 매일 몇 시간씩 글을 쓰고 또 써도 끝나지 않을 만큼 글쓰기에 푹 빠져 지냈다. 그렇다 보니 외모에 신경 쓸 시간도 줄여 틈나는 대로 글을 쓰려고 했던 것이다. 또 짧게 자르고 보니 등교 준비가 딱 10분이면 끝나 참 편하고 좋은 점이 많다면서 이렇게 많은 사람이 반응할 거라고는 생각을 못 했다고 했다. 나는 그런 혜은이의 자유로움을 보며 다른 사람들의 시선을 초월하고 그 자유로움이 새로운 것을 만드는 시작이 된 것이라는 생각을 했다. 혜은이가 왕성하게 썼던 글은 여기저기에 많이 소개되었는데 하나하나 작품처럼 모아두는 것이 나의 일상적인 일이었다.

혜은이의 창의적 글쓰기는 하버드에 들어가서도 계속됐다. 자연스럽게 창의적 글쓰기 수업을 수강하게 되면서 이 분야에서 유명한 교수님과도 연결되어 너무도 행복하게 글을 쓰곤 했다. 친구들과는 자체 워크숍을 정기적으로 진행하면서 서로의 글을 평가하고 받은 인상을 나누는 모임도 가졌다. 워크숍에는 종종 교수님도 초청해 조언을 듣기도 했다. 수업으로 끝나지 않고 일상에서도 배움을 이어갔던 것이다. 그랬던 혜은이는 하버드를 졸업할 때 전공은 사회학이었지만, 단편 소설로 영문학과에서 상을 받기도 했다. 나는 혜은이가 상을 받게 되었다는 소식을 들었을 때 혜은이가 쓴 첫 번째 글이었던 '친구'가 떠올랐다. 어린 시절에 보인 재능이 성장해 이렇게 결실을 맺었다는 것이 무척 기뻤다.

이렇게 엄마는 아이의 재능을 마주하는 최초의 발견자이며 그 재능을 키워주는 조력자가 된다. 원석과도 같은 아이들은 스스로 자신의 재능을 발견하고 그 능력을 키워가기란 거의 불가능하다. 그 누구라도 도움 없이 자신의 재능을 발견하기란 쉽지 않다. 곁에서 발견해주는 사람이 필요한 이유다.

한 가지 잊지 말아야 하는 것은 어떤 재능이라도 등한시해서는 안 된다는 점이다. 어떤 재능이든 아이를 성장시키는 재료가 된다. 부모 눈에 차지 않는다고 해서, 마음에 들지 않거나 원하지 않는 재능이라고 해서 무시하거나 편견을 가져서도 안 된다. 그 재능이 진정 아이의 것이라면 그와 관련된 일을 할 때 아이는 가장 행복하기 때문이다. 모든 것은 아이의 행복에서 시작된다는 것을 꼭 기억하자.

2

관찰하는 사람 :
아이의 특성을 파악하고
속도를 존중한다

절대적인 사랑이 아이를 똑똑하게 만든다

앞에서 엄마는 아이의 재능을 발견하는 최초의 관찰자라고 했다. 부모는 최초의 발견자인 동시에 관찰자가 되어야 한다. 내 아이를 이 세상 그 어떤 것보다 소중하게 여기고 최고라고 생각하는 엄마의 마음이다. 이 마음은 절대적인 사랑이어야 하며 어느 상황이든 변함이 없어야 한다.

엄마들은 어린 아이를 보며 하루에도 몇 번씩 감탄한다. 누워만 있던 아이가 뒤집기에 성공하거나 조용하던 아이가 소리만 내도 대견하게 생각한다. '혹시 우리 아이가 천재는 아닐까?' 하는 생각을 해보지 않은 엄마는 아마도 없을 것이다. 아이가 성장하면서 보여주는 재주에 엄마는 신기해하며 놀라움을 금치 못한다. 나 또한 이런 평범한 엄마였다.

군목으로 임관한 남편의 첫 근무지는 화천이었다. 그곳의 군 교회는 일반 교회와 마찬가지로 가족들을 위한 소그룹 모임이 운영되고 있어서 일주일에 한 번씩 모여 예배를 드렸다. 첫째 혜민이가 9개월 정도 되었을 때, 예배를 마치고 담소를 나누던 중에 엄청난 일이 일어났다. 당시 얼마 전부터 걸음마를 시작해 아장아장 걷던 혜민이가 집에 있는 어떤 물건을 손으로 가리키며 "이게 뭐야?"라고 말하는 것이 아닌가! 만약 나 혼자 들었다면 다들 거짓말이라고 했을 일이겠지만 주위에 있던 사람들이 모두 함께 들었다. 나는 너무 놀란 나머지 표현도 못 하고 가만히 있었다. 그러자 함께 있던 사람들이 "혜민이는 아무래도 천재인가 봐요!", "영재 테스트를 해봐야 하는 거 아닐까요?"라며 초보 엄마인 나에게 말해주었다.

사실 혜민이는 모든 면에서 평범하게 성장하고 있었다. 남들처럼 옹알이를 하고 소리에 반응하면서 웃음과 울음으로 의사를 표현하는 등 정상적인 발달 단계를 보였다. 그럼에도 나는 이 모든 단계가 마냥 신기했고 기대감에 늘 가슴이 벅차곤 했다. 그런데 혜민이의 첫 번째 말이 "엄마", "아빠"도 아니고 "이게 뭐야?"라는 문장이라니! 이때부터 아이에 대한 눈먼 사랑이 시작됐다.

'로젠탈 효과'라는 심리학 용어가 있다. 하버드 대학교의 로버트 로젠탈 교수의 이름을 따서 만든 이론으로 타인의 관심으로 더 좋은 결과를 얻게 된다는 피그말리온 효과의 교육적 영향을 확인하기 위한 실험에서 비롯됐다. 로젠탈 교수는 샌프란시스코의 한 초등학교에서 전교생을 대상으로 지능 검사를 실시한 후 각 반마다 무작위로 20% 정도의 학생을 선발했다. 이후 이 명단을 교사들에게 건네며 이 아이들의 지능이 높다고 말했다. 그로부터 8개월이 지나 지능 검사를 다시 실시했는데 놀랍게도 명단에 속했던 아이들의 평균 점수가 다른 아이들보다 높게 나타났다. 교육자의 칭찬과 격려, 기대가 아이에게 긍정적 영향을 미친다는 것을 뒷받침하는 이론이다. 이 결과는 반대로 교육자가 주는 부정적인 시각과 메시지는 아이에게 부정적인 영향을 끼칠 수 있음을 시사한다. 아이의 최초의 발견자이며 교육자인 엄마도 동일한 영향을 끼칠 수 있다.

스스로를 긍정하게 만든다

혜민이의 첫 번째 말에서 시작된 나의 눈먼 사랑은 아이는 물론이고 나에게도 긍정적인 영향을 미쳤다. 나의 바람처럼 혜민이는 총명했고 다른 사람에게도 칭찬과 기대를 받기 시작했다. 혜민이의 총명함은 미국에서 더욱 발전됐다. 사람들의 조언처럼 영재 테스트를 받아보지 않아도 되었다. 엄마로서 가능성이 충분한 아이라는 것을 믿어 주는 것으로 충분했다. 이런 내 마음이 잘 전달되었는지 혜민이는 기대 이상의 모습을 보여주었다.

　미국의 공립 학교에는 영재를 선별하는 시스템이 갖춰져 있었다. 테스트 결과 혜민이는 상위 1~3% 정도에 위치한다는 결과를 받았고 부모가 원하면 영재반을 운영하는 학교로 전학도 갈 수 있다고 했다. 영재반을 운영하는 학교는 공립이어도 영재들에게 맞는 특별한 교육을 제공했다. 혜민이는 4, 5학년을 켄터키주 공립 학교의 영재반에서 공부하다 남편을 따라 캘리포니아주로 이사하게 되었다. 미국은 각 주마다 다른 정책을 펼치고 있어 여러 가지 생소한 것들이 있었다.

　이사를 한 뒤 하루는 학교에 다녀온 혜민이의 표정이 좋지 않아 물어보니 이미 다 배운 내용이어서 너무 심심하고 재미가 없다며 풀이 죽어 있었다. 안타까운 마음에 학교의 카운슬러에게 사정을 이야기했지만 좀 더 지켜보자는 대답만 돌아왔다. 아마도 나와 비슷한 상황인 엄마들, 특히 동양인 엄마들이 방법을 마련해달라고 자주 찾아왔던 모양이다. 그렇게 걱정만 하며 몇 달을 보낸 뒤 어느 날, 혜민이가 혼자 시험을 보고 왔다고 했다. 무슨 시험이기에 혼자서 보았나 싶었는데 학습 검사의 한 종류로 일종의 지능 검사였다. 나중에 알고 보니 캘리포니아주의 공립 학교에서는 2학년 때 영재를 선발한다고 한다. 그런데 캘리포니아는 켄터키와 달리 영재를 '기프티드(Gifted)'와 '하일리 기프티드(Highly Gifted)'라는 두 단계로 나누었다. 기프티드는 테스트 결과 상위 0.2~4%에 속하는 아이들이고 하일리 기프티드는 상위 0.1%에 속하는 아이들이었다.

공립 학교에서는 영재 선발 대상이 아닌 학년의 아이를 테스트할 경우 심리 상담사가 파견을 나와야 해서 특별한 가능성을 보이지 않고서는 선생님이 교육 당국에 테스트 요구를 하지 않는다. 그럼에도 혜민이가 이 검사를 받아볼 수 있었던 것은 선생님들이 몇 달간 혜민이를 지켜보니 하일리 기프티드에 해당할 거라는 판단으로 교육 당국에 테스트를 요청했기 때문이었다. 혜민이는 테스트 결과 상위 0.3%로 나타났다. 선생님들이나 많은 사람들의 기대에는 조금 미치지 못했지만 천재라고 불리는 이들이 이룰 법한 일들을 해냈고 지금도 훌륭한 일들을 이뤄가고 있다.

어떤 교육학자는 아이가 백지 상태에서 태어난다고 말한다. 아이의 두뇌는 백지와 같아서 부모가 어떻게 교육하느냐에 따라 달라진다는 것이다. 다른 교육학자는 아이가 백지 상태로 태어나는 것이 아니라 유전적으로 특정 기질을 가지고 태어난다고 말하기도 한다. 두 가지 상반된 주장의 옳고 그름을 떠나 부모는 아이에게 '긍정적 자아상'을 만들어 주는 존재라는 것은 분명하다. "너는 축복 받은 아이야", "엄마는 너를 많이 사랑해", "다른 사람도 너를 사랑할 거야", "너는 무엇이든지 열심히 할 수 있어" 같은 말을 아이가 진심으로 받아들일 수 있어야 한다. 그렇게 부모가 가진 긍정의 메시지를 아이에게 끊임없이 전달해야 한다. 로젠탈 효과를 모르더라도 일상에서 긍정적인 말을 듣고 자란 아이가 높은 자존감을 가지게 되고 스스로를 긍정하는 아이로 성장한다는 사실은 너무도 잘 알 것이다.

아이가 건강한 자아상을 갖게 하기 위해서는 존재 자체로 사랑받을 수 있다는 생각을 심어 주어야 한다. 그 어떤 조건도 제시하지 않고, 누구와도 비교하지 않고 존재 자체가 행복이 되는 아이라고 생각하는 부모가 있다는 것만으로도 아이는 자기 자신을 건강하게 받아들일 수 있다.

아이 고유의 특성을 파악한다

관찰자의 또 다른 의미는 아이마다 가지고 있는 고유의 모습을 재능으로 인정한다는 것이다. 그 재능이 무엇이든, 누가 뭐라고 하든 흔들리지 않는 확신을 가지고 지켜주는 것이다. 내 아이가 지나치게 소심할 수 있고, 반대로 과하게 외향적이라 다소 폭력적이라고 보여질 수도 있다. 욕심이 없어서 형제들에게 뭐든 양보할 수도, 자기 욕심을 먼저 챙기면서 괴롭힐 수도 있다. 어쩌면 다른 사람들에게서 손가락질을 받거나 환영받지 못할 수도 있다. 그 어떤 모습이든 아이 안에 감추어진 가능성을 보는 것이 관찰자로서 부모의 몫이다. 아이가 타고난 감성과 성격을 그대로 인정하고 긍정적으로 꽃피우도록 만드는 것이다.

혜성이가 아홉 살이었을 때 학급 발표회가 있었다. 나는 첫째와 열 살 차이인 막둥이의 재롱 잔치를 본다는 마음에 참 설렜다. 혜성이는 친구들과 함께 연극을 준비했다. 우리 아이가 언제 나올까 한참 동안 기대를 하던 끝에 드디어 혜성이가 무대에 등장했다. 그런데 혜성이는 대사를 책 읽듯 하면서 관객도 제대로 보지 못한 채 우물우물하고 있었다. 솔직히 그 광경을 지켜보기가 참 힘들었다. 막내딸 재롱을 보려고 갔는데 아이의 모습이 얼마나 밋밋하고 실망스러웠는지 모른다.

그도 그럴 것이 첫째 혜민이는 학교에서 연극을 하면 항상 주인공이었고 공연할 때마다 전혀 긴장하지 않았다. 게다가 상대방 대사까지 외워서 친구가 대사를 잊으면 알려주기까지 했다. 그렇게 혜민이는 많은 사람들이 지켜보는 무대 앞에 서는 것을 두려워하지 않는 적극적인 성격이었다. 둘째 혜은이도 첫째 못지않게 무대에 서는 것을 즐겼다. 때로는 우리 아이들의 적극적인 성격 때문에 가려지는 아이들이 있을까 싶어 조심스레 제지한 적도 많았다. 그랬던 내게 혜성이의 소심하고 수줍은 모습은 무척 낯설었다. 집에서는 활발하게 행동하고 의사 표현도 망설임이 없어서 미처 알지 못했기 때문이다. 이 연극 덕분에 혜성이는 언니들과 달리 말수가 적고 앞에 나서는 것을 좋아하지 않는 내성적인 아이라는 것을 알게 되었다.

조금 다를 뿐, 틀린 게 아니다

혜성이도 중학생이 되어 언니들이 다녔던 중학교에 입학하게 되었다. 몇 년 사이 학교에 많은 변화가 있었다. 우선 학생들의 인종 분포가 많이 달라졌다. 학교 근처에 남미에서 이주한 히스패닉이 자리를 잡게 되면서 일반 학급에도 히스패닉이 대다수가 되었다. 영재반은 인종 분포가 좀 더 다양했지만 히스패닉 비중이 가장 컸다. 이전과 달라진 환경 때문에 내성적인 혜성이가 다른 친구들과 잘 어울리지 못하고 적응하지 못하면 어쩌나 하며 걱정이 됐지만, 언니들을 기억하고 있던 선생님들이 혜성이를 알아보고 반갑게 맞아주셨다는 이야기를 전해 듣고 얼마나 감사했는지 모른다.

혜성이를 기다리고 있던 큰 도전이 또 하나 있었다. 바로 선택 과목을 정하는 것이었다. 선택할 수 있는 과목은 오케스트라, 밴드, 리더십, 컴퓨터, 연극 등 무척 다양했다. 어떤 수업을 들을지 고민하는 혜성이에게 나는 리더십을 추천했다. 앞에 나서는 것을 피했던 혜성이에게 도전해볼 것을 권한 것이다. 사실 혜성이 입장에서도 다른 선택이 마땅치 않았을 것이다. 음악 수업을 듣자니 나중에 공연을 해야 해서 꺼렸고, 컴퓨터는 생소한 분야라서 도전을 망설였고, 더욱이 연극은 더 말할 것도 없던 찰나 나의 제안을 거절할 이유를 찾지 못했던 것 같다. 그렇게 우리는 일단 시작해보고 도저히 안 될 것 같으면 다른 과목으로 바꾸기로 했다.

리더십 수업 첫날, 하교 시간에 맞춰 도착한 학교에서 무척 환한 혜성이의 얼굴을 보게 되었다. 혜성이는 차에 타자마자 너무 재미있었다며 이야기 보따리를 풀어놓았다.

"오늘 리더십 수업에서 뭘 했는지 알아? 매점에서 내가 직접 간식을 팔았어! 돈도 거슬러 주고 물건도 꺼내 주고. 진짜 재밌었어!"

학교 내 매점 운영을 리더십 과목 아이들과 함께 하는 것 같았다. 혜성이 성격에 재미를 느꼈다고 하니 한편으론 신기하기도 했다. 그날 이후 리더십 과목을 그만두겠다는 말은 들리지 않았다. 오히려 중학교 3년 내내 가장 열심히 참여하는 활동이 되었다. 리더십 수업은 곧 학교의 학생회 활동이기도 했다. 학교의 모든 자치 행사를 주관하고, 학교 곳곳에서 벌어지는 일들을 처리하고, 학생과 학교에 필요한 봉사를 하는 과목이었다. 프로그램을 기획하는 것부터 소소한 일까지 모두 학생들이 중심이 되어 이루어졌다. 지금 생각해보면 혜성이에게 꼭 맞는 일이었다. 혜성이는 떠들썩하게 말하기보다 조용히 행동하는 아이이기 때문이다. 혜성이는 집에서도 누군가 도움을 필요로 하면 가장 먼저 달려오곤 했다. 어떤 일이든 먼저 나서거나, 나서지 않더라도 누구에게 무엇이 필요한지 재빨리 포착하기도 했다.

혜성이는 리더십이라고 하면 사람들 앞에서 말을 잘해야 하고 대중을 설득하는 능력이 필요할 거라 생각했다고 한다. 그런 이유로 자신이 없던 중에 수업 첫날 매점에서의 경험 덕분에 이런 게 리더십이라면 나도 충분히 할 수 있겠다는 생각을 가지게 된 것이다. 남을 도와주고, 사람들의 불편을 해결해주고, 친절한 서비스를 하는 것도 리더십이라는 것을 깨닫는 계기가 되었다. 그렇게 혜성이는 다른 사람을 도와주고 섬기는, 리더십의 또 다른 면을 발견했다.

혜성이는 이렇게 시작한 봉사 활동에 진심을 다해 참여했다. 해야 할 일이 남으면 방과 후라도 그것을 다 마쳐야 집에 돌아오곤 했다. 친구들이 하다가 미처 끝내지 못한 것도 아무 말 없이 혼자서 끝냈다. 이런 어려움이 있어도 재밌다고 했던 혜성이는 시간이 흐를수록 친구들에게 신뢰를 쌓았고 선생님들에게도 없어서는 안 되는 학생이 되었다. 담당하는 일이 많아지면서 책임도 늘어났고 8학년 때는 학생회장에 출마해 연단에서 하는 스피치도 자신 있게 해낼 수 있었다.

친구들의 호응과 선생님들의 성원으로 혜성이는 결국 학생회장에 당선되었다. 학교의 행사를 기획하고 진행하고 마지막까지 정리하면서 재미있는 8학년을 보냈다. 그 사이 혜성이는 무럭무럭 자랐다. 관찰자인 내가 혜성이를 언니들과 비교해 리더십이 없다고 속단했거나, 왜 언니들처럼 하지 못하냐고 다그쳤다면 이렇게 좋은 열매는 결코 보지 못했을 것이다.

아이의 속도를 존중한다

부모는 관찰자로서 아이만의 발달 속도를 이해하고 인정해주어야 한다. 아이마다 다르게, 한 명 한 명을 새로운 시각으로 보아야 한다는 뜻이다. 아이를 둘 이상 키워본 엄마라면 아이마다 제각기 속도가 다르다는 것을 이해할 것이다. 그 어떤 인종보다 빠른 속도를 좋아하는 한국 엄마들이 잊지 말아야 할 것이 있다면 아이들 교육에서는 어떤 속도라도 전부 수용할 마음의 자세가 필요하다는 점이다. 우리 세 아이도 어릴 때 책을 읽어주면 제각기 다른 반응을 보였다. 첫째 혜민이는 귀를 쫑긋 세우며 전체적인 이야기를 빠르게 이해했고 다양한 책을 많이 읽어 주기를 원했다. 스스로 책을 읽는 시기가 되었을 때도 마찬가지였다. 셋째 혜성이도 첫째와 같이 이해가 빨랐지만 좋아하는 종류는 달랐다. 이 둘과 판이하게 다른 모습을 보여준 건 둘째 혜은이였다. 혜은이는 천천히 읽어주는 것을 좋아했고 이야기를 따라가기보다 아주 작은 디테일에 신경을 많이 썼다. 그리고 같은 책을 반복해서 여러 번 읽어주는 것을 좋아했다. 그러다 보니 자연스레 읽는 속도는 더뎠지만 거의 모든 내용을 완벽하게 이해하고 기억했다. 둘 중 어느 방식이 좋고 나쁘냐를 따질 수는 없다. 단지 속도와 이해의 순서가 달랐을 뿐이다. 빨리 읽어 전체 개념을 습득하는 것과 천천히 읽더라도 놓치는 것 없이 온전히 이해하는 것 모두 장단점이 분명하다.

아이들이 더 자라자 속도가 다른 두 아이가 대립하는 상황이 벌어졌다. 한번은 동네의 할머니 선생님에게 피아노를 배웠다. 함께 레슨을 받으면 혜민이는 악보를 빨리 읽고 곧잘 한다는 칭찬을 많이 받았지만, 혜은이는 특별히 칭찬을 받는 것도, 그렇다고 꾸중을 듣는 것도 아닌 평범한 시간을 보냈다. 처음에 나는 별 생각 없이 혜은이가 언니보다 네 살 어리니 자라면 실력이 늘 거라고 생각했다. 그런데 어느 날부터 혜은이가 시키지도 않은 연습을 하기 시작했다. 연습 자체야 문제가 될 것은 아니었지만 연습 도중에 짜증을 내는 게 걱정되었다. 하기 싫으면 나중에 해도 된다고 말해줘도 막무가내로 화를 내며 연습하는 지경에 이르렀다. 점점 심각해지자 무엇인가 결단을 내려야 했다. 혜은이와 진지하게 이야기를 나뉘보니 피아노가 좋아서 연습을 했던 게 아니라 언니보다 실력이 떨어진다는 생각에 그렇게 연습을 했다고 말했다. 선생님이 언니만 칭찬을 해 자신도 칭찬을 받고 싶어 연습을 했지만 마음처럼 잘 되지 않으니 고스란히 스트레스가 되고 만 것이다. 두 아이의 속도 차이 때문에 벌어진 일이었지만 아직 어린 아이에게 사람마다 속도가 다르다는 것을 이해시키는 것은 쉽지 않았다. 연습할 때마다 혜은이는 스트레스를 받고 지켜보는 가족들도 마음이 어려웠다. 결국 특단의 조치로 피아노는 정말 치고 싶은 마음이 들 때 다시 시작하기로 하고 일단 그만두게 되었다.

혜은이에게는 피아노를 대신해 바이올린을 권했다. 수소문 끝에 중고 바이올린을 사고 선생님을 찾아서 언니가 배우지 않는, 혜은이만의 악기를 배우게 한 것이다. 이제 우리 집에서 바이올린을 제일 잘 연주하는 사람은 혜은이다. 왜냐하면 아무도 바이올린을 배우지 않았기 때문이다. 그렇게 혜은이는 누구와도 비교할 필요 없이 자기 속도로 천천히 갈 수 있게 되었다. 그러자 아이의 스트레스가 거짓말처럼 사라졌다. 그 후로 지금까지 바이올린은 혜은이의 좋은 취미가 되었다.

관찰자인 부모는 아이가 느리거나 빨라도 모두 이해하고 그 아이가 자신의 시간에 맞추어 살면 충분하다고 생각해야 한다. 아이의 때를 이해하고 지원하면 그 아이는 반드시 성장한다.

아이가 자신을 찾는 여행길에 동행한다

둘째 혜은이는 심심하면 묻는 게 하나 있다. 바로 "나는 돌잔치 때 뭐 잡았어?"이다. 어디에서 한국의 돌잔치 문화에 대해 들었던 모양이다. 그럴 때면 나는 시큰둥하게 대답하곤 했다. 그러면 대답이 영 시원치 않았는지 아빠에게 다시 묻는다. 아빠 역시 별다른 대답이 없다. 매번 이런 반응인데도 잊을 만하면 묻고 또 묻는다. "나는 뭘 잡았어? 책이야? 청진기? 돈? 내 친구는 실을 잡았대! 왜 기억을 못 해? 나 진짜 궁금한데….".

돌잔치는 미국에서 자란 교포 아이들이 한국 문화에 관심 가지게 되거나 학교에 한국 문화를 소개해야 할 때 많이 택하는 특별한 한국 문화 중 하나다. 미국에서도 태어나 처음 돌아오는 생일 파티를 성대하게 하기는 하지만 한국의 돌잔치와는 그 느낌이 사뭇 다르기에 아이들도 관심을 가진다. 특별히 돌잔치 때 차리는 돌상에 대해서는 외국인들도 재미있게 생각하고 흥미를 갖는다. 사실 딸아이의 질문에 제대로 대답하지 못하는 이유는 세 아이를 키우며 한 번도 돌상을 차리지 못했기 때문이다. 다만 아이가 너무 궁금해하며 물으니 차마 돌상을 차리지 않았다고 말하기 어려워 얼버무렸다. 목회를 했던 우리 가정은 돌잔치를 주위 어른들을 모시고 예배를 드리며 축하하는 자리로 대체했다. 차린 적 없는 돌상이니 아이들이 집은 게 있을 리도 만무하다. 이렇게 미국에서 살 줄 알았다면 돌상을 차려 실이든 연필이든 잡게 해서 한국 문화를 조금 더 기억하게 만들어 주는 것인데…. 돌아보면 조금 후회도 된다.

다만 내가 주목했던 것은 돌상에서 자기가 무엇을 집었는지 궁금해하는 아이의 태도다. 이러한 관심은 자신의 재능에 관심이 있다는 것이기 때문이다. 어쩌면 부모가 생각하는 것 이상으로 자신의 재능을 궁금해한다는 뜻이기도 할 것이다. 내가 무엇을 좋아하는지, 어떤 사람이 되기 원하는지, 어느 것에 관심이 있는지 신경을 많이 쓰고 고민한다는 이야기다. 많은 부모가 "우리 애는 생각이 없는 것 같아요", "뭘 하고 싶은 건지 모르겠어요"라고 하소연을 하지만 사실은 정 반대다. 아이들은 알게 모르게 자신에 대해 많은 생각을 한다. 다만 자신을 알아가는 방법을 모르거나 아니면 그 방법에 서툴렀는지도 모른다.

아이들은 자라면서 자신을 찾으려고 노력한다. 교육 전문가들에 따르면 이러한 노력은 출생 후 세 살까지 가장 왕성하게 이루어진다고 한다. 이 시기가 호기심과 열정, 집중력이 가장 왕성한 황금기여서 이 시기를 지나는 아이의 부모라면 모두 자신의 아이를 특별하고 비범하게 느낀다고 한다. 이 시기의 아이들은 스펀지처럼 정보를 빨아들이고 집중적으로 배우는 시기이다. 그래서 좋아하는 것과 재미있는 것을 찾아보고 실행해본다. 이렇게 중요한 시기를 지나면서 끊임없이 발전하고 성장함은 물론이고 고유의 특성을 찾아 자신만의 이야기를 만들어간다.

미국의 심리학자 매슬로는 사람의 욕구를 다섯 단계로 구분했다. 1단계 생리적 욕구, 2단계 안전의 욕구, 3단계 소속과 사랑의 욕구, 4단계 존중의 욕구 그리고 마지막으로 5단계 자아실현의 욕구다. 매슬로에 따르면 하위 욕구가 충족되면 다음 단계의 욕구를 충족하려 시도하게 된다. 이 이론을 아이에게 적용해보면 아이들은 부모로부터 의식주 같은 생존에 필요한 것들을 충분히 받아야 한다. 이것이 채워지면 안전부터 자아실현까지 욕구가 생겨난다. 사실 이 이론은 5단계에서 끝나지 않는다. 매슬로는 이 이론을 발표한 후 그 이상의 단계인 '영적 초월의 욕구' 단계를 추가했다. 이것은 타인의 자아실현을 돕는 봉사, 기부, 희생을 즐거워하는 영적 성인의 단계다. 또한 이 단계는 다른 단계를 거치지 않고도 각 단계마다 추구할 수 있는 가치라고 정의했다.

객관적 관찰을 위한 일곱 가지 방법

매슬로의 이론이 보여주듯 아이들은 태어나면서부터 자신을 찾아가는 여정을 시작한다. 이 과정은 쉽지 않다. 어린아이들이 결코 혼자서는 해낼 수 없는 일이다. 부모는 사랑의 눈으로 아이의 가능성을 믿고 독특한 재능을 발견해주는 동시에 베푸는 사랑에 객관성을 띠어야 한다.

모든 부모는 자신의 아이를 사랑한다. 어쩌면 이 사랑은 노력하지 않아도 이미 이루어진 사랑이다. 그러나 사랑받고 자란 아이들이 모두 잘 성장하고 좋은 열매를 맺는 것은 아니다. 충분한 사랑을 주었는데도 아이가 제대로 자라지 못해 어려움을 겪고 있다고 한탄하는 부모가 많다. 그런 경우라면 아이에게 준 사랑을 점검해야 한다. 사랑이라 생각한 것이 오히려 독이 되어 아이를 망가트리거나 아프게 하지는 않았는지 돌아봐야 한다. 진정한 사랑은 상대방을 성장하고 발전하게 만든다. 아무리 좋은 의도였더라도 아이가 그것을 사랑으로 느끼지 않았다면 아이 입장에서는 진정한 사랑이 될 수 없다.

내 아이가 진짜 사랑을 받아 자아실현의 여정 가운데 자신을 사랑하게 되고 꿈을 이루어가는 과정에서 부모가 할 역할은 무엇일까? 가장 먼저 필요한 것은 그 여정에서 부모는 조력자일 뿐 주체가 아님을 인정하는 것이다. 자식을 사랑하는 마음에 이것을 인정할 수 없다면 아이는 어른이 되어서도 자신의 삶을 주체적으로 살아내기 힘들어진다. 그러므로 부모는 조력자의 눈으로 아이를 볼 때 비로소 객관적인 눈을 가질 수 있다. 편향적이거나 주관적이면 객관적 관찰이 어려워진다. 부모의 생각이 현실과는 거리가 있거나, 자신의 양육 방식이 전적으로 옳다고 생각하거나, 선입견을 가지고 있거나, 아이를 향한 욕심이 있다면 부모는 절대 객관적인 태도를 취할 수 없다.

객관적이지 않은 부모들에게 공통적으로 나타나는 현상이 있다. 이들은 모두 아이가 완벽해지기를 바란다. 조금의 실수도 용납하지 않고 불완전함이 오히려 장점이 될 수 있다는 사실을 모른다. 그리고 아이의 가능성과 재능을 지나치게 강요한 나머지 내 아이는 무엇이든 잘할 거라는 생각에 너무 많은 것을 한 번에 가르치려 든다. 때로는 아이를 과대평가해 주위에 자랑을 지나치게 늘어놓고 아이가 최고라고 생각하기도 한다. 명심하자. 최고의 자녀는 없다. 단지 최선을 다하는 부모가 있을 뿐이다.

아이에게 특정 진로만을 강요해 부모가 지시하는 것만 하기를 원하는 경우도 있다. "너는 반드시 의사가 되어야 해"라고 하거나 "우리 집안에 변호사 하나쯤은 있어야지" 처럼 말하는 식이다. 아이의 의사와 상관없이 미래를 결정하는 꼴이다. 어떤 경우에는 결과에만 집착해 과정에서 더 많은 것을 배울 수 있다는 것을 생각하지 못한 채 결과로만 이야기하라고 강요한다. 이런 부모는 자신이 가진 선입견을 아이에게 주입하게 된다. 또 다른 경우에는 아이를 과잉보호해 아이가 실수를 통해 배우고 성장할 기회를 차단하고 만다.

　나의 경우 부모로서 좌로나 우로나 치우치지 않고 객관성을 유지하려고 부단히 노력했다. 이를 위해 아이의 재능을 발견하고 발전시키는 일에 나는 조력자일 뿐 주체는 아이여야 한다고 수도 없이 되뇌면서 엄마인 내가 더 정신을 차리고 돕겠다고 늘 다짐했다. 자라나는 아이들 입장에서 생각해보면 자신이 겪고 있는 욕구의 단계 이후에 무엇이 기다리고 있는지 알 수 없다. 왜냐하면 지금 필요로 하는 욕구가 일단 채워져야 다음 단계를 알게 되기 때문이다. 그러나 그 시간을 먼저 지나왔던 부모는 다음 단계에 필요한 것이 무엇인지 알고 있다. 어떤 부모는 경험으로, 어떤 부모는 직관으로, 어떤 부모는 배워서 알 수 있다. 이를 알고 있는 부모라면 아이가 현재 필요한 것들을 충분히 공급받고 있는지, 더 필요한 것은 무엇인지, 다음 단계를 위해 무엇을 준비해야 하는지, 도전할 것은 무엇인지 예측할 수 있다.

　내가 가장 중요하게 여긴 것은 매슬로가 후에 추가한 영적 초월의 욕구였다. 이 욕구는 모든 단계에서 이루어질 수 있기에 아이들의 각 성장 단계마다 많은 시간을 할애했다. 또한 내가 먼저 본을 보이고 이해시키는 과정도 소홀히 하지 않았다. 우리 아이들은 자신의 삶이 다른 이들을 돕고 사랑하기 위해 쓰여야 한다는 것을 너무나 잘 알고 있다. 이렇게 되기 위해서는 의도적인 접근이 필요했고 이를 위해 연구하고 묵상하는 엄마가 되어야 했다. 이를 위해 내가 실천한 것들은 이러했다.

1. 아이들보다 선생님 편

아이를 키우다 보면 많은 조력자를 만나게 된다. 학교 선생님외에도 피아노, 바이올린, 미술, 과외, 봉사 단체 선생님 등 아이는 무수히 많은 어른과 만나 배우고 관계를 맺는다. 때로는 그 관계에서 문제가 생기면 아이를 통해 일어난 일들을 듣게 된다. 사랑해 마지않는 아이가 흥분하면서 선생님의 불합리함과 자신이 처한 어려움 등을 이야기하면 '도대체 어떤 사람이기에 내 아이에게 이러지?' 하는 생각이 들 수도 있다. 그렇지만 이럴 때일수록 부모는 감정적으로 나서기보다 객관적으로 상황을 인식하는 것이 필요하다.

나도 세 아이를 키우면서 이런 상황을 종종 접했다. 쉬운 말로 모범생이었던 우리 아이들은 목회자의 자녀이기도 해서 어려서부터 정직하다는 평가를 받았다. 그런 아이들이었지만 나는 늘 우선적으로 선생님 입장에서 생각하고 선생님을 변호해 아이들과 대화를 했다. 그러다 보면 아이들은 자신의 태도와 관점을 다시 돌아볼 기회를 가질 수 있었고 자신 안에 갇힌 생각이나 이기적 마음을 발견하고 직면했다. 이 또한 자신을 알아가는 과정이다.

아이들은 선생님의 의도를 오해하거나 제대로 파악하지 못해 화를 내는 경우가 많다. 그러나 선생님과 아이 사이에 문제가 생기면 아이의 말만 들어서는 안 된다. 아이들의 생각과 선생님의 생각이 대립할 때면 대부분 선생님의 생각이 옳다. 정말 이상하고 이성적이지 않은 선생님도 있을 수 있지만 선생님은 아이들을 잘 지도하고 올바르게 인도한다고 믿는다. 부모는 전후 상황을 정확히 파악하고 아이가 선생님의 의도를 빨리 파악하고 받아들이도록 도와야 한다. 아이들은 감정에 빠져 서운해하거나 억울해할 수 있으니 부모는 감정적 판단보다 이성적 판단을 내리는 지혜를 보여주어야 한다. 아이와 직접 관계를 맺는 모든 사람은 아이를 객관적으로 볼 수 있는 또 다른 조력자들이다. 그들의 냉정한 견해와 생각을 경청하는 것이 객관적 관찰에 도움이 된다.

2. 훈육은 선택이 아닌 필수

훈육은 사랑의 또 다른 모습이다. 그렇기에 해도 되고 안 해도 되는 선택이 아닌 필수다. 아이가 어릴수록 더욱 중요한 양육이 바로 훈육이다. 우리 집은 목회자 가정이다 보니 주변 사람들의 기대치가 높아서 목사인 아빠부터 아이들까지 주목을 많이 받았다. 다른 집 아이들이 잘못하면 그러려니 하고 넘어갈 것도 우리 집 아이가 잘못하면 더 욕을 먹거나 손가락질을 받을 수도 있다. 그래서 어떻게 하면 우리 아이가 어떻게 하면 사랑받는 아이로 자랄 수 있을지 고민했다. 나는 그 정답을《성경》에서 찾을 수 있었다. "마땅히 행할 길을 아이에게 가르치라. 그리하면 늙어도 그것을 떠나지 아니하리라."〈잠언〉속 구절이다. 성경은 아이들을 훈육으로 키울 것을 가르치고 있었다. 사실 부모라면 내 아이들이 잘못을 해도, 실수를 해도 예쁘게 느끼기 마련이다. 하지만 다른 사람들은 그렇지 않을 거라는 생각이 들면서 환대받고 사랑받게 하기 위해서는 조금 더 엄격하게 훈육을 해야겠다고 다짐했다. 그래서 예절 교육도 잘 시켰고 부모와 어른을 존경하도록 가르쳤다.

집 안에서의 엄격한 훈육은 밖에서 생활할 때 자연스럽게 흘러나왔다. 사람들은 예의 바르고 겸손하면서 교회 봉사도 열심히 하는 우리 아이들을 좋아하고 칭찬했다. 엄마인 나는 아이들에게 단호했지만, 다른 사람들은 바른 태도를 보이는 우리 아이들을 다들 상냥하고 친절히 대해주었다.

첫째 혜민이는 11살 때부터 교회에서 반주를 하기 시작해 대학에 들어가기 전까지 긴 시간 동안 성실히 봉사했다. 어떤 때는 새벽 예배부터 시작해 일주일에 서너 차례 아빠를 따라 교회에서 봉사를 했다. 그랬던 혜민이가 하버드에 합격했을 때 가장 놀란 사람들은 다름 아닌 우리 교회 성도들이었다. 매일 같이 교회에 있는데 도대체 언제 공부를 해서 그렇게 좋은 결과를 냈냐고 했다. 내가 세미나에 강사로 초빙되어 자녀교육에 대한 강의를 했을 때 한 분이 나의 양육 스타일에 대해 물으셨다. 나는 "아이들의 나이에 따라 스타일을 바꾸었다"라고 답했다. 아이들의 나이가 어릴 때는 철저한 훈육이 필요해 엄격했고, 점차 자라면서는 친절하게 대화하며 훈육했으며, 지금은 자유롭게 아이들의 의견을 존중하고 있기 때문이다.

훈육(discipline)이라는 단어의 어원은 제자(disciple)라고 한다. 흔히 훈육한다고 하면 야단치고 혼을 내는 처벌로 받아들이곤 한다. 하지만 진정한 의미의 훈육은 가르치고 훈련하는 것이다. 즉 바른 행동을 격려하고, 용납할 수 없는 행동을 바로잡는 과정이다. 나는 아이들이 고의로 잘못된 행동을 하면 그 즉시 제지하거나 고치도록 단호히 대응했다. 아무리 바쁘더라도 단 한 번도 그냥 봐주고 넘어간 적이 없다. 특히 거짓말을 할 때는 엄하게 혼을 냈다. 그렇지만 공공장소나 여러 사람이 보고 있는 앞에서 혼내지 않고 다른 장소로 이동하거나 우리만 있는 곳에서 혼내곤 했다.

부주의해서 저지른 실수나 고의가 아닌 것은 반복 훈련으로 고쳐가도록 했다. 부모가 정한 규칙은 반드시 지키도록 했고 지키지 못했을 때는 지켜야 하는 이유를 아이가 이해할 때까지 설명하고 작은 벌칙을 주기도 했다. 이러한 훈육은 객관적 관찰자로서 해야 할 중요한 역할이다.

3. 적극적인 지원

우리 아이들은 어린 시절부터 엄마가 엄하다는 것을 깨닫고는 말을 잘 들어야 한다고 인식하게 되었다. 그러면서도 엄마는 자기가 좋아하는 것이 생기면 언제든 할 수 있게 기회를 주고 적극적으로 도와준다는 사실 또한 인식하게 되었다.

가령 TV 시청은 일주일에 2시간 정도만 허락해 엄격하게 제한했다. 그러다 보니 우리 아이들은 밖에 나가 노는 것을 좋아했고 그것만큼은 마음껏 하도록 풀어주었다. 당시 우리 가족이 살았던 유학생 기숙사는 안전했고 미국의 전원생활을 즐기기에도 충분했다. 아이들은 자전거 타는 것을 무척 좋아해서 종일 자전거를 타는 날도 많았다. 책 읽는 것도 좋아하다 보니 도서관에 가는 것도 즐겼다. 미국은 아이들 혼자 걸어서 외출할 수 있는 환경이 아니다 보니 어디를 가든 부모와 동행해야 했다. 도서관에서는 책을 빌리는 것은 물론이고 아이들을 대상으로 다양한 문화 프로그램도 준비되어 있었다. 우리 아이들은 모든 프로그램에 참여하고 싶어 해서 매일 출근 도장을 찍듯 도서관을 드나들었다.

셋째 혜성이는 서너 살 즈음부터 조그마한 동물 인형 수집에 빠져들더니 중학교를 졸업할 때까지 열심히 모았다. 혜성이는 그렇게 모은 귀한 인형을 중학교 졸업과 동시에 아는 동생에게 물려주었는데 마치 결혼한 자식을 보내는 심정이었다고 한다. 그렇게 정들었던 인형을 정리한 혜성이는 새로운 취미를 갖게 되었다. 바로 글씨를 멋들어지게 쓰는 캘리그라피였다. 다양한 필체들을 보면 마치 예술 작품처럼 느껴진다. 캘리그라피야말로 혜성이의 조용한 성격과 딱 맞는 취미라고 생각되었다. 그런데 한 가지 중요한 문제가 있었다. 주위에서 캘리그라피를 가르쳐줄 사람을 찾기가 어려웠다는 점이다. 어렵사리 찾아도 주로 어른 대상의 수업이었다. 아이가 원하는 수업을 찾아 수소문한 끝에 먼 곳에 있는 선생님을 찾아냈다. 고속도로를 이용해도 1시간 가까이 걸리는 곳이어서 2시간 수업을 하고 오면 총 4시간이나 필요했다. 그렇게 몇 달 동안 수업을 들으며 기본기를 익힌 후에는 인터넷으로 공부한 끝에 혜성이는 자신만의 스타일을 찾았다.

그렇게 나는 공부나 시험이 아닌, 오직 좋아서 하는 취미에 최선을 다해 지원했다. 수업을 위해 이동하는 차 안에서 즐거워하던 혜성이의 모습이 선하다. 혜성이는 수업이 진행되는 2시간 동안 묵묵히 기다려준 엄마를 든든한 후견자라고 믿게 되었을 것이다.

4. 실패에 대한 계획

아이들이 자신의 길을 찾아갈 때 수없이 많은 도전을 하고 계획을 세우게 된다. 그러나 세상에는 마음대로 되지 않는 게 훨씬 더 많다. 이럴 때 부모가 어떤 태도를 보이는지가 중요하다. 아이들은 실패를 아무렇지 않게, 별일 아닌 것처럼 담담히 대하는 부모의 모습을 보며 실패에 대한 두려움을 떨칠 수 있다. 사실 방법이 없는 것 같아도 늘 다른 길이 있기 마련이다. 새로운 길을 뚫으면 되고, 그것도 안 된다면 열린 하늘을 보며 거기서부터 다시 시작할 수 있다고 믿는 마음가짐이 필요하다. 그러기 위해서는 실패할 경우를 위한 계획도 필요하다. 그러다 보면 사고의 폭이 넓어지고 융통성이 생겨 조급한 마음에서 비롯되는 잘못된 선택을 피할 수 있는 것은 물론이고 도전을 즐길 수 있게 된다.

나는 음악적 재능을 타고난 사람이 아니었고 운동은 더 그랬다. 이 때문에 우리 아이들도 운동을 잘할 거라고 기대하지 않았다. 그러던 중에 둘째 혜은이가 중학교를 졸업하자 갑자기 테니스를 치고 싶다고 말했다. 예전부터 하고 싶다는 생각은 했는데 이제야 결심이 섰다며 고등학교에 들어가면 학교 활동 중 하나로 해보겠다고 했다. 본인이 원하기도 하고 많은 고민 끝에 결정했기 때문에 말리지 못했다. 하지만 취미로 배우는 것이야 문제가 없겠지만 학교의 대표팀에 들어가겠다는 목표는 결과가 불 보듯 뻔한 일이었다. 그럼에도 혜은이는 이미 마음을 굳히고 세세한 계획까지 다 세워놓았다. 그렇게 혜은이는 대표 선발 심사를 준비를 위해 여름 동안 동네 테니스 코트에서 개인 레슨도 받으면서 열심히 연습했다. 테니스 대표팀 선발에 모든 열정을 바치고 있던 혜은이에게는 찬물을 끼얹는 이야기로 들렸겠지만, 나는 냉정하게 객관적 지표를 근거로 대표팀에 뽑히지 못했을 때의 계획도 준비해야 한다고 조언했다. 아마도 혜은이는 내키지 않았을지도 모르지만, 여러 번의 대화 끝에 저널리즘, 드라마, 학교 방송국 등 다른 대안도 준비했다.

그렇게 일주일의 심사 기간이 다가왔다. 월요일부터 목요일까지는 코치가 지원자들과 함께 연습하면서 가능성 있는 아이들을 찾고 마지막 날인 금요일에 최종 선발한다고 했다. 목요일까지 열심히 평가받으러 학교에 갔던 혜은이는 테스트를 끝내고 얼굴이 벌겋게 달아올라 풀이 죽어 있었다. 금요일이 되자 연습 기간에는 나오지 않았던 새로운 아이들이 대거 등장했는데 미리 연습을 하지 않아도 될 만큼 뛰어난 실력을 갖추고 있어서 선발 당일에 바로 테스트를 받은 것이었다. 혜은이는 결국 일주일 동안 열심히 연습한 아이들은 전부 떨어지고 금요일에 나타난 아이들이 뽑혔다며 어떻게 그럴 수가 있냐고 열을 냈다. 나는 그 이야기를 듣고 학교를 대표하는 팀이니 어릴 때부터 실력을 쌓은 아이들이 선발되는 것이 옳은 것 같다는 객관적인 조언을 건넸다. 대신 여름 내내 흘린 땀이 열매를 맺지는 못했지만 아쉬운 마음을 가다듬고 열정을 쏟을 만한 다른 것을 찾자며 아이를 다독였다.

이후 혜은이는 글을 잘 쓰는 재능을 살려 발행 부수가 3,500부나 되는 학교 신문사의 편집장이 되었다. 신문사 활동은 많은 시간을 할애해야 해 만약 운동까지 겸했다면 힘에 부쳤을 것이다. 나중에 혜은이도 그때 테니스 대표팀에서 떨어진 것이 얼마나 다행인지 모른다고 고백하기도 했다. 오랜 시간이 지난 지금도 나는 혜은이와 그 금요일의 충격에 대해 가끔 이야기를 한다. 테니스 거인은 나중에 등장한다고 말이다. 이처럼 우리 집에서는 어떤 목표를 설정하면 그것을 달성하기 위해 최선을 다하면서도 목표를 이루지 못했을 때를 위한 계획도 미리 세운다.

미국은 여름 방학이 길어 아이들이 학교를 벗어나 바깥세상을 엿보며 새로운 세계를 경험할 수 있는 결정적 시기가 될 수 있다. 이 여름 방학 계획을 세우는 것은 만만치 않았다. 특히 나처럼 부모가 이민자인 경우 아이들에게 새로운 기회를 제공하는 데 어려움이 많았다. 더욱이 여름 방학 활동으로 무엇을 해야 하느냐에 정답이 없다 보니 어떤 활동을 하는 게 도움이 되고 이로울지 판단하기 어려운 숙제였다. 그럴 때마다 나와 아이들은 목표를 달성하지 못했을 경우 대체할 계획을 미리 세워 두었다. 그 덕분에 우리 아이들은 여름마다 인생의 전환점이 되는 다양한 경험을 할 수 있었다.

5. 만나는 모든 사람이 선생님

미국에서 아이 셋을 키우면서 교육과 관련한 교회 활동, 강연, 비영리단체 봉사 등을 통해 다양한 사람을 만나 인연을 쌓았다. 더

러는 우리 아이들에 대한 소문을 듣고는 찾아와 만남을 청하는 분도 있었다. 이렇게 만난 분들은 대부분 부모님들로 특히 엄마들이 많았다. 그 가운데 겸손한 태도를 보이는 엄마들이 인상 깊게 남았다. 이런 엄마들은 자신의 아이가 부족하다고 생각해 늘 배우려고 했다. 사실 그분들이 정말 아는 게 없어서 그런 태도를 보였던 건 아니었다. 아는 것도 많고 교육도 훌륭히 시키신 분들이었다. 이런 분을 만날 때면 내 아이의 허물을 이야기하고 조언도 듣고 싶어지면서 이런 엄마를 둔 아이들이 참 복되다는 생각을 하곤 했다. 사실 반대의 경우도 만나게 되었다. 어떤 분은 자신의 아이야말로 최고이고 자신의 양육 방식이 제일 훌륭하다고 생각했다. 이런 분 앞에서는 모두 주눅이 들어 어떤 말도 꺼내기 힘들다. 특히 아이와 관련한 문제나 걱정거리를 털어놓을 수 없다.

아이를 키우는 부모라면 모든 사람을 스승으로 생각하고 배우려는 자세가 절실하게 필요하다. 다른 부모가 아이를 키우며 겪은 모든 것은 고스란히 교훈이 되고 배움이 되기 때문이다. 자녀를 잘 키운 부모의 이야기는 물론이고 자녀교육과 관련한 아픈 경험이나 실패 경험도 도움이 된다. 쓸모없는 경험은 없다. 나의 양육을 돌아볼 수 있기 때문이다. 어떤 것이든 일단 듣고 받아들이면 내 아이를 키우는 자양분이 된다. 나도 겸손하게 귀를 여는 엄마들을 따라 늘 배우려는 자세로 여러 사람을 만났다. 옛말에 "지혜로운 자는 지나가는 종들에게서도 배운다"고 했다. 이 말이 진리다. 누구든 그 나름의 지혜는 가지고 있는 법이다.

내가 주변 사람들에게 이런 이야기를 하면 아이들을 잘 키웠는데 뭐가 아쉽고 궁금해서 다른 사람의 이야기를 듣냐고 묻는다. 배움에 끝이란 없고 우리 아이들이 다 컸다고 해도 주위에는 어린아이를 키우는 후배들이 많지 않은가? 내가 배운 것을 그들과 나누면 될 일이다. 그래서 나는 지금도 여러 부모의 다양한 양육 노하우 듣는 것을 즐긴다. 그리고 다른 사람의 양육법을 통해 새로운 지혜도 깨우치고 있다.

부모는 내 자녀에게 적용할 수 있는 지혜라면 마음을 열고 받아들일 자세를 가지고 있어야 한다. 아이들은 부모의 이런 모습을 보며 같은 삶의 자세를 자연스럽게 배운다. 나의 도움이 필요한 사람일지라도, 나보다 못 배운 사람일지라도, 사회적 지위가 낮은 사람일지라도 그들에게서 배우려고 하게 된다.

내게는 세 딸 모두 하버드에 입학할 때까지 도움을 주었던 수많은 사람들이 스승이다. 그분들의 경험과 조언, 관심과 사랑, 그리고 질책이 우리 아이들이 다른 사람을 먼저 생각하도록 만들었다.

6. 도와줄 멘토 찾아주기

아이들이 자아를 찾아가는 과정에서 방황하게 될 때 누군가의 도움으로 바른 길을 찾게 된다면 아마도 그 사람을 평생 잊지 못할 것이다. 이런 사람이 바로 멘토다. 아이들은 아직 어리고 경험이 부족하기에 문제를 해결하기 위해 누구를 찾아가야 할지 모르는 경우가 생긴다. 그럴 때 아이들이 적절한 멘토를 찾을 수 있게 인도하는 것은 부모의 몫이다.

우리 아이들의 경우 주로 학교의 선생님들이 멘토가 되어주셨다. 한번은 셋째 혜성이가 중간 성적표를 받고는 놀라서 뛰어왔다. 경제학에서 75점을 받았는데 지금껏 경험하지 못한 점수다 보니 내심 걱정이 됐다. 이 수업은 대학 과목 선 이수제(AP) 중 하나였는데 더 어렵다는 과목도 잘 해냈는데 쉽게 생각한 과목에서 난관에 부딪힌 것이다. 알고 보니 같이 수강한 다른 아이들도 쉽게 생각했다가 고전하고 있었다. 강의를 담당한 교수님은 나이가 지긋하신 분이었는데 지나치게 높은 기준으로 강의를 진행하고 계셨다. 문제는 온라인으로 강의가 진행되고 있어서 교수님을 찾아가 조언을 구할 수도 없었다. 혜성이와 함께 고민하던 차에 온라인 강의를 총괄하는 선생님이 있다는 사실을 알게 되어 사정을 말씀드렸더니 교수님과 연락해보겠다고 하셨다. 또한 본인도 대학에서 경제학을 전공했기에 도울 수 있는 방법이 있을 거라고도 하셨다. 나는 지금의 어려움을 극복할 희망은 그 선생님뿐인 것 같으니 경제학 수업과 관련해서는 그분을 멘토로 삼으라고 조언했다.

그날부터 혜성이는 틈나는 대로 선생님을 찾아가서 모르는 것들을 물어보았고 교수님이 원하는 바를 정확히 파악하기 위해 머리를 맞댔다. 혜성이를 통해 다른 학생들도 비슷한 어려움을 겪고 있다는 것을 파악하게 되자 교수님과의 의사소통 다리가 되어주셨다. 덕분에 대학 원서를 접수해야 했던 중요한 순간에 만난 위기에서 벗어날 수 있었다.

이렇듯 살다 보면 예기치 못한 어려움으로 헤매게 될 때 멘토를 만나면 길을 찾고 방향키를 쥘 수 있다. 부모라면 아이에게 멘토가 될 어른이 있는지 눈을 씻고 찾아보아야 한다.

7. 엄마의 선입견 버리기

부모의 선입견과 편견은 아이들의 가치관에 절대적인 영향을 끼친다. 기성세대인 부모들은 얼마나 많은 사회적 편견과 선입견에 발목이 잡혀 있는지 모른다. 부모가 강하게 가지고 있는 잘못된 생각은 아이의 생각을 제한하고 가능성을 막는 요인이 될 수 있다.

우리가 미국에서 소수 민족으로 살게 되면서 과감히 버려야 했던 선입견은 바로 인종 차별이었다. 한국 이민자들은 자신도 소수 민족이면서도 아이러니하게 타 인종에 대한 선입견을 가지고 있는 경우가 많았다. 특히 흑인을 거부하고 히스패닉을 경시하는 분위기가 있었다. 이들을 자신의 사업장에서 고용해 함께 일은 하더라도 같은 지역에서 사는 것은 꺼려했다. 특히 예민하게 반응했던 것은 바로 아이들의 학교 문제였다. 그래서 많은 한국 이민자들은 학교를 정할 때 지역을 따지고 인종 분포를 최우선으로 고려하곤 했다. 그러나 이 선입견만 버려도 아이를 위해 어떤 선택을 하는 것이 옳은지 보이기 시작한다. 영재 교육 프로그램, 저소득층을 위한 지원 등 공립 학교에 진학할 때 누릴 수 있는 최상의 혜택이 존재하기 때문이다. 영재 교육 프로그램의 경우 주로 인종 분포를 고려해서 실시하고 있기에 부유층 거주 지역에서는 제한이 있다. 또한 많은 비영리 교육 단체가 소수 민족을 대상으로 다양한 지원을 하고 있지만 이 정보를 한국인들이 놓치는 경우가 많아 안타깝다. 많은 한국 아이들이 부촌에 위치한 학교를 선호하다 보니 수혜 대상에서 제외되기 때문이다. 간혹 이러한 정보를 알려주어도 타 인종에 대한 선입견 때문에 기회를 마다하기도 했다. 이미 다른 인종과 함께 살고 있고 역시 소수자인 우리가 다른 소수자를 차별하면 안 된다는 생각만 가져도 아이들이 누릴 수 있는 기회는 훨씬 많아진다.

　깨야 할 선입견 중 다른 하나는 맹목적으로 명문대를 고집하는 것이다. 나는 아이들에게 일정 수준 이상의 대학에 가야 한다고 강요하지 않았다. '본인은 딸 셋을 다 하버드에 보냈으면서 명문대를 고집하지 않았다고?'라며 반문할 수 있다. 나는 단지 아이가 가진 능력을 최대한 발휘하는 것에 중점을 두었을 뿐이다. 아이가 가진 능력이 하버드를 갈 수 있는 수준인데 주립 대학 입학에 그쳤다면 최선을 다했다고 할 수 없을 것이다. 반대로 아이의 능력이 냉정하게 주립 대학에 갈 수준인데도 명문대를 고집하는 것은 아이를 힘들게 하고 망치는 게 된다. 부모가 해야 할 것은 아이의 능력을 최대화하는 것이다. 이것이 부모의 부모의 목표가 되어야지 그 이상을 바란다면 부모와 아이 모두가 불행해질 수밖에 없다.

또 다른 선입견은 돈을 많이 벌 수 있는 전공이 유망하다고 생각하는 것이다. 부모부터 이런 생각을 가지고 있으면 아이들도 잘못된 판단을 할 가능성이 크다. 아이들의 재능은 정말 다양하다. 적성 검사를 해보면 '이런 직업이 있었단 말이야?'라고 새삼 놀랄 만큼 다양한 직업이 존재한다. 진정으로 유망한 직종은 아이가 행복을 느끼면서 평생 종사할 수 있는 일이라는 점을 생각하면 쉽게 답이 나온다. 그런 일이라면 어떤 분야든 좋은 결과를 얻을 것이고 돈으로는 살 수 없는 것을 가질 수 있다. 우리 아이가 도대체 뭘 하면 좋을지 알 수 없다고 푸념하는 부모에게 내가 늘 조언하는 것은 "아이가 원하는 것을 할 수 있게 하세요"였다. 아이가 원하는 게 없는 것이 아니라 나중에 많은 돈을 벌 수 없을까 걱정하는 부모의 마음을 인정하지 못하는 것이다. 돈에 대한 걱정과 미련만 놓는다면 우리 아이가 걸어갈 길이 보이고 직업과 전공도 보이기 마련이다. 이 세상에서 우리 아이들이 쓰일 곳이 얼마나 많은지도 자연스레 알게 된다.

우리 아이들은 언제든지 본인들이 하고 싶은 것을 거리낌 없이 이야기한다. 눈치 보지 않고 왜 이것을 하고 싶은지 당당하게 이야기한다. 이미 엄마가 자신의 의사를 존중하리라 믿기 때문이다. 아이들은 이 점을 고마워했다. 우리 아이들은 전공과 직업을 정하기 전에 여러 분야의 인턴십을 경험하거나 직접 체험했었다. 미국이든 해외든 상관하지 않았다. 다만 그 활동으로 무엇을 경험할 수 있을지 생각했다. 물론 그 과정에는 생활비를 포함한 금전적 투자가 필요하다. 그럼에도 지낼 집과 최소한의 생활비만 있다면 시도했다. 주로 비영리 단체나 공익 단체에서 주관하는 일들로 중국, 대만, 일본, 스페인, 멕시코, 워싱턴 등 지역을 가리지 않았다. 부모가 선입견을 가지고 있지 않으면 아이들은 더 넓은 세상을 향해 나아갈 수 있다.

이야기를 다 하고 보니 참 어렵고 힘든 것이 부모의 역할이란 생각이 든다. 때로는 눈먼 상태로 아이를 사랑해야 하지만, 때로는 그 누구보다 객관적으로 판단해야 하니 분명 난감하게 느낄 때가 있다. 그렇지만 어렵고 고민이 되더라도 이 두 가지는 동전의 양면처럼 함께 가야 한다.

3.

관측하는 사람 :
한 걸음 앞선 노력이
아이의 기회를 연다

부모부터 공부한다

'관측자'의 사전적 정의는 '어떤 사정이나 형편 따위를 잘 살피고 장래를 헤아리는 사람'이다. 관측자로서의 부모 역할을 한 줄로 잘 정의했다고 생각한다. 부모가 아이에게 한 발이라도 더 앞서 볼 수 있는 눈을 줄 수만 있다면 그 자체로도 더 크게 성장할 기회를 얻게 된다.

내가 첫째 혜민이를 키울 때는 무엇을 하든 처음이라 낯설고 어리둥절하기만 했다. 그러다 보니 양육할 때 미리 생각하고 계획을 세우는 데 서툴렀던 것이 사실이다. 결국 아이보다 한 걸음 먼저 보는 관측자의 역할을 잘 해주지 못했다. 아니, 오히려 내가 앞서 가는 혜민이를 쫓아갔던 것은 아닐까 하는 생각도 든다. 그도 그럴 것이 우리 가족이 미국으로 건너온 뒤 가장 먼저 영어를 깨우친 사람이 바로 혜민이었다. 언어가 되니 학교에서의 적응도 빨랐고 미국 문화에도 먼저 적응했다. 그렇다 보니 익숙하지 않은 상황을 마주하면 늘 혜민이에게 물어야 했다. 이쯤 되니 좁은 문화적 배경을 가진 것이 전부인 나로서는 아이의 미래와 교육을 위해 미리, 멀리 보고 넓은 안목을 길러줄 능력이 되지 않았다. 그래도 외국인인 내가 양육과 교육에서 어려움을 겪을 때 도와준 손길들이 많았던 걸 보면 당시 미국의 사회적 분위기는 여유로웠던 것 같다. 요청하지 않아도 학교가 알아서 배려해주거나 따로 교육을 해주기도 했다.

먼저 이민 와 정착한 분들 중에는 교육과 관련한 내용을 정확히 알고 계신 분이 거의 없었다. 중학교, 고등학교 때 미국에 와서 대학을 졸업한 소위 이민 1.5세대라고 불리는 부모도 교육 환경이 너무 많이 달라져 알지 못하는 게 많다고 했다. 이처럼 빠르게 바뀌는 변화를 알고 정보를 얻어서 예측하는 안목 또한 부모의 몫이다.

첫째 혜민이가 대학에 들어갔을 때 셋째 혜성이는 초등학생이었다. 두 아이의 친구들 부모님과 대화를 나눠보면 큰 차이가 있었다. 혜민이 친구 부모님들과는 공부란 스스로 하는 것이니 부모가 해줄 수 있는 것은 없고 아이가 알아서 잘해야 한다고 말하곤 했다. 그러나 혜성이 친구 부모님들과는 요즘 어느 학교가 강세인지, 어느 동네의 학군이 좋은지 등이 주제로 오르내리곤 했다. 다들 초등학생 때부터 고등학교 학군까지 따지는 열심을 보였다. 이런 모습을 보면서 10년이면 강산도 변한다는 말을 실감했다. 혜성이가 첫째와는 열 살 차이인 늦둥이다 보니 아이들을 다 키우고 다시 처음부터 시작한 것과 다름없다. 당연히 혜성이 친구들의 부모님은 아주 젊었다. 전문직에 종사하는 분들이 많았고 교육적 주관이나 상식, 이론도 충분했다. 컴퓨터는 물론이고 영어도 능숙하니 교류도 훨씬 활발했다. 이들을 보며 나도 조금 더 노력해야겠다고 생각해 두 아이를 키운 나름의 노하우에 더해 인터넷에서 각종 자료를 찾는 방법을 익히는 것은 물론이고 자녀교육서를 탐독하며 SNS로 정보를 수집하기 시작했다. 그렇게 젊은 엄마들처럼 변화의 흐름을 알기 위한 노력을 했다. 그리고 첫째와 둘째 때와는 달리 혜성이를 위해 조금 더 일찍 재능을 관찰해 보기로 했다.

부모라면 시대의 변화를 읽기 위해 더 노력하고, 배우고, 귀를 열어야 한다. 교육 정책의 변화를 감지할 수 있어야 하고 능력이 된다면 변화를 주도할 수 있는 교육 위원으로 활동하는 것도 좋다고 생각한다. 이제는 부모에게 정보력이 필수 덕목인 시대가 되었다. 내가 미국에 왔을 때만 해도 이메일을 보낼 줄도 몰랐지만 지금은 그렇게 살다가는 양육에 큰 차질이 생길 수밖에 없다.

부모라면 아이들에게 큰 영향을 주는 컴퓨터와 인터넷을 모르면 안 된다. 오히려 컴퓨터와 인터넷을 통해 얻을 수 있는 정보를 잘 이용하고 알아야 한다. 첫째와 둘째는 TV 때문에 씨름했다면 셋째 혜성이는 컴퓨터 때문에 고민이 많았다. 쏟아지는 정보는 부모를 똑똑하게 만들었다. 심지어 나 같은 엄마도 컴퓨터와 인터넷을 활용해 정보를 얻고 똑똑해지니 말이다. 그렇다고 많은 정보를 갖고 있다고 해서 한발 더 앞서 보는 관측자가 될 수 있는 것은 아니다. 중요한 것은 그 많은 정보 속에서 진짜와 가짜를 추려내고 어떤 것이 내 아이에게 적용될 수 있을지 걸러내는 안목을 키우는 것이 중요하다. 더 나아가 그 안목으로 우리 아이만 할 수 있는 새로운 길을 만들 수도 있다. 이것은 학교 등 교육 기관에 전적으로 맡기기에는 한계가 있다. 왜냐하면 그들이 가지고 있는 정보가 아이에게 맞으리라는 보장이 없기 때문이다. 아이에게 꼭 맞는 정보를 찾아내는 것은 부모가 아이를 온전히 이해하고 내 아이에게 필요한 정보를 걸러내는 안목을 가졌을 때 가능하다. 이 안목은 하루아침에 만들어지지 않는다. 끊임없이 책을 읽고, 변화를 감지하고, 아이를 위해 진심으로 걱정하고 기도할 때 가질 수 있다.

재능보다 인성을 키워준다

아이의 재능을 발견하기 위해 가장 먼저 떠올린 것은 아이의 인성 교육이었다. 미국에서는 지역 봉사 활동이라는 말을 자연스럽게 자주 접하게 된다. 특히 우리 가족은 생활에서 이를 밀접하게 느꼈다.

우리 가족이 미국에 도착 후 영어를 배우고자 수소문 끝에 찾은 선생님은 여든 가까이 되신 할아버지로 대학 교수에서 은퇴하신 분이었다. 이 분은 일주일에 한 번씩 집으로 오셔서 2시간씩 개인 교습을 해주셨다. 이 교습은 일종의 지역 봉사였는데 시간도 철저하셨고 성실하게 가르쳐주셨다. 그런 모습을 보면서 '나라면 은퇴하고 이렇게 봉사할 수 있을까?' 하고 생각하게 됐다. 이처럼 미국은 사회 곳곳에서 자원봉사가 보편화 되어 있어서 살면서 쉽게 경험할 수 있다. 미국 이민 후 내게 가르침을 준 윗 세대 분들은 이타적으로 헌신하는 것이 몸에 배어 있었다. 그분들은 자원 봉사가 시민의 책임이고 의무라고 생각하고 계셨다.

미국 아이들은 부모나 조부모를 따라 자연스럽게 봉사 활동에 참여한다. 아이들은 처음부터 남을 돕겠다는 마음으로 하는 것이 아니라 일단 부모를 따라 나서면서 교육이 되는 것이다. 아이들은 잘했다고 칭찬도 받고 작은 간식이나 장난감 같은 것을 받으면서 봉사의 진정한 묘미를 알아간다. 어릴 때부터 봉사에 참여한 아이들은 봉사 정신이 인성의 바탕이 되고 몸에 배는 경우가 많다. 좋은 인성을 갖고 태어난다기보다 봉사를 하면서 이타적인 사람으로 바뀌는 것이다.

한 가지 주목할 것은 자원봉사에 대한 보상 체계가 잘 되어 있다는 점이다. 대학 입시는 물론이고 취업, 승진에도 좋은 영향을 미친다. 어쩌면 '봉사를 순수하게 해야지 보상이나 혜택을 받으면 그게 봉사인가?' 하는 생각이 들 수도 있다. 하지만 다른 사람을 위한 이타적 삶이 순수한 마음만으로 가능할까? 미국은 보상 제도가 체계적이어서 봉사 후 혜택을 받는 것이 당연하게 여겨진다. 보상을 받는 것을 부끄럽게 생각한다거나 혜택을 받으면 동기의 순수성이 흐려질까 걱정하는 모습은 찾아볼 수 없다. 이렇게 미국은 오랜 경험과 역사를 통해 사회 전반에 체계적 시스템을 구축하여 봉사하는 시민을 만들어내고 있었다. 교육과 보상으로 자유 민주주의 시민을 만들어 내고 있다.

봉사의 진정한 의미를 깨닫게 되면서 혜성이는 어릴 때부터 봉사에 참여하도록 해 좋은 인성을 길러주고 싶었다. 혜성이가 흥미를 느끼고 좋아하는 분야에서 시작하는 것이 좋겠다 싶어 여기저기 알아보다 근처에 위치한 말 농장이 눈에 들어왔다. 혜성이는 켄터키주에서 태어나서 그런지 말을 좋아했다. 그 농장에서는 일정 시간 봉사하면 승마 수업을 무료로 제공했다. 이 혜택은 동물을 좋아하는 혜성이에게 딱 맞는 것이었다. 일정 시간을 봉사하면 승마 수업을 몇 시간 무료로 해주는 혜택이었다.

이 농장에서는 지체 장애 아동들이 말을 타며 육체와 정신을 훈련하고 치유를 경험할 수 있는 프로그램을 운영하고 있었다. 당시 6학년이던 혜성이가 이곳에서 처음 한 일은 마구간에서 말똥을 치우는 일이었다. 조금 더 시간이 흘러서는 말을 닦고 털을 빗는 일을 했다. 이후 혜성이가 10학년이 되어서야 비로소 장애 아동을 위한 프로그램에 참여하게 되었다. 그렇게 혜성이는 대학에 가기 전까지 1,000시간 넘게 봉사했다. 이런 경험을 통해 혜성이는 마음이 따뜻하고 남을 돕는 것을 좋아하는 아이로 자랄 수 있었다.

세상을 따르지 말고 세상이 따르게 한다

앞서 말했듯 우리 아이들은 일주일에 2시간만 TV 시청을 할 수 있었다. 이렇게 제한한 이유는 TV의 특성 때문이다. 우리가 의식하지 못하지만 TV는 1분이라는 짧은 시간에도 약 30번 정도 화면이 바뀐다. 그렇기에 집중하다 보면 TV에서 나오는 메시지를 자신도 모르게 무차별적으로 받아들이게 된다. 빠른 화면 전환에 익숙해지면 천천히 읽어야 하는 책을 지루하게 느낄 수밖에 없어 점차 책보다 TV를 선호할 수밖에 없다. 또한 TV는 선명한 이미지를 남기기 때문에 TV 시청 후 집중해 공부를 하기까지는 시간이 오래 걸린다. 이런 이유 때문에 TV와 아이들을 분리하는 것은 필수적이었다.

　TV보다 훨씬 강력한 컴퓨터로부터 아이들을 분리하는 과정은 마치 전쟁을 치르는 것 같았다. 셋째 혜성이가 자랄 당시는 언니들과 달리 컴퓨터가 텔레비전은 상대도 되지 않는 속도로 아이들의 삶을 지배해 나가고 있을 때였다. 컴퓨터를 오래 사용하는 것은 뇌가 온전히 성장하지 않은 어린 나이일수록 치명적인 영향을 받을 수 있다. 혜성이에게도 그런 영향이 올 것을 예상했기에 어떻게 대비할지 고민했다. 내 결론은 컴퓨터에 조종당하기보다 컴퓨터와 싸워 이기는 아이를 만들자는 것이었다. 이미 만들어진 프로그램을 기계처럼 가지고 노는 것이 아니라 아예 프로그램을 만들 줄 아는 아이로 키우겠다는 도전 정신까지 생겼다. 감사하게도 혜성이는 세 아이 중에 기계 다루는 것을 가장 좋아했다. 집에 새로운 기계나 전자 제품이 들어오면 제일 먼저 설명서를 읽고 조립하는 아이였다. 이런 특성을 고려했을 때 코딩을 가르치는 게 좋은 선택이라고 판단했고 그 덕분에 우리 동네에서 최초로 코딩을 배우는 모임이 생겼다.

　코딩을 배우겠다는 아이들은 준비가 됐는데 선생님을 찾을 수가 없었다. 아이들을 대상으로 코딩을 가르치는 학원이 없었을뿐더러 개인 교습이 가능한 사람도 없었다. 결국 동네 컴퓨터 학원에 무작정 전화를 걸어 코딩을 가르칠 수 있는 선생님이 있는지 물었더니 다행히도 있다는 대답이 돌아왔다. 그런데 교육 대상이 누구냐고 하기에 6, 7학년 학생 셋이라고 대답하니 깜짝 놀라면서 그 어린 학생들이 도대체 코딩을 왜 배우려고 하냐며 의아해했다. 그렇게 아이들의 코딩 학원이 생겼고 이듬해에는 컴퓨터 공인 자격증도 취득했다. 당시 시험 감독관은 이렇게 어린 아이들이 시험을 보러 온 게 처음이라며 신기해했다.

그 이후에 많은 아이가 코딩을 배우기 시작해 학원에 등록하려면 대기자 명단에 이름을 올려야 할 정도가 되었다. 소문을 듣고 멀리서 우리 동네까지 오는 현상도 벌어졌다. 이제는 코딩을 가르치는 학원과 개인 교습을 하는 선생님들이 많아졌다. 코딩 프로그램으로 자원 봉사를 하는 기관도 많이 생겨났다. 이처럼 엄마의 딱 한 걸음 앞선 관측이 아이의 기회와 미래를 여는 열쇠가 될 수 있다.

이렇게 혜성이는 새롭게 변화된 시대에 맞추어 한발 앞서게 되었다. 과학 분야에 별 흥미를 보이지 않았던 언니들과 달리 혜성이는 과학 그리고 수학에도 재미를 느꼈고 다양한 기회를 가질 수 있었다. 혜성이가 중학교 때 실시한 PSAT(대학 진학 적성 검사) 성적이 좋아서였는지 6학년부터 8학년까지 3년 동안 존스 홉킨스 대학교에서 진행하는 청소년을 위한 영재 프로그램에 참여할 기회를 얻었다. 이 프로그램은 3주 동안 대학 기숙사에서 생활하면서 전공 교수님들과 함께 관심 분야를 공부할 수 있다. 참가비가 매우 비싼 여름 프로그램 중 하나였지만 재정 보조 덕분에 거의 돈을 들이지 않을 수 있었다. 혜성이는 자신이 어떤 분야에 더 흥미를 느끼는지, 무엇을 더 잘할 수 있는지 좀 더 일찍 경험할 수 있어 좋았다고 했다. 특별히 6학년 여름에 처음으로 집을 떠나 새로운 경험을 하면서 한 걸음 먼저 자신을 찾아 가는 작은 거인으로 성장하고 있음을 실감했다 그리고 코딩을 일찍부터 시작해 자격증을 취득했기 때문인지 9학년 여름에는 10학년이나 11학년 아이들도 참여하기 힘들다는 'COSMOS(California State Summer School for Mathematics and Science)'라는 과학 캠프에도 합격해 참석하게 되었다.

이렇듯 엄마라면 아이가 자신의 흥미를 알아차리고 적성을 찾아가도록 끊임없이 시대 변화를 주목하고 정보를 수집해 한발 앞서 관측하고 아이에게 권하는 노력을 해야 한다.

확인하는 사람 :
아이의 현재 상태를
객관적으로 파악한다

반드시 확인해야 할 여섯 가지

나는 아이들이 실수를 통해서도 성장한다고 믿는다. 아직 성숙하지 못한 아이들은 항상 잘할 수 없다 보니 반복되는 실패와 훈련을 통해 커간다. 다만 아이의 실수는 허용될 수 있어도 어른들이 아이에게 하는 실수는 허용되면 안 된다. 아이들은 실험 대상이 아니기 때문이다.

나는 교육에 있어서는 한 번의 실수도 용납하지 않겠다는 신념을 가지고 있다. 이번에는 실수했지만 다음에 잘하면 된다는 생각은 교육자와 양육자의 이기적인 생각이다. 부모에게는 다음 기회가 있을지 몰라도 아이에게 모든 기회는 한 번뿐이다. 아이에게 실수한 것을 나중에 만회한다고 해도 이미 시기를 놓쳐 되돌리기 어렵게 되거나 만회할 수 없게 되기도 한다. 부모에게는 한 번의 실수일지 몰라도 아이에게 그 경험이 각인된다면 이로 인한 후폭풍은 평생에 걸쳐 영향을 미칠 수도 있다. 그만큼 한 명 한 명의 경험을 소중하게 생각해 주고, 실수가 없도록 노력해야 한다는 생각을 한다.

아이에게 실수하지 않고 정성을 다하기 위해 부모가 할 수 있는 최선은 바로 철저히 확인하는 것이다. 어떤 결정을 내릴 때 제아무리 작은 것이라도 신중하게 생각하고 혹시라도 놓친 것은 없는지 확인했다. 이런 과정을 거치면서 현재 아이의 상태를 정확하게 평가하고 판단할 수 있는 '확인자'의 모습을 갖출 수 있었다. 나는 다음과 같이 여섯 가지의 확인 작업을 끊임없이 실천했다.

1. 아이의 학습 의욕

초등학교 때, 특히 저학년 때의 학업 성적은 얼마나 중요할까? 이 질문에 대한 나의 답은 "평균이면 충분하다"이다. 어린 자녀를 둔 부모님들이 나에게 가장 많이 물었던 질문 중 하나가 "우리 아이는 공부를 그다지 잘하지 못하는데 아이비리그 같은 명문대에 갈 수 있을까요?"였다. 이런 질문에 대한 내 대답은 한결같았다. "물론이죠!"

많은 한국 부모들은 자신의 아이가 평균적인 아이들보다 공부를 못한다고 생각한다. 1등이 아니면 실력이 떨어진다고 믿는 것 같았다. 하지만 모든 아이들에게는 무한한 가능성이 열려 있다. 아이가 어릴수록 성적보다 중요한 것은 학습 의욕을 가지고 있는가이다. 학습 의욕은 나이마다 다르게 나타난다. 공부에 재미를 느끼고 있다면 1등이 아니어도, 평균 정도의 점수를 받더라도 발전할 가능성은 무한하다. 반대로 공부에 재미를 못 느끼고 있는데 부모의 극성으로 억지로 공부해 1등을 했다면 아무 의미도 없다. 안타깝게도 이런 아이들은 상급 학교로 진학하면 공부를 재미있게 하는 친구를 만나 백전백패한다. 운이 좋아 고등학교까지 잘 마치고 대학에 들어가더라도 결국 대학에서 문제가 발생하고 만다. 아무리 부모라도 대학 성적까지 관리를 해줄 수는 없는 노릇이기 때문이다.

아이가 아직 초등학생 정도로 어리다면 성적보다는 학습 의욕이 있는지 주의 깊게 살피자. 재미를 느끼지 못하는 과목은 왜 그런지 함께 이야기도 나눠보고 부모가 도울 방법은 없는지 고민해야 한다. 그러면서 아이가 자신에게 주어진 과를 완수할 수 있는 성실함을 꼭 함께 확인해야 한다. 성실함은 초등학교 때 반드시 배우고 갖춰야 할 중요한 학습 태도 중 하나이기 때문이다. 성실함이 갖춰지면 아이는 스스로 학업과 성적에 관심을 가지면서 더 잘하려는 의지 또한 생겨나기 마련이다. 나는 우리 아이들이 초등학생일 때 성실함을 키우면서 주어진 과제를 잘 완수하고 있는지 매번 확인했다. 이런 자세를 갖추게 되면서 잘하고 좋아하는 것을 더 탐구하는 모습으로 발전했다.

첫째 혜민이는 중학생 때 공부하는 방법, 공부할 것들을 정리하는 방법, 효율적인 시간 분배의 방법에 대해 알게 되었다고 했다. 혜민이는 원래 일찍 자고 일찍 일어나는 편이라서 숙제나 시험 준비는 늘 미리 마치고 적어도 10시 반이 되면 잠자리에 들곤 했다. 그만큼 시간 관리에 철저한 아이다. 그런데 혜민이가 고등학생이던 어느 날 밤, 늦게까지 불이 켜져 있어 방에 들어가 보니 공부를 하고 있었다. "어쩐 일로 이렇게 늦게까지 공부하니?"라는 질문에 돌아온 아이의 대답이 인상적이었다.

"나도 어려서부터 엄마 밑에서 엄청나게 훈련받고 만만치 않게 컸다고 생각했는데. 유대인 친구들은 공부를 안 하는 척하는데 걔들도 집에서 만만치 않게 훈련받는 것 같아. 그래서 걔들 때문에 나도 한 번 더 보고 자려고."

혜민이의 이런 의욕은 유대인들도 당해낼 수 없었다.

2. 아이의 안정감

우리집 아이들은 가정, 학교, 교회라는 환경에 둘러싸여 있었다. 나는 아이들이 자라는 동안 안전한 환경 속에서 지내고 있는지 늘 확인했다. 혜민이의 경우 미국에 오게 되어 주어진 모든 환경이 바꾀게 되었다. 만나는 사람은 물론이고 집과 학교, 사는 동네와 교회까지 모두 달라졌다. 한국인을 만나게 된다고 해도 한국에서 만났던 사람들과는 달랐다. 혜민이가 급변한 환경 속에서 안정감을 찾게 해주는 것이 나의 최우선 목표였다. 다행히 혜민이는 학교에 빠르게 적응했다. 한국과는 많은 것이 달랐지만 재미와 학생 위주로 수업이 진행되는 미국식 교과 과정에 어려움 없이 잘 적응했다. 그런데 오히려 한국인이 모이는 한인 교회에서 어려움을 겪게 되었다. 첫 번째 다녔던 교회는 한국인이 모이는 교회였다. 아이들 예배는 영어로 진행되었고 지도하는 전도사님 부부도 미국인이었다. 게다가 예배에 참석하는 아이들이 모두 영어만 사용했다. 그러자 아이들은 한국어에 더 익숙한 혜민이를 따돌리기 시작했다. 속상한 마음에 울면서 집에 돌아온 혜민이에게 남편이 단호하게 말했다.

"네가 적응해야 해. 울지 말고 잘 참아야 해. 아빠가 도와줄 수 없는 문제야."

지금 당장은 적응하기 힘들어도 한인 교회에서 받을 수 있는 안정감이 분명 있었기에 나는 혜민이가 그 어려움과 장벽을 극복해야 한다고 판단했다. 이후 혜민이는 부모에게 의지해 적응하려는 마음을 내려놓고 아이들 속으로 들어가 직접 부딪히며 스스로 이겨냈다. 결국 시간이 지나자 아이들과 자연스레 어울리며 적응하는 모습을 보여주었다. 그렇게 안정감을 찾아 매주 교회에 가는 기쁨을 누리기 시작했다. 미국인만 있는 모임에서는 느낄 수 없는 소속감이었다. 이처럼 아이가 현재의 환경에서 안정감을 느끼고 있는지 확인하는 작업이 필요하다.

3. 아이의 목표

삶의 목적을 분명히 알고 있는 이의 인생은 아름다울 수밖에 없다. 그런 사람은 가야 할 길이 확실하게 정해져 있기에 삶을 항해할 때 방황하지 않을 수 있다. 아이들도 목표를 분명하게 설정하면 방황하지 않고 청소년 시절을 유익하게 보낼 수 있다.

내가 한글은 물론이고 다양한 한국 문화를 가르치는 한국 학교에서 아이들을 가르쳤을 때 담당했던 아이들 중 대부분이 자신의 꿈은 무엇인지, 무엇을 해야 할지 모르겠다고 말하는 바람에 몹시 충격을 받았던 적이 있다. 한창 꿈으로 부푼 마음을 갖고 꿈을 이루기 위해 힘차게 달려나갈 때인 아이들이 그런 이야기를 하고 있는 것을 듣고 있자니 너무 안타깝고 마음이 아팠다. 이 일을 계기로 아이들이 분명한 목표를 갖고 무엇이든 도전할 수 있도록 해야겠다고 다짐했다.

혜민이는 9학년을 마치고 방학을 보내는 동안 진로와 관련해 많은 고민을 했다. 긴 고민 끝에 혜민이가 말한 목표는 국제 정치학 전공 후 UN에서 근무하는 것이었다. 목표가 뚜렷해지니 해야 할 일들도 분명히 보였고 그에 맞는 과정과 작은 목표도 자연스럽게 정해졌다. 학교에서의 활동도 그 목표에 맞춰졌다. 혜민이가 목표를 세우고 계획하는 습관은 대학교에 가서도 이어져 대학교 2학년을 마쳤을 때는 정치학 박사 과정을 밟아 교수가 되겠다고 했다. 특히 중국과 동아시아를 전공으로 삼기 원했다. 이렇게 성장하는 첫째를 보면서 목표를 정하는 것이 얼마나 중요한지 실감했고 아래 두 아이도 목표를 일찍 정하도록 이끌어야겠다고 생각했다.

구체적으로 초등학교 때는 기본 태도를 길러주기 위해 학습의 기초가 되는 성실함에 초점을 맞췄다. 중학교 때는 학습법과 시간 관리를 배울 수 있도록 하면서 관심 분야를 체험해볼 수 있도록 길을 열어주었다. 이후 고등학교에 들어가게 되자 어떤 전공을 선택하고 싶은지 생각해보도록 했다. 하지만 아이들은 대학에서 공부할 전공을 미리 생각하는 걸 어려워했다. 사실 '나중에 생각이 바뀌면 어쩌지?', '처음엔 좋았어도 내 적성이 아니면 어쩌지?' 하는 염려를 하게 되기 마련이다. 다행히 미국에서는 전공을 바꾸는 것이 어렵지 않았다. 대부분의 대학은 2학년을 마칠 때 전공을 최종 결정하게 되어 있다. 그럼에도 우리 아이들이 고등학교 때 전공을 정해보도록 한 것은 공부하고 싶은 분야가 무엇인지, 긴 학창 시절을 지나는 동안 어떤 것에 열정과 관심을 쏟는지 확인하는 데 목적이 있었다.

　명확한 목표를 가지고 학교 생활을 하는 것과 목표 없이 학교 생활을 하는 것은 큰 차이를 보인다. 목표가 정해지면 세부 계획이 세워지고 그것을 달성하며 성취감을 느끼고 자신감 또한 가질 수 있다. 공부도 누가 시켜서 하는 게 아닌, 자발적인 자기 주도 학습이 가능해진다. 둘째 혜은이의 경우 9학년 때 저널리즘을 전공으로 정하고 그에 맞는 계획을 세웠고 셋째 혜성이는 8학년 때 컴퓨터 공학에 관심을 가지면서 11학년 때 과학과 역사를 접목한 과학 역사를 전공하기로 마음을 먹었다. 이렇게 세 아이 모두 뚜렷한 목표를 가지게 되자 이를 이룰 밑바탕을 차근차근 만들 수 있었다.

4. 아이의 성공 경험

　아이가 성취감을 느낄 수 있도록 하는 것은 확인자로서 부모가 꼭 해야 할 일이다. 아이들은 성취감이 없으면 새로운 시도를 하지 않고 안주하게 되어 자신이 가지고 있는 창조성과 도전 정신을 놓칠 수밖에 없다. 이를 위해서는 어려서부터 무엇을 시작했으면 끝을 보는 습관을 들일 수 있도록 양육해야 한다. 무언가를 하는 중에 지칠 수도 있고 힘든 과정을 거치면 포기하고 싶은 마음이 생길 수도 있다. 하지만 도중에 놓아버린다면 한 번의 실패로 그치지 않고 다른 것도 포기하기 쉬워진다.

미국에는 각 자치구에서 아이들에게 다양한 경험과 기회를 주기 위해 발레, 도자기, 미술, 음악 등 각종 프로그램을 많이 운영했다. 정부 주도로 운영하다 보니 유학생 신분으로는 비용이 거의 들지 않는 경우도 많았다. 나는 아이들이 아픈 경우를 제외하면 매번 일일이 차로 태워다주고 기다렸다가 데리고 오곤 했다. 아이들은 처음에 좋아서 시작했지만 나중에는 하기 싫어할 때도 있었지만 원해서 시작한 것이니 한번 발을 들인 것은 무조건 끝맺도록 했다. 그렇게 각 과정을 마칠 때마다 받은 수료증들이 모이자 태산과 같은 큰 성취가 되었다. 어려서부터 이런 자세가 자리를 잡게 되자 아이들이 중학생이 되면서부터 스스로 시작한 활동은 특별한 이유가 생기지 않는 한 끝까지 완수해 성공 체험이 될 수 있었다. 그러자 한번 시작하면 평균 4년에서 길면 7년 정도까지 이어지고는 했다. 부모는 아이들이 마지막 결과물을 받아들 때까지 꼼꼼히 확인하는 작업을 게을리해서는 안 된다.

앞서 말했듯 둘째 혜은이가 저널리즘을 전공하기로 결정한 이후 모든 활동은 자연스레 글쓰기와 연관되었다. 학교에서는 편집장을 하며 교지를 만들었고 학교 밖에서도 지역 신문 인턴 기자, 미주 중앙일보의 학생 기자, 청소년 리더십 프로그램에서 지역 사회의 소식을 전하는 신문의 편집위원으로 활동하는 등 글쓰기와 관련된 활동에 적극적으로 참여했다. 한번은 혜은이가 우리 가족이 활동하고 있던 YMCA의 각 지부에서 운영하는 각종 프로그램을 소개하는 신문이 있으면 좋겠다고 제안했다. 이후 담당자를 만나 혜은이의 아이디어를 전달하자 바로 그 자리에서 실행에 옮기기로 결정되기도 했다.

사실 글을 쓰고 신문을 만드는 일은 의욕이 충분하다고 해도 인내와 실행력이 반드시 동반되어야 했다. 주기적으로 써야 할 글의 양이 어마어마하게 많았고 틈나는 대로 각종 글쓰기 대회에도 참가하게 되었다. 그러면서도 공부를 소홀히 하지 않아 1등을 놓치지 않았다. 매일 3~4시간 이상 글을 쓰고 신문을 편집하는 생활을 반복하다 엉덩이 통증 때문에 진료를 받았더니 꼬리뼈가 조금 휘었다는 진단을 받았다. 의사는 대체 얼마나 열심히 공부했기에 이렇게까지 되었냐며 간간이 스트레칭도 하라고 조언하기도 했다.

가족 신문을 만들면서 즐거워했던 어린 혜은이는 끈기와 인내 덕분에 가진 재능이 열매를 맺었다. 우리 아이들에게 무엇을 하든 끝을 내고 성공의 기쁨을 누릴 수 있게 해야 한다.

5. 아이의 에너지

아이들이 목표를 이루기 위해 세운 일정을 빠듯하게 소화하다 보면 스트레스를 받아 내면의 균형이 깨지기도 한다. 그렇게 열심을 내다 보면 친구들은 자기처럼 바쁘게 살지 않고 쉽게 산다고 느낄 수도 있다. 이런 생각이 아이를 지치게 만든다고 느껴지면 새로운 에너지를 공급해 다시 시작해보자는 마음을 가질 수 있게 도와주어야 한다. 아이들은 보통 학기 말이 되면 번아웃이 찾아오기 쉽다. 빠듯한 일정 속에 힘들게 시험을 준비하면서 긴장했던 마음이 풀어질 수 있기 때문이다. 이럴 때에는 지식을 머릿속에 채워넣는 것이 아니라 반대로 안에 쌓인 것을 표출하고 발산하는 것이 절실히 필요하다. 그렇게 한 박자 쉬면서 여유 있게 생각하고 쌓인 것들을 비우고 나면 새로운 에너지가 채워진다.

나는 아이들이 학기가 끝날 때마다 재충전할 기회를 만들어주려 했다. 교회에 다니는 우리 아이들은 겨울이면 수련회를, 여름이면 멕시코로 단기 선교를 떠났다. 겨울 수련회는 집이 아닌 곳에서 진행되기 때문에 그 자체로 쉼이 된다. 아이들은 그곳에서 한국계 미국인이라는 공통점을 가진 친구들을 만나 관계를 다지며 서로의 모습 속에서 자신을 발견하곤 했다. 백인 위주로 운영되는 학교에서 필연적으로 비주류일 수밖에 없는 아이들은 학교에서 느끼는 감정과 고충을 공유할 수 있는 친구가 있다는 것을 깨달을 수 있었다. 이민 1세대인 부모가 짊어져야 할 짐이 더 크고 무거움을 알고 있는 아이들은 자신들이 느끼는 어려움을 부모에게 말하기보다 스스로 이겨내려고 안간힘을 쓰는 경우가 대부분이었다. 그렇게 비슷한 마음의 부담을 가진 아이들은 수련회 기간 동안 서로에게 든든한 힘이 되어주고 새로운 에너지를 받곤 했다.

또한 아이들은 10년 넘도록 매년 여름마다 멕시코의 집단 농장으로 단기 선교를 떠났다. 그곳에서는 거의 방치되어 있는 아이들을 위해 여름성경학교와 의료 선교 활동을 진행했다. 그 아이들을 보면서 세상에는 무수히 많은 환경 속에서 각기 다른 어려움을 가진 채 살아가는 사람들이 있다는 것을 실감하게 된다. 그렇게 아이들은 미국과 멕시코 국경을 넘나들며 앞으로 어떤 자세로 살아야 하는지 생각해보고 다짐하며 새로운 에너지를 받을 수 있었다.

6. 아이의 공감 능력

교육학자들은 아이의 공감 능력은 부모로부터 배우게 된다고 말한다. 부모가 어떻게 세상을 바라보고, 타인과 관계를 맺는지가 아이들에게 고스란히 영향을 미친다는 뜻이다. 그렇기에 우리 부부는 아이들에게 본이 되기 위해 다른 사람과 원활한 관계를 맺고 어디서든 관대한 마음으로 일관성 있게 행동하자고 생각해왔다. 아이들에게 직접 눈앞에서 보여주어야 아이들이 바르게 자랄 수 있다고 믿었기 때문이다.

첫째 혜민이는 어려서부터 사회성이 좋았다. 친구들과 잘 지내며 역지사지의 자세로 다른 사람의 상황을 이해하는 마음이 남달랐다. 선교지에 가서도 말도 제대로 통하지 않는 아이들과 깊은 교감을 나누곤 했던 아이다. 그런 혜민이가 다녔던 고등학교는 다수의 히스패닉과 유대인, 흑인, 소수의 아시아인까지 다양한 인종이 모여 있는 학교였다. 여러 인종이 모인 학교에서 소수였던 한국인 학생이 리더십을 보이는 것은 무척 힘든 일이었다. 다른 아이들을 이해하고 진정한 친구가 되지 않으면 어려운 일이다. 혜민이에게는 다른 것들을 통합하는 놀라운 능력이 있었다. 그 덕분에 다른 인종의 친구들 사이에서 조율하고 융합하는 역할을 잘 해냈고 선생님과 아이들 사이에서 다리 역할도 잘 감당했다.

선생님께 좋은 평가와 인정을 받고 아이들에게도 인기가 있었던 혜민이의 리더십이 증명된 것은 학생들의 선거로 선출하는 학생 자치회의 회장이 된 일이었다. 멤버만 되어도 명예롭게 여기고 빨간색 자치회 유니폼만 입어도 자랑스럽게 생각하는 이 자치회는 전교생을 대표해 학교 행사를 주관하고 봉사하는 일을 도맡아 했다. 친구와 후배, 선생님은 물론이고 교직원들과도 좋은 관계를 맺고 인정받아야 가능한 것이 자치회 회장이기에 선출된다는 건 정말 어려운 일이었다. 미국의 대학은 리더십 경험을 가진 아이들을 원했다. 리더십이 뛰어난 학생을 유치해야 그들의 공감 능력으로 학교 공동체가 든든하게 된다는 것을 잘 알기 때문이다.

우리 집 아이들의 공감 능력이 어디서부터 비롯된 것일까 생각해보면 가장 먼저 가정 환경에서 찾을 수 있을 것이다. 공감은 상대방을 이해하고 존중하는 데에서 나오기에 자기만의 세계에 갇혀 있는 사람은 다른 사람의 마음을 이해하고 헤아릴 수 없다. 그러나 처음부터 뛰어난 공감 능력을 보여주는 아이는 없을 것이다. 내 경험으로 보면 공감 능력을 키우기 위해서는 되도록 많은 사람과 관계를 맺고 경험하는 것이 필요하다. 그런 면에서 우리 가정은 공감을 배우기에 적합한 환경이었다. 일단 식구가 많았다. 다섯 식구가 좁은 공간에서 부딪히면서 살면 크고 작은 갈등이 많이 생길 수 밖에 없다. 이럴 때 중요한 것은 서로를 위해 포기하지 않고 상대방의 생각을 알 때까지, 아니면 나의 생각을 이해시킬 때까지 피드백을 하는 것이다.

경청, 질문, 대답으로 이어지는 피드백을 할 때 가장 중요한 것은 상대방에 대한 존중이다. 이 점은 아이들이 남편을 통해 가장 많이 배울 수 있었다. 목회자인 남편은 사역에 집중하다 보면 아이들에게 소홀할 때가 종종 있었다. 자칫하면 아이들이 오해하거나 서운한 마음을 가질 수 있는데 그럴 때마다 남편은 자신이 처한 상황과 사역에 집중해야 하는 이유를 설명하고 아이들의 피드백을 듣곤 했다.

교회의 일을 돕고 남편을 내조하면서 세 명의 아이를 키울때 가장 힘들었던 부분은 시간이 늘 부족하다는 점이었다. 아이가 한 명이었다면 모를까 세 명과 늘 함께하며 돌보기란 불가능했다. 우리 아이들은 "엄마가 누굴 가장 좋아하시니?"라는 질문을 받으면 주저하지 않고 전부 자신이라고 대답한다. 그렇게 생각할 수 있는 것은 엄마는 항상 나와 함께 있다고 느꼈기 때문이다. 항상 곁에서 떨어지지 않았다는 의미라기보다 아이들이 나를 필요로 했을 때 곁을 지켜주고 아이가 처한 상황을 공감했다는 뜻이다. 그 덕분에 우리 아이들은 공감하는 방법을 배운 것 같다. 큰딸 혜민이가 대학 기숙사에서 생활할 때의 별명이 "혜민 엄마"였다는데 재미있게도 막내 혜성이도 대학 때 생긴 별명이 "혜성 엄마"였다고 하니 그만큼 친구들의 마음을 편안하게 해주고 필요할 때 함께 해주었던 것 같다. 이렇게 가족과 친구들 그리고 만나는 사람들과 공감하며 지내는 것은 곧 자신이 행복하게 살 수 있는 방법이 된다.

5.

응원하는 사람 :
부모의 절대적 지지가
긍정적 자아를 만든다

아이의 자신감은 칭찬에서 비롯된다

"걱정하지 마. 너는 할 수 있어. 엄마랑 아빠는 널 믿어!"

우리 세 아이 중 이 말을 가장 많이 들었던 아이는 첫째 혜민이다. 우리 가족이 미국으로 건너와 얼마 되지 않았을 때 혜민이가 매일 아침 학교에 갈 때와 잠자리에 들기 전에 수없이 들려주었다. 우리 부부의 믿음 덕분인지 혜민이는 늘 용감했고 자신감도 넘쳤다. 우리 부부는 생명에 위협이 되는 일이 아니라면 모든 일을 아이가 스스로 부딪히게 했고 곁에서 용기를 내도록 격려했다. 이런 우리에게 잊지 못할 일이 하나 있다.

켄터키주 렉싱턴에서 살았을 때 혜민이는 3학년이었다. 교회 성도들과 함께 떠난 야유회에서 한 성도님의 미국인 남편이 뱃놀이를 제안했다. 한국에서 온 목회자 가족들에게 새로운 경험을 선물하고 싶었던 것 같았다. 배에 모두 탈 수 없어서 우리 부부와 몇몇 어른들만 체험하기로 했다. 그렇게 몇 시간이 흐른 뒤 돌아왔을 때 혜민이가 나를 보자마자 달려와서 품에 안겼다. 혜민이는 큰 잘못을 저지른 아이처럼 내 눈치를 보면서 말은 못 하고 걱정스러운 얼굴만 하고 있었다.

무슨 영문인지 알 수 없어 아이들을 봐주셨던 분께 자초지종을 물었다. 아이들과 같이 수영장에 간 혜민이는 수영을 못 해서 튜브를 타고 놀고 있었는데 친구가 "너는 수영을 못 하니까 다이빙도 못 할 거야!"라며 놀린 모양이었다. 그 말을 들은 혜민이는 오기가 생겨 그 아이들을 따라가 다이빙을 했다는 것이다. 당연히 물에 들어가자마자 허우적댔고, 이를 본 안전 요원이 구해주었다고 한다. 수영도 못 하면서 왜 깊은 곳에서 다이빙을 했냐며 안전 요원이 야단을 치자 시무룩해져 있던 혜민이가 나를 보고 달려왔던 것이었다. 놀란 아이를 품에 안고 엄마가 곁에 있지 못해서 미안하다고 사과했다. 그러면서 할 수 있다고 생각한 것은 잘못이 아니며 수영은 앞으로 배우면 된다고 달래주었다.

이 일은 사실 안전과는 거리가 먼 이야기다. 사고로 이어지지 않았기에 망정이지 위험한 일이었다는 것은 분명하다. 그렇지만 혜민이는 그정도로 매사에 자신이 있었고 스스로를 가치 있게 여겼다. 그렇게 되기까지는 부모와의 친밀한 관계가 크게 작용했다. 부모의 말을 전적으로 신뢰했던 혜민이의 의지와 열정을 우리 부부도 신뢰했기 때문이다. 우리 사이에 이런 신뢰가 쌓이면서 혜민이는 세상에 대한 믿음도 가질 수 있었다. 세상을 긍정적으로 보았던 혜민이는 무엇이든 도전할 수 있다고 생각했던 것 같다.

부모가 할 수 있는 최선과 최고의 행동은 끝까지 아이를 믿어주고 격려하는 것이다. 아이는 그 격려와 칭찬을 발판으로 삼아 세상으로 나갈 수 있는 용기와 힘을 얻는다.

칭찬은 포기를 모르는 아이를 만든다

셋째 혜성이는 언니들과는 달리 자신감 있는 성격이 아니었다. 막내이고 늦둥이라 그런지 언니들처럼 강하게 키우지 못했다. 그런 혜성이에게 자신감을 심어주고 주체적으로 행동할 수 있도록 격려할 방법을 고민하다 '연방의회상(Congressional Award)'을 생각해냈다. 젊은이들에게 봉사 정신, 창의적 도전 의식, 건강한 신체, 건전한 시민 의식을 심어주는 것을 목표로 하는 연방의회상은 사회봉사, 자기계발, 신체 단련, 탐험까지 네 가지 영역에 도전해 일정 기준을 충족하면 영역별 요구 조건에 따라 금, 은, 동메달을 수여한다. 혜성이가 이 프로그램을 모두 통과할 수만 있다면 훨씬 강인한 사람이 될 것 같았다. 그동안 고생을 모르고 자랐지만, 그간 봉사 활동을 꾸준히 해온 혜성이라면 도전할 만한 과제라고 생각했다.

성실함만 갖추면 대부분 극복할 수 있는 세 영역과 달리 탐험은 전혀 새로운 것을 마주해야 하기에 또 다른 문제였다. 혜성이는 탐험과 관련해 어떤 주제와 목표로 과제를 수행할지 많은 고민을 했다. 나와 가족들은 포기하려던 혜성이에게 달려들어 격려를 쏟아부었다. 다른 과제를 훌륭히 마무리했으니 탐험 과제만 잘 마무리하면 된다고 말해주었다. 사실 혜성이의 고민에는 현실적인 제약도 자리하고 있었다. 먼 곳으로 가기에는 경제적으로 큰 부담이 되었고 미성년자이기에 반드시 성인 보호자가 동행해야 했다. 하지만 온 가족이 관심을 가지고 격려한 덕분에 모든 제약을 극복할 수 있는 탐험 과제를 찾아냈다. 바로 도시 탐험이었다.

혜성이는 뉴욕에 처음 갔을 때 도시 곳곳을 누비는 지하철과 버스 같은 대중교통을 보며 같은 미국인데도 참 다르다는 느낌을 받았다고 했는데 그 기억을 살려 LA를 자동차 없이 대중교통과 도보로 4박 5일 동안 탐험한다는 계획을 세운 것이다. 미국 동부는 대중교통망이 잘 되어 있다 보니 사람들이 매일 같이 이용하고는 해차 없이 생활하는 데 불편함이 없지만 서부는 다르다. LA의 경우 대중교통망이 잘 되어 있지 않다 보니 자동차 없이 어딘가를 간다는 게 무척 힘든 곳이다. 이 때문에 LA의 대중교통은 형편이 아주 좋지 않은 사람들이 주로 이용하는, 불편하고 낯선 것이었다. LA에서 수십 년을 사는 동안 버스를 한 번도 타보지 못했다는 사람도 있을 정도다. 사실 나 또한 혜성이의 도전 덕분에 LA에서 버스를 처음 타보았다.

이 탐험을 진행하면서 버스를 타기 위해 정류장을 찾아 20~30분씩 걸어야 했던 건 다반사였고, 차로 30분이면 갈 수 있는 곳을 몇 대의 버스를 갈아타며 2시간 넘게 걸린 적도 있었다. 탐험 기간 동안은 집이 아닌 곳에서 생활해야 한다는 규정을 준수하기 위해 잠은 한인타운으로 돌아와 찜질방에서 해결했다. 상황이 이렇다 보니 대중교통으로 LA를 탐험한다는 것은 위험이 따르는 일이었다. 한번은 잘 곳으로 이동하기 위해 늦은 밤에 버스를 탔더니 여성 승객은 물론이고 동양인 승객은 찾아볼 수 없어 안전에 대한 우려를 할 수밖에 없기도 했다.

이렇게 대부분의 미국인들은 경험할 수 없는 이색적인 계획이었기에 더욱 흥미로웠다. 5일 간의 탐험을 마치자 혜성이는 지도를 보는 방법은 물론이고 차를 타고 다닐 때는 눈여겨 보지 않았던 거리 이름도 기억하게 되었다. 이 덕분에 독특한 계획과 실행 과정을 담은 생생한 에세이가 완성되었고 노력을 인정받아 상원 의원이 수여하는 봉사상인 금메달도 받을 수 있었다.

5일 간의 일정을 계획하고 도시 곳곳을 탐험하는 것은 많은 사람들의 격려와 도움이 없었다면 완수할 수 없었을 것이다. 주변에 격려해 주고 응원해 주는 사람들이 있다는 사실은 우리의 작은 거인들이 자칫 포기하려는 순간 다시 일어날 수 있게 만드는 원동력이 된다.

해설하는 사람 :
아이의 꿈을 함께
설계하고 구체화한다

아이의 꿈을 제한하지 않는다

아이들은 자신만의 꿈을 꾼다. 아직 현실에서 이루지 못했기에 가질 수 있는 것이 꿈이다. 아이가 꿈을 가지고 있다면 그것이 무엇이든 환영받아야 마땅하다. 부모도 어릴 때는 다양한 꿈을 꾸었다. 아마도 모두 한 번씩은 "너는 커서 뭐가 되고 싶니?"라는 질문을 받아보았을 것이다. 이 질문에 대한 대답은 주로 대통령, 판사, 검사, 의사, 연예인, 선생님, 운동선수 정도가 아니었을까 싶다. 요즘 아이들에게 커서 뭐가 되고 싶냐고 물으면 건물주라고 대답한다는 말을 들었다. 이게 정말 우스갯소리이길 간절히 바란다.

어릴 때는 꿈을 꾸는 것이 지극히 정상이다. 꿈과 상상의 나래를 펼 수 있다는 것은 그만큼 자발적이고 창의적이며 의욕이 넘친다는 뜻이다. 그렇게 꿈을 가지고 있던 아이들이 사춘기가 되면서 갑자기 커서 무엇을 해야 할지 모르겠다고 말하면 그렇게 당황스러울 수가 없다. 일단 걱정이 되면서 정말 하고 싶은 게 없는 것인지, 다른 이유가 있는 것은 아닌지 아이의 속마음이 궁금해지기 마련이다. 어쩌면 사춘기가 되면서 자신의 능력에 한계가 존재한다는 현실적인 생각을 가졌기 때문일 수도 있다. 그러면서 꿈이 바뀌거나 포기하는 순간을 맞이할 수도 있다.

아이가 이런 생각을 할 때 부모는 어린 시절 가졌던 꿈은 어차피 허황된 것이었다고 말하면 절대 안 된다. 현실의 모습에 비추어 미래의 꿈을 제한하는 행동은 해서는 안 되는 일이다. 명심하자. 아이의 의욕을 꺾는 어떠한 말이나 행동을 해서는 안 된다.

이보다 더 나쁜, 최악의 말은 "그건 돈이 안 돼"라는 말이다. 억만금을 주고도 살 수 없는 것이다. 그렇게 귀중한 것을 가진 아이에게 돈이라는 현실적 가치와 비교하면 아이는 꿈을 버리거나 현실적인 범주 안에 머무를 수밖에 없다. 꿈을 저버린 아이가 얼마나 행복할 수 있을까? 꿈꾸는 모습이 되기 위해 사는 것이 아니라 단지 돈을 벌기 위해 살아간다는 것이 얼마나 비참한가? 아이 안의 거인은 부모의 생각만큼 자란다. 부모의 생각이 크고, 깊고, 넓을수록 아이는 더 거대하게 자란다.

아이의 꿈은 경험으로 더 분명해진다

사실 아이들이 자라며 꿈을 키워가는 과정을 지켜보면 어설픈 구석이 많다. 그렇다면 어떻게 해야 아이가 포기하지 않고 꿈을 키워가고 꿈을 이루도록 도울 수 있을까?

아이들은 저마다 가진 꿈이 다른데 그 꿈은 하루아침에 이루어지지 않는다. 꿈을 이루기 위해서는 구체적인 계획을 세워야 하고 이를 달성하기 위한 현실적인 노력으로 거쳐야 할 과정이 존재한다. 이러한 과정을 하나씩 잘 수행해야 꿈을 이루게 된다. 이 과정에서 꿈의 해설자인 부모의 역할은 아이가 꿈을 이룰 수 있도록 그 과정이 무엇인지 살피고 그것들을 잘 수행할 수 있도록 조력하는 것이다. 자신의 꿈을 위해 무엇을 해야 하는지 해석하고 설명해주는 것은 아이에게 큰 힘이 된다. 꿈의 해설자인 부모는 아이가 꿈을 현실에서 이룰 수 있도록 지금 할 수 있는 실질적인 실천 사항을 만들도록 도와야 한다.

교회와 지역 사회를 위해 교육 봉사를 해온 탓에 많은 아이와 부모님을 만났다. 우리 아이들의 성취를 잘 알고 있는 분들은 나에게 교육적인 자문을 많이 구하곤 한다. "아이 꿈이 의사인데 지금 무엇을 해야 할까요?", "아이가 디자이너가 되고 싶다는데 어떻게 하면 좋을까요?"처럼 아이들의 꿈에 맞춰 지금 무엇을 해야 하는지 같은 질문을 가장 많이 받았다. 저학년일 경우 모든 영역에서 두루 실력을 갖출 수 있도록 일반적인 조언을 했다. 반면 고등학생 정도라면 현실적 계획과 실현 가능한 아이디어가 훨씬 큰 도움이 된다. 나는 이런 대화를 나누면 신이 난다. 저마다 다른, 다양한 꿈이 있음을 볼 수 있었기 때문이다. 내게 조언을 구했던 많은 사례 중에서 기억에 남는 몇 가지를 소개해본다.

앞으로 미술을 전공해 예술가가 되겠다는 한 아이는 한국 학교에서 보조 교사로 봉사하고 있었다. 나는 현재 상황에 맞춰 그림을 그려 부교재를 만들어 처음 한국어를 배우는 아이들이 조금 더 쉽게 이해할 수 있게끔 도와주는 프로젝트를 권했다.

한번은 컴퓨터 공학과 음악을 함께 전공하고 싶다는 아이를 만났다. 이 아이는 국내외의 음악 관련 대회의 수상 경력이 있었다. 나는 이 아이에게 현재 자신이 하고 있는 음악 관련 활동이나 수상 내역 등과 관련된 사진이나 결과물 등을 정리한 웹 사이트를 만들어 음악 관련 봉사가 필요한 곳과 연결될 수 있도록 조언했다. 그리고 코로나19와 관련한 데이터 분석을 하는 교수님들을 찾아가 인턴십을 해볼 것도 제안했다.

의료 기관에서 일하고자 하는 아이도 있었다. 당시까지는 멕시코 단기 선교를 가면 아이들을 위한 여름 성경 학교 봉사만 했는데 아픈 사람에 대한 연민을 가지고 있던 이 아이에게는 새로운 프로젝트를 시작해보도록 권했다. 바로 응급 치료 상자를 만드는 것이었다. 지역 주민에게 위생 교육을 실시하면서 연고, 소독약, 반창고 등 꼭 구비해야 하는 상비약을 모아 직접 구급상자를 만들기 시작했다. 이 프로젝트가 성공적으로 끝난 뒤 매 단기 선교마다 고정 프로그램으로 진행하게 되었다.

이러한 사례 속 아이들은 꿈으로 향하는 계단을 하나씩 올라가면서 많은 일들을 겪게 된다. 부모는 아이들이 꿈을 향해 계속 나아갈 수 있도록 구체적인 도움을 주고 다양한 경험의 기회를 가질 수 있게 도와주어야 한다. 그렇게 하나씩 계단을 오른 아이들은 자신의 꿈이 이루어질 수 없는 허상이 아니라 현실이 될 수 있다는 성취의 기쁨과 함께 다른 사람을 도울 수도 있다는 또 다른 기쁨도 느낄 수 있다.

행복을 주는 사람 :
아이가 행복해하는
그 순간을 캐치하라

아이는 부모에게 온 선물이다

부모가 아이를 키울 때 한 번쯤 꼭 돌아봐야 할 것이 있다. 눈앞의 아이를 키우는 게 아니라 마음속에 그려놓은 아이를 키우고 있는 건 아닌가 하는 것이다. 내 아이가 흔히 말하는 엄친딸, 엄친아가 될 거라고 생각하며 양육한다면 아이는 어떻게 자라게 될까? 아이 입장에서는 부모가 있지만, 없는 것처럼 느끼지는 않을까? 만약 그렇다면 그것처럼 불행한 일은 없을 것이다. 다른 아이와 비교하지 않고 내 아이만의 고유한 특성을 존중하고 잘 이해하면서 정성껏 키운다면 그것만으로도 행복한 양육이 될 것이다.

부모라면 자신의 아이에게 집중해 아이의 가능성을 발견하려고 노력해야 한다. 모든 아이는 자신만의 재능을 가지고 태어나기 마련이다. 아이는 부모에게 온 선물과 같다. 선물로 받은 것인데 마음에 든다, 안 든다고 재고 따지며 불평할 수도 없는 일이고 그래서도 안 된다. 부모들이 받은 선물은 각자 다 다르다. 이 땅에 온 아이들은 모두 최고의 자녀다. 이를 인정할 때 비로소 우리 아이만이 가진 독특함이 보인다. 우리 아이의 개성, 재능, 특별함을 발견할 때 부모는 아이 안에 숨은 거인을 보게 된다. 이웃집 엄친아가 '용'이라면 내 아이는 '아직 개천에서 승천하기를 기다리고 있는 이무기'다. 이웃집 엄친딸이 '진주'라면 내 아이는 '발견되기를 기다리고 있는 흙 속에 감춰진 진주'다. 이렇게 생각하면 아이 안의 거인을 깨울 수 있다. 손톱보다 작은 씨앗을 보면서 이 씨앗이 자라면 큰 나무가 될 것이라고 믿는 것과 같은 이치다. 모든 아이는 거인이 될 가능성을 가지고 태어나기 때문이다.

아이는 이럴 때 몰입하고 행복을 느낀다

모든 부모는 아이가 행복해하는 것을 보면서 기쁨과 보람을 느끼기 마련이다. 그렇다면 아이들은 언제 행복을 느낄까? 바로 재미있는 일을 할 때다. 책을 보면서 이야기 속으로 빠져들 때, 재미있는 퍼즐을 하면서 시간 가는 줄 모를 때, 블록을 쌓고 로봇을 만들 때, 땀을 뻘뻘 흘리며 운동할 때, 그림을 그리면서 상상할 때, 신나는 노래를 들으며 춤을 출 때 아이들은 행복하다. 요즘 조기교육이 열풍이다. 아니, 해가 갈수록 심해지는 것 같다. 그러나 아이를 위한 진정한 조기교육은 엄마와 함께 하는 것으로도 충분하다. 엄마만큼 아이를 잘 알고 진정으로 행복하게 만들어 줄 수 있는 사람이 또 누가 있겠는가? 엄마에게 전문적인 지식이 없기 때문에 교육 전문가에게 어려서부터 맡겨야 한다고? 교육 전문가의 전문적인 프로그램이 과연 아이를 행복하게 만들 수 있을까? 돈을 받고 일을 하는 사람은 그 일에 성과를 내야 하므로 아이의 행복보다는 겉으로 보이는 결과에 치중하기 쉽다. 그러나 부모는 내 아이의 행복을 가장 중요하게 생각한다. 그 어떤 훌륭한 조기 교육 프로그램일지라도 평범한 일상 속에서 엄마와 함께 재미로 깨우치는 것만 못하다. 최초의 발견자인 부모는 아이의 행복을 통해서 아이의 재능을 발견하게 된다.

셋째 혜성이는 어려서부터 유독 자연을 좋아했다. 특히 살아 움직이는 것들에 대한 관심과 호기심이 많았다. 무엇이든 손으로 만져보고 경험하는 것을 좋아했다. 읽는 책의 종류도 언니들과 달랐다. 다른 두 아이들은 그림이 아무리 멋있어도 백과사전에는 별 관심을 가지지 않았다. 그렇게 동물에 관련된 이야기 그림책에서 시작한 관심은 동물과 식물 백과사전으로 옮겨갔다. 작은 곤충에서부터 큰 동물, 식물, 바닷속 어류까지 자연에 관한 책들이 주를 이뤘다.

미국의 초등학교에서는 매달 학교에서 책이나 잡지를 추천한다. 하루는 이것을 알게 된 혜성이가 자연 과학 잡지를 사달라고 했다. 혜성이에게는 자연에 대해 사랑을 표현하는 것이 행복을 느끼게 하는 것이었다. 그런 아이에게 부모로서 내가 해줄 수 있는 것은 좋아하는 일에 함께하는 것이었다.

이곳에서는 주말이면 쓰지 않는 물건을 모아 집 앞이나 차고에서 벼룩시장을 연다. 이런 벼룩시장은 소소한 물건들을 구경하는 재미가 있다. 그중에서도 내가 관심을 두고 찾았던 것은 아이들이 볼 책이었다. 도서관에서 빌려 읽어도 좋지만 좋아하는 책을 소장하고 읽고 또 읽는 기쁨은 또 다른 것이기 때문이다. 아이들 세 명이 읽을 책을 모두 서점에서 사주기에는 유학 생활을 하는 처지에서 꽤 부담스러웠다. 특히 혜성이가 좋아하는 동식물 도감 같은 책은 두껍고 그림이 많아 꽤 비싼 편이었다. 아이를 키우는 집에서는 대부분 백과사전이나 도감을 기본적으로 사주곤 하지만 많은 경우 열심히 보지 않아 새것 같은 책이 벼룩시장에 등장할 때가 많았다. 소위 말하는 '득템'은 동물 백과사전 전집이 나왔을 때였다. 아이들이 성장해 독립한 집에서는 많은 자리를 차지하는 그런 책들을 정말 싸게 팔았다. 책 한 권 값으로 전집 한 질을 구입할 때도 있었다. 정말 좋은 책을 구입한 날이면 세 아이 모두 관심 있는 책을 읽느라 집이 조용해졌던 기억이 난다. 책에 정신없이 몰입한 아이들의 얼굴은 행복해 보였다. 이처럼 특별하고 값비싼 조기 교육 프로그램이 없어도 일상에서 충분히 배우고 행복을 누릴 수 있다. 만약 선생님이 책을 골라주면서 읽으라고 했다면 숙제로 느껴 독서를 즐겁게 하지 못했을 수도 있다. 흠뻑 빠져 몰입하는 기쁨을 빼앗겼을 것이다.

아이는 행복을 먹고 자란다

안타깝게도 아이의 가능성을 발견하지 못하는 것은 부모의 부족함 때문이다. 부모가 아이를 키우는 동기가 순수하지 않다면 그 반짝임을 발견할 수 없다. 아이에 대한 욕심을 내려놓아야 진짜 내아이가 보인다. 아이는 내 삶의 보상이나 못다 이룬 꿈을 대신 이뤄주는 대상이 아니다. 부모가 자신의 욕심에 집착해 아이를 키우다 보면 결국 자식을 보호하려는 본능만 남게 된다. 우리는 가끔다른 일에는 상식적이고 괜찮은 사람이 자식을 키우는 문제에 있어서는 이성과 상식을 모조리 무시하는 모습을 보곤 한다. 이런 자세와 마음을 가진 부모는 아이 안의 거인을 만나지 못한다.

또한 부모가 자녀교육의 궁극적 목표를 아이의 행복에 두지 않을 때도 마찬가지 현상이 나타난다. 아이는 좋아하는 일을 하고 그것으로 행복을 느껴야 집중하며 열정을 가질 수 있게 된다. 좋아하는 일을 열심히 하면서 자연스레 좋은 성과도 얻게 되고 결국 거인으로 자라는 것이다. 이런 태도로 양육하는 부모를 만난 아이들은 저절로 자신만의 행복한 이야기를 만들어간다. 자기 삶의 주인공이 되는 것이다.

나는 아이들을 키우면서 세 아이가 가진 각기 다른 성격과 개성을 파악하려고 노력했다. 그리고 그에 따라 일종의 테마를 가지고 그들만의 이야기를 써내려가길 원했다. 첫째 혜민이는 평화를 사랑하는 아이로 자라서 세대, 문화, 지역, 민족 간의 갈등을 해결하고 평화를 만드는 역할을 하는 거인이 되길 바랐다. 둘째 혜은이는 창조적인 아이로 자라서 사회 속에서 새로운 것을 만드는 역할을 하길 바랐다. 셋째 혜성이는 생명을 사랑하는 아이로 자라서 살아 있는 모든 것을 살리고 소중히 여기는 일을 할 수 있게 되길 바랐다.

나는 지금도 아이들이 각자의 테마 속에서 자신 있는 재능으로 다른 사람에게 선한 영향력을 끼치며 자신만의 길을 걷기를 기도한다. 개천에 있는 용처럼, 진흙 속에 덮인 진주처럼 아직은 작은 씨앗에 불과할지라도 무럭무럭 자라나 자신들의 꿈을 거대하게 펼치는 거인이 되기를 기대한다.

PART 2

아이 인생의
밑그림을 함께 그려라
: 유아동 시기

1

아이의 신호에
일일이, 정성껏
반응하라

아이와의 소통도 연습이 필요하다

첫째 혜민이는 유독 많이 우는 아이였다. 밤새 잠도 자지 않고 울 때가 많아 응급실에 간 적도 있다. 물론 열도 나지 않고 다른 증상도 없어 별다른 조치 없이 집에 돌아올 때가 많았다. 한번은 소아과 응급실로 전화했더니 초보 엄마의 도움 요청이라 생각했는지 대뜸 "설탕물을 따뜻하게 타서 먹이고 재워보세요"라고 했다. 아마도 나 같은 엄마들의 다급한 전화를 수도 없이 받아본 눈치였다.

'대체 이 아이는 왜 울까? 아파서? 배가 고파서? 허전해서? 그게 아니라면 원하는 것은 무엇일까?' 초보 엄마 시절 스스로에게 질문했던 것들이다. 이 질문들에 대한 나의 답은 이것이다. '아이의 울음은 곧 아이의 언어'다. 이렇게 생각하니 아이의 울음을 그냥 지나칠 수 없었다. 그래서 아이가 울 때마다 하나하나 반응했다. 아이의 울음소리는 다양한 반응이자 의견이었고 인간으로서 주목받고 싶은 본능적 행동이었다. 물론 일상생활에서 이 반응에 전부 반응하고 맞춰주기란 쉽지 않았다. 우선 울음소리가 들리면 시끄럽고 하던 일들에 방해가 되어 집중할 수도 없다. 내 주변 어른들은 아이가 울 때마다 안아주면 버릇이 나빠지니 내버려 두라고 조언하셨다. 내가 육체적으로 힘들어질까 염려되어 지나치게 민감한 반응을 보이지 말라는 뜻이었다. 일리 있는 말이었고 육아 선배의 노하우라고도 볼 수 있었다.

하지만 아이의 울음을 언어라고 생각하자 열심히 말을 걸고 있는 아이를 무시한 채 다른 일에 집중하거나 쉴 수는 없었다. 그래서 아이가 울 때마다 반응해 말을 걸기 시작했다. "배고파?", "화났구나", "혹시 춥니?", "심심해?", "안아줄까?", "엄마도 힘들어", "아, 응가했구나! 그래서 불편했지?", "왜 우는지 엄마는 잘 모르겠어, 알려줘" 같이 신생아에게 할 말은 아닐지 모르지만 이렇게 다양하게 반응하면서 무엇 때문에 우는지 살펴보고 소통하기 시작했다. 나는 이런 과정을 수도 없이 반복했다.

울음은 아이의 소통법이다

　몇몇 교육 연구가는 아기의 울음이 언어 발달의 초기 단계로 이후의 언어 발달 과정에 많은 영향을 준다고 주장한다. 나는 세 아이를 키우면서 이러한 주장이 사실이라는 것을 절실하게 느꼈다. 또 하나 중요한 깨달음은 아이가 울 때 반응하고 대화를 시도하는 것이 바로 아이와 부모의 상호작용이라는 사실이다. 이런 경험은 아이의 청지각적 인식 능력의 성장에 큰 도움이 된다. 아이는 엄마의 반응을 들으면서 지각을 하고 그 지각 능력은 반복을 통해 발달하기 때문이다. 비록 말 못하는 아이지만, 그런 아이에게도 생각이 있으므로 웃기도 하고 울기도 한다. 그렇게 표현하는 생각을 언어로 다시 들려주는 것은 엄마가 아이에게 줄 수 있는 최고의 선물임이 틀림없다.

　아이의 울음에 엄마의 반응이 중요한 이유가 하나 더 있다. 첫째 혜민이는 많이 울기도 하고 내게서 도무지 떨어지려 하지 않는 아이였다. 지금 생각하면 초보 엄마였던 내게 가장 힘든 점이 이것이었다. 보통 여자들은 첫 아이를 낳기 전까지 얼마나 자유롭게 살았는지 별로 실감하지 못한다. 그러다 첫 아이를 낳고 아이에게 시간적, 육체적 자유를 모두 빼앗기면 비로소 그 자유가 얼마나 좋은 것이었는지 깨닫게 된다. 내게서 조금만 떨어져도 울던 혜민이는 생후 8개월이 되기까지 달라붙어 있었다. 어떻게 된 일인지 기어 다니는 일도 없이 잠시 앉아 있나 싶으면 어김없이 울어 안아주고 업어주는 일을 반복할 수밖에 없었다. 그렇게 8개월이 지나자 일어서기 시작했고 그러더니 금세 걸었다.

혜민이가 내게에서 떨어지니 정말 살 것 같았다. 그 전까지는 '언제까지 이렇게 살아야 하나…' 생각하면서 엄마로서의 삶이 참 힘들다고 느꼈다. 그러면서 '혜민이가 너무 의존적인 아이로 자라면 어떡하지? 내가 너무 끼고 도는 건 아닐까?' 하며 걱정했던 것도 사실이다. 하지만 돌아보면 자유를 빼앗긴 것 같고 육체적으로도 힘들었지만 가장 필요한 시기에 가장 필요한 것을 아이에게 충분히, 후회 없이 주었다는 생각이 들어 스스로를 칭찬해주고 싶다.

안정감이 독립적인 아이를 만든다

아이는 울음을 통해 엄마와 소통하고 엄마와 붙어 있을 때 안정감을 느낀다. 신체적 접촉은 내적 안정과 더불어 만족을 주고 이후 자라서 타인을 받아들이는 데 긍정적 영향을 미친다. 엄마가 아이를 쓰다듬어 주고 만져 주고 어르는 것은 아이에게 안정감을 더해준다. 이것은 자아 형성과 어떤 사람으로 성장할 것인지에 지대한 영향을 끼친다. 아이가 독립적인 사람으로 자라지 못하면 어쩌나 걱정했던 것은 기우에 불과했던 것이다. 충분한 사랑을 받아 안정감을 느껴야 자라서 확실히 독립적인 사람으로 성장한다는 것을 우리 아이들을 통해 확인할 수 있었다. 첫째 혜민이부터 셋째 혜성이까지 우리 아이들은 모두 어릴 때 충분한 안정감을 경험했고 덕분에 독립적인 아이들로 성장할 수 있었다.

첫째 혜민이는 다섯 살 때 미국으로 건너와 유치원 1년 과정을 마치고 초등학교에 입학했다. 1학년이 중간쯤 지났을 때 학교에서 방문해달라는 연락이 왔다. 나는 정확한 이유를 짐작할 수 없어 덜컥 겁부터 났다. 학교에 도착하니 혜민이 때문에 회의가 열린다는 이야기를 듣게 되었다. 당시 혜민이는 공부하는 데 문제가 있다며 카운슬러이기도 한, 작년에 같이 공부했던 ESL 선생님을 찾아가 상담을 요청했다. 지금 하는 공부가 너무 재미가 없고 지루하다며 좀 어렵고 재미있었으면 좋겠다는 말을 해서 그 회의가 열리게 된 것이다.

나는 당황스러운 마음과 함께 자신이 문제의 중심에 서서 독립적으로 해결하려고 하는 당돌한 모습에 감사한 마음도 들었다. 그런 자신감과 독립적 생각은 어릴 때 한시도 떨어지지 않고 울면서 자신을 표현하는 아이에게 인내심을 가지고 부단히 노력했던 것의 보상이 아닐까 싶었다.

이후에도 혜민이는 성장할수록 더 독립적이고 주체적인 모습을 보여주었다. 혜은이와 혜성이도 언니처럼 주체적이고 독립적으로 생활했다. 아이들은 고등학교에 입학하면서부터 활동 영역이 더 넓어지고 더 독립적으로 변했다. 그렇게 세 아이들은 낯선 나라에 가는 것, 다른 문화에 대한 적극적인 체험 의지, 새로운 언어를 배우는 것, 배움에 대한 도전, 열린 생각 등은 점점 부모의 한계를 뛰어넘고 있다.

2

아이가 자신만의
아름다움을
깨닫게 하라

다르기에 아름답다

우리 가족의 미국 생활은 켄터키의 아주 작은 시골 마을에서 시작되었다. 켄터키하면 처음 떠오르는 것은 아마도 '켄터키 후라이드 치킨'일 것이다. 바로 그곳이 그 켄터키 후라이드 치킨, KFC가 시작된 곳이다. 근방에 잘 알려진 도시로 루이스빌, 신시내티 등이 있고 거기서 1시간 반 정도 더 떨어진 곳에 렉싱턴이라는 도시가 있다. 그곳에서 고속도로로 30분 정도 달리다 보면 "저 푸른 초원 위에 그림 같은 집"이라는 노래 속 가사가 눈앞에 펼쳐지기 시작한다. 그 푸르고 넓게 펼쳐진 잔디 위에 유명한 켄터키의 말들이 영화처럼 달리고 있다. 그런 초원을 지나다 보면 윌모아라는 시골을 만나게 되는데 남편은 그 시골에 있는 에즈베리라는 신학교로 유학을 오게 되었다.

혜민이는 미국에 도착한 다음 날부터 유치원에 들어갔다. 유치원에 가는 첫날, 스쿨버스를 기다리는 정류장에 갔다. 그곳에는 검은 피부에 건강하고 당돌해 보이는 여자 아이가 있었다. '애나'라는 친구였다. 혜민이는 애나를 보자마자 반갑다며 와락 껴안았다. 애나는 물론이고 나도 무척 놀랐다. 웬 동양인 여자애가 격하게 반가움을 표현하니 압도당한 것 같았다.

나중에 안 사실이지만, 애나도 이곳에 유학을 온 부모님을 따라 미국에 와 살고 있었다. 영어를 먼저 깨우친 덕분에 동네 토박이마냥 미국에 처음 와 영어를 잘 못하는 친구들을 놀리거나 따돌리곤 했다고 한다. 그렇게 애나가 괴롭힌 친구가 여럿 있었다. 그런 애나와 혜민이의 첫 만남은 애나를 당혹하게 했지만, 베스트 프렌드가 되는 시작이 되었다.

멀리 아시아에서 날아온 동양인 아이와 역시 먼 아프리카 케냐에서 온 흑인 아이가 얼싸안는 광경을 보면서 이곳이 바로 미국이구나 하는 생각을 했다. 수많은 백인 선생님과 다양한 아이들이 어우러진 모습을 보면서 서로 다른 피부색이 그렇게 아름다워 보일 수 없었다. 한데 어우러지면 저렇게 아름다운데 굳이 백인처럼 흉내낼 필요가 있을까 싶었다.

이름을 바꾼다고 미국 사람이 될 수 있을까

하루는 혜민이가 유치원에서 공부한 학습지를 살펴보는데 '로즈'라는 이름이 써 있었다. 처음에는 다른 아이의 것과 바뀌었나 하는 마음에 혜민이에게 물어보니 자기 것이라고 했다. 근데 왜 이름이 로즈인지 물으니 자기가 만든 미국 이름이라고 했다. 선생님도 혜민이가 원하면 그 이름을 써도 된다고 하셨다는 것이다. 그 순간 망치로 머리를 맞는 듯했다.

어린 마음에 백인들 사이에서 자기도 친구들처럼 미국 사람이 되고 싶은 마음이 든 모양이었다. 이름이라도 바꾸면 미국 사람 처럼 될 줄 알았던 모양이다. '은혜 혜' 그리고 '백성 민', '은혜롭고 지혜로운 백성'이라는 한국적이면서 기독교적인 정체성을 담은 이름을 버리고 로즈라는, 장미처럼 매혹적인 미국식 이름을 선택해야 하는 것일까?

나는 그 순간 수많은 로즈들 속에서도 부모가 지어준 이름을 지키도록 하겠다고, '혜민'이라는 이름으로 아름답게 빛나게 하리라고 다짐하며 아이가 정체성을 지키도록 가르치기로 결심했다. 나의 교육 철학에서 제일 우선시 되는 것은 내 아이들이 다른 아이와 다르다는 것을 인정하고, 다른 것이 얼마나 아름답고 독특하고 좋은 것인지를 스스로 깨닫도록 하는 것이기 때문이다.

미국에 와 첫째 혜민이가 유치원에 들어간 지 6개월이 채 지나지 않았던 어느 날, 장기자랑(talent show)을 한다는 안내문을 보여주었다. 혜민이는 용감하게도 자기도 무대에 서고 싶다고 했다. 같이 유학 중인 한국인 자녀가 몇몇 있었지만, 나설 엄두를 못 내고 있었다. 그도 그럴 것이 모든 학생과 선생님, 부모님 앞에서 해야 하는 것이다 보니 웬만한 담력으로는 나갈 수 없었기 때문이다.

그날 행사가 끝나고 집에 돌아와 쓴 혜민이의 일기는 이러했다.

"엄마는 내가 잘했다고 피아노 책을 넣는 가방을 사주신다고 하셨다. 너무 너무 기뻤다. 다음엔 더 열심히 해서 피아노를 사달라고 해야지!"

혜민이는 미국의 아담한 시골 마을에서, 하얀 얼굴과 파란 눈을 가진 청중의 시선을 한 몸에 받으며 알록달록한 한복을 입고 무대에 섰다. 악보도 없이 음악에 빠져 피아노를 치는, 당당한 동양인 꼬마 소녀를 상상해 보라. 그 때 혜민이의 나이가 다섯 살이었다. 나는 쏟아지던 박수와 경이로운 눈빛을 지금도 잊지 못한다.

3

거짓말의 대가가
얼마나 무거운지
가르쳐라

거짓말이 불러온 맥도날드 1년 금지

맥도날드는 미국 패스트푸드의 상징이다. 특별히 미국 아이들에게 맥도날드는 특별하고 친숙한 장소다. 그곳에는 아이들을 유혹하는 모든 것이 존재한다. 고소한 튀김 냄새부터 시작해 달콤한 아이스크림까지 아이들의 마음을 사로잡기에 충분하다. 보통 미국인들의 주말은 금요일 저녁부터 시작해 일요일 점심까지 이어지는데 특별히 토요일 아침은 대부분 밖에 나가 식사를 한다. 이때 서민들이 많이 가는 곳이 바로 맥도날드다. 그러다 보니 미국 아이들은 자연스레 어릴 때부터 부모를 따라 많이 가게 되곤 한다.

미국에서 유학 생활을 한 우리 가족도 예외는 아니었다. 아이들에게 맥도날드는 밖에 나가 밥을 먹을 수 있는 유일한 곳이었고 장난감이 있는 놀이터였다. 당시 미국 문화에 잘 적응하지 못했던 나에게는 햄버거가 낯설었고 콜라와 사이다도 그리 달갑지 않았지만, 적응이 빨랐던 아이들은 음식도 금세 받아들였다. 집에서는 한국 음식만 먹어서인지 맥도날드 햄버거를 먹는 날이면 그렇게 행복해할 수 없었다.

그러던 어느 날, 온 가족이 조지아주에서 열린 목회자 세미나에 참석하게 되었다. 3박 4일의 일정을 마치고 남편이 꼬박 8~9시간 정도 힘들게 운전해서 집에 도착하기까지 30분 정도 남았을 때 일어 벌어졌다. 미리 준비한 간식은 이미 동이 나 있었지만 우리 부부는 그다지 배가 고프지 않았다. 남편은 아이들이 걱정되어 배가 고픈지 묻자 첫째 혜민이가 그렇다고 답했다. 남편은 너무 피곤했지만, 배고프다는 말에 집으로 향하던 핸들을 맥도날드로 돌렸다. 맥도날드에 도착해 혜민이가 원한 해피밀을 주문했지만 아이는 배가 고프지 않다며 먹지 않았다. 그 모습을 본 우리 부부는 바로 상황 파악이 됐다. 혜민이는 배가 고팠던 게 아니라 해피밀에 딸려 나오는 장난감이 갖고 싶었던 것이다. 혜민이는 해피밀 장난감을 모으고 싶어 하는 여느 아이들과 다르지 않았고 원하던 장난감을 손에 넣게 되자 음식은 필요하지 않았던 것이다.

남편은 차에 탄 뒤 혜민이에게 어떤 상황에서도 거짓말은 안 된다고 타이르며 상황을 자세히 설명했다. 장시간 운전으로 무척 피곤해 집에 빨리 들어가고 싶었지만, 배고파하는 모습에 맥도날드로 방향을 돌렸다고 말이다. 그런데 장난감을 가지고 싶어서 거짓말을 한 것은 큰 잘못이라며 단호하게 꾸짖었다. 남편은 이에 대한 벌로 1년 동안 맥도날드에는 갈 수 없다고 선언했다. 나는 속으로 1년은 너무 긴 것 같다고 생각했지만, 미처 수습할 새 없이 실행으로 옮겨졌다.

한국 마트와 한국 식당이 겨우 하나씩 있는 동네에 살면서 맥도날드도 가지 못한다니 얼마나 답답했을까? 앞으로 1년 동안 햄버거의 즐거움을 누리지 못한다는 말을 들은 아이가 느낀 막막함이 얼마나 컸을지 상상할 수 없다. 어쩌면 혜민이는 장난감 때문에 했던 거짓말의 대가 치고는 너무 가혹하다고 생각했을 수도 있다. 그렇지만 이 일을 계기로 거짓말을 하면 반드시 그에 합당한 희생이 따른다는 사실은 각인되었을 것이다.

훈육은 일관성이 전부다

그 일 이후 정확히 1년이 되던 날 우리 식구는 맥도날드에 갔다. 아이들이 얼마나 좋아하고 감격스러워 하던지 결코 잊을 수 없을 것이다. 1년을 참는다는 것은 아이들뿐만 아니라 우리 부부도 힘든 일이었다. 가난한 유학생 가족이었던 우리에게는 한 끼를 해결하고 아이들도 놀면서 기분을 전환하는 유일한 공간이 맥도날드였기 때문이다. 그럼에도 부모로부터 나오는 모든 말은 일관성이 있어야 한다. 상황이 바뀌었다고 이미 정한 것을 부모가 취소하거나 바꾸면 가장 혼란스러운 것은 이를 지켜보는 아이들이다. 1년 동안 맥도날드에 가지 않기로 했다면 어떤 일이 있어도 가지 않아야 했다. 한국에서 부모님이 방문하셔서 아이들이 가고 싶어 하는 맥도날드에 가자고 부탁해도 가지 않았다. 외출했다가 식사 시간이 많이 지나 배가 고파도 집에 돌아와서 밥을 먹었다. 다른 가족과 식사를 한 뒤 놀이터가 있는 맥도날드에서 디저트를 먹자는 제안이 있어도 상대방에게 정중히 양해를 구한 뒤 우리 가족은 먼저 집으로 돌아왔다. 아니면 우리 집에서 디저트를 먹자고 제안해야 했다. 이런 것들이 얼마나 복잡하고 불편한지 잘 안다. 아이들뿐만 아니라 부모도 지키기 쉽지 않았다.

여기서 또 한 가지 중요한 것은 부부 중 어느 한 쪽이 배우자 몰래 약속을 어겨서도 안 된다. 때로는 아이들이 부모 중 한 사람에게 도움을 요청할 수도 있다. 그럼에도 부모는 모두 같은 지침을 가지고 있어야 한다. 이러한 일관성이 아이를 헷갈리게 하지 않는다. 또한 다른 원칙도 지키게 하는 열쇠가 된다.

4.

아무리 큰 자유도
분명한 울타리가
꼭 필요한 법이다

권위 있는 부모가 된다

첫째와 둘째가 유년 시절을 보낸 켄터키주는 아름다운 초원이 있는 시골이었다. 그 드넓은 초원을 자유롭게 뛰어다니는 말과 소를 흔하게 볼 수 있었다. 그 넓은 부지에 듬성듬성 집이 있는 것으로 보아 그 땅도 주인이 있음을 짐작할 수 있었다. 마음껏 자유를 누리며 한가로이 풀을 뜯고 있는 소나 말도 야생에 사는 것이 아니라 누군가가 돌보고 있다는 사실도 알 수 있었다. 그렇다면 이런 것들을 어떻게 확신할 수 있을까? 초원의 땅을 구분하는 울타리가 있었기 때문이다. 평안해 보이는 동물을 보면 주인이 만들어 놓은 울타리가 보호장치가 되며 안정감을 준다는 생각이 든다.

어떤 책에서 흥미로운 이야기를 보았다. 방목해 기른 젖소와 울타리 안에서 기른 젖소 중 어느 쪽으로부터 우유를 더 많이 얻을 수 있을까? 얼핏 생각하기로는 방목한 젖소라고 생각할 수 있지만, 울타리 안에서 기른 젖소로부터 훨씬 더 많은 우유를 얻는다고 한다. 젖소도 보호를 받으며 안정감을 느낄 때 더 좋은 결과를 내는 것이다. 이처럼 아이들에게도 적당한 울타리를 만들어 주는 것이 중요하다. 경계가 불분명한 교육은 아이들을 우왕좌왕하게 만들고 불안하게 만든다. 경계선을 그어주는 일은 아이를 보호하는 일이며 자신의 한계를 깨닫게 함으로써 스스로 무엇을 해야 할지, 무엇을 하지 말아야 할지 구분하는 지침이 된다. 부모가 그어준 경계 안에서 아이들은 더 행복하게 성장하며 더 자유롭게 자란다. 나는 누가 뭐래도 이 점에 대해서는 100% 확신한다.

어떻게 세 아이를 모두 하버드에 보냈냐고 비결을 묻는다면, 아이들에게 경계선을 만들어 주었기에 가능했다고 대답할 것이다. 부모로서 아이가 지켜야 할 규칙을 만들어주고 지침과 한계를 정해주었다. 이런 것들을 만들고 실천하기 위해서는 부모의 권위를 어느 정도 행사해야 할지 그 범위도 명확하게 해야 한다. 그 범위는 부모의 교육 철학에 근거해서 정할 수 있다. 이것이 자녀교육에 얼마나 중요한지, 훗날 아이들이 부모를 떠나 살게 될 때 얼마나 큰 영향을 미치는지는 강조하고 또 강조해도 지나치지 않다.

아이에게는 아직 울타리가 필요하다

어려서부터 부모의 사랑을 독차지하고 그 어떤 규칙과 제재 없이, 원하는 대로만 하면서 자란 사람이 사회에 나와서 성공하지 못하는 예를 우리는 많이 보았다. 반대로 어려운 상황 속에서 부모가 자녀를 제대로 돌보지 못했을 경우 무엇이든 스스로 결정하고 어떤 지원도 없이 알아서 성장했을 때에도 원하는 결과를 끝까지 성취해 내는 것을 보기 어렵다. 왜 그럴까?

울타리 안에서 잘 자라는 이유는 보호받고 있다는 안정감 때문이기도 하고, 부모가 만들어놓은 틀 안에서 한계를 이해하고 적합한 태도와 자세를 배우기 때문이다. 규칙이라는 울타리, 한계와 틀이 없으면 더 자유로워져서 창의적이고 능률적일 것 같지만 절대 그렇지 않다. 가정에서부터 울타리를 경험한 아이는 집을 벗어나 학교, 직장 등 자신이 속한 사회에서 원하는 것을 얻어낼 줄 아는 사람으로 성장한다.

부모가 어떤 틀이나 규칙을 만들면 아이들은 그것을 이해할 수도, 때로는 이해하지 못할 수도 있다. 더러는 무작정 순종하다가 그 규칙의 좋은 점을 받아들여 습관으로 삼아 좋은 결과를 낼 수도 있다. 때로는 자신이 원하는 것을 얻기 위해 부모와 협상을 하기도 하고, 부모의 훈육을 감내하면서 더 많은 것을 취하기도 한다. 아이들은 이 과정에서 기성세대와 어떻게 대화해야 하는지, 어떻게 해야 원하는 것을 얻게 되는지 자연스레 배운다. 세상으로부터 원하는 것을 얻어내는 훈련을 하는 것이다. 또한 전반적인 의사소통 능력도 좋아진다. 다른 사람의 의견을 듣고 설득하는 일에도 능숙해진다. 그러니까 이런 능력은 타고난다기보다는 부모에게서 배울 수 있는 후천적인 능력이다.

그렇다면 아이에게 어떤 것을 기준으로 경계선을 정해줘야 할까? 명확한 한계는 어떻게 정할 수 있을까? 우선 부모의 깊은 고민이 선행되어야 한다. 부모로서 가지고 있는 권위를 현명하게 사용해 명확한 선을 정하자. 그리고 이를 정할 때는 책임감을 가져야 한다. 아이의 성장에 중요한 일이기 때문이다. 그렇게 정한 기준을 아이에게 설명할 때는 이것이 아이의 행복을 위한 사랑과 관심에서부터 시작되었음을 말해주어야 한다. 남을 배려할 줄 알고, 예의 바르고, 도덕적인 아이를 키우는 여정은 결코 쉽지 않다. 그러나 모든 부모가 할 수 있는 일이며 부모에게 이보다 중요하거나 보람 있는 일은 없다.

5.

세 딸에게
과자를 두 개만
사주었던 이유

늘 가득 채워주지 않는다

아이가 셋이다 되다 보니 장을 자주 보는 편이다. 장을 보면 어김없이 아이들의 간식거리도 구입했는데 한 가지 원칙이 있었다. 세 아이 몫의 과자는 두 개만 샀다는 점이다. 장을 보고 집에 도착하면 아이들은 장바구니를 반기지만, 세 명이 두 봉지의 과자를 나누어 먹어야 하는 상황을 마주하곤 했다. 그때부터는 서로 조금이라도 더 먹기 위한 치열한 공방전이 펼쳐졌다.

"나는 제일 큰언니니까 제일 많이 먹어야 해."

"무슨, 한창 클 시기인 내가 더 먹어야지."

"나야말로 먹는 게 느려서 늘 조금밖에 못 먹으니 이번에 내가 많이 먹을 거야."

나름대로 치열하고 무척 시끄러웠다. 어떤 때는 결국 누구 하나가 울어야 끝이 나기도 했다. 차라리 세 봉지를 사서 하나씩 안겨 주면 집안의 평화가 지켜질지 모른다. 그러면 자기 것을 들고 방에 가서 먹고 싸울 필요도 없을 것이다. 하지만 나는 왜 굳이 이렇게 했을까? 경제적으로 넉넉하지 못해서? 과소비할 만큼 넉넉한 형편은 아니었으니 틀린 말은 아니지만, 과자도 못 먹일 정도는 아니었다. 진짜 이유는 아이들에게는 약간의 결핍이 필요하다고 생각했기 때문이다.

조금 모자라는 것이 풍족해서 넘치는 것보다 아이들에게 이득이 된다. 정해진 것을 나누는 과정에서 상대방의 상황을 이해해야 한다는 것을 배울 수 있고, 나의 처지를 이해시키기 위한 논리도 생각해낼 수 있기 때문이다. 부족하다는 것은 반대로 말하면 다음을 위한 기대와 욕구가 있다는 뜻이다.

결핍으로 인해 욕구가 생겼는데 힘들이지 않고 쉽게 채워지면 그걸로 만족하게 된다. 이와 반대로 노력해서 욕구를 해소하게 되면 자신감과 성취감을 맛보는 희열을 느끼게 된다. 밥을 떠먹여 주기보다는 혼자서 먹을 수 있도록 인내심을 가지고 지켜보는 것이 필요한 이유다. 더 나아가서 항상 배부르게, 남길 정도로 주지 말고 딱 맞는 듯 약간 모자라게 해야 다음 식사 시간을 기대한다. 옷도 입혀 주기보다는 스스로 입도록 했다. 더 나아가서 입지도 않을 옷을 많이 사주는 게 아니라 절제해서 꼭 마음에 드는 옷을 사주었다.

취미를 만들기 위해 시작한 악기를 배울 때도 같은 원칙을 적용했다. 좋은 악기를 먼저 구입해서 시작하지 않았다. 주위에서 물려받거나 저렴한 연습용 악기로 시작해 아이가 이제는 더 좋은 악기가 필요하다고 말할 때까지 기다렸다. 그 이후에는 소중한 자기만의 악기로 음악을 사랑하게 된다. 아이가 원하지도 않는데 부모가 나서서 미리 사주지 않았다. 음식이든 물건이든 기호품이든 아이는 아무 노력 없이 주어진 것에는 감흥이 없다. 늘 당연하다고만 생각한다. 결핍을 느끼다가 채워졌을 때 더 소중하게 생각하는 법이다.

나는 선행학습이 공부에 대한 아이의 호기심과 의욕만 꺾을 뿐이라고 생각했다. 어려운 공부를 미리 하기 위해 과외를 붙이기보다 학교 수업에 충실하도록 했다. 자기보다 더 잘하는 친구들을 보면서 자신의 부족함을 느끼고 더 발전하고 싶은 마음을 느끼도록 했다. 수동적으로 학습하는 게 아니라 주체적인 자세로 학업에 임하게 해서 더 알고 싶은 게 무엇인지 스스로 말하도록 하는 것이 중요하다. 무작정 학원에 보낼 것이 아니라, 아이에게 배움에 갈증이 생긴다면 공부는 저절로 하게 되는 것이다.

무엇을 해주지 않을지 고민한다

내 아이는 무엇을 하면서 하루를 보내는지 한번 유심히 관찰해 보자. 혹시 잠시도 쉬지 않고 무언가를 하고 있지는 않은가? 많은 장난감, 재미있는 게임기 등 놀거리가 넘쳐나면 아이들은 심심할 새가 없다. 시간의 결핍을 느낄 수 없다는 뜻이다. 요즘 아이들의 하루는 유튜브, 스마트폰 게임, 컴퓨터, 학원이나 과외 등 각종 수업 등으로 꽉 차 있다. 아이들에게는 시간의 결핍 또한 필요하다. 심심해야 무엇을 하고 싶은지 생각도 하고 상상도 하고 책도 읽게 된다. 시간을 그저 흘려보낼 수 있는 인공적인 놀거리로 주변이 꽉 차 있다면 아이들 나이에 경험할 수 있는 것들을 놓치기 쉽다.

결핍 없이 풍요만을 경험한 아이들에게 생기는 가장 불행한 점은 욕망이 주체할 수 없이 커져서 도무지 자기만족을 할 수 없다는 것이다. 자연주의 교육 사상가인 루소는 《에밀》에서 "아이를 불행하게 하는 가장 확실한 방법은 아이가 가지고 싶어 하는 것을 주는 것"이라고 말했다. 쉽게 욕망이 충족된 아이는 원하는 것이 끊임없이 늘어날 수밖에 없다. 보이는 무엇이든 가지고 싶어 하는 사람이 되는 것이다. 그럼 결국 어떻게 될까? 부모는 해줄 수 있는 것의 한계를 느끼게 되고, 언젠가는 아이의 요구를 거절해야 하는 시기를 마주하게 될 것이다. 그런데 거절에 익숙하지 못한 아이는 원하는 것을 가지지 못해서가 아니라 거절당했다는 사실에 더 괴로워하게 된다. 부모가 신이 아닌 한 이와 같은 요구를 어떻게 충족시킬 수 있느냐고 루소는 말한다. 어차피 부모는 아이가 원하는 것을 다 해줄 수 없고, 욕망을 다 채워줄 수 없다. 또 부모로부터 쉽게 받기만 한 아이는 무엇이든 원하기만 하면 가질 수 있다는 착각에 빠지게 되어 자신이 가지지 못한다는 사실을 받아들이고 인정하지 못해 불행하다고 느끼게 된다.

요즘 아이들은 결핍이라는 단어에 익숙하지 않다. 한국이든 미국이든 아이들은 넘치는 풍요 속에서 자라고 있다. 그러다 보니 아이들 스스로 무언가를 해 보고 싶다는 욕구가 생기지 않는다. 결핍이 있어야 동기가 생기고, 동기가 있어야 원동력이 되어 무엇이든 자기 힘으로 해보려는 의지와 노력할 마음이 생긴다. 이 과정에서 성취감이라는 기쁨도 느낄 수 있다. 따라서 양육에서는 어느 정도의 결핍이 필수다. 아이를 위해 무엇을 해줄까 고민하기보다는 무엇을 해주지 않을지를 고민하는 것이 현명하다. 나는 이것을 실천했다. 어떻게 하면 안 해줄 수 있을까, 어떻게 하면 아이가 어렵게 느낄까를 애써 고민한 부모였다.

우리 아이들은 나에게서 무엇인가를 얻어낸다는 게 여간 까다로운 게 아니라는 것을 경험했다. 엄마를 설득하고, 적절한 논리로 타협하고, 동의를 얻기 위한 부수적인 노력을 해야 했다.

6.

뿌리와 정체성이
굳건한 아이는
흔들리지 않는다

흔들리지 않는 기준이 필요하다

아주 어렸을 때 한국을 떠나야 했던 아이들은 매년 한 번씩 미국에 방문하시는 할머니, 할아버지와 함께 생활하며 그제야 자신의 뿌리를 실감했다. 아이들이 미국에서 첫 명절을 맞았을 때 한국에서 가져온 한복을 곱게 차려 입고 근처 한인 이웃 분께 세배하러 갔었다. 그 이웃은 명절을 맞아 아이들이 인사를 하러 온 것을 기특하게 여겨 세뱃돈을 주셨고 아이들은 무척 행복해했다.

나는 한국 어른을 만나면 목과 허리를 숙여 정확한 자세로 인사할 수 있게 가르쳤다. 잘 안 되면 몇 번이고 잘할 때까지 연습하게 했다. 또한 한국 어른이 묻는 말에는 한국어로 대답하게 했고 영어를 쓰면 꾸지람을 듣게 되는 것이 우리 집의 규칙이었다. 유달리

엄하게 가르친 것은 첫째 혜민이었다. 캘리포니아로 이사한 뒤 우리 가족을 마중 나온 한인 교회의 어른들과 청소년 전도사님을 만났다. 그분들이 영어로 인사를 건네고 이것저것 묻는 데도 혜민이가 한국어로 답하니 의아하게 여기면서도 대견해하셨다. 시골 켄터키주에서 왔으니 한국어는 당연히 하지 못할 줄 알았던 모양이다. 혜민이는 아무리 한국 어른이 영어로 말을 걸어도 영어로는 말이 나오지 않는다고 한다. 습관이 그렇게 들었다는 것이다.

혜민이는 우리 가족 중 영어로부터 가장 먼저 자유로워진 아이다. 미국 도착 후 3개월 만에 적응이 끝났으니 이제 자기는 걱정하지 말라고 선언한 아이였다. 이 모습을 보며 역시 언어는 문화 속에서 직접 부딪히며 배운다는 것을 실감했다. 우리 집은 미국인과는 영어로 소통하고 한국인과는 한국어로 소통한다는 원칙을 철저히 실천했다. 이런 훈련은 우리 세 아이들이 모국어를 잊지 않도록 해 삶을 풍요롭게 만들어줄 수 있었다.

아이들에게 한국어를 잊지 않게 하고 예의를 중시하는 한국식 문화를 가르치는 것은 부모의 중요한 역할이다. 이러한 노력 덕분에 우리 아이들은 미국식 교육과 한국식 교육을 함께 받았다. 사실 이 두 가지 방식이 서로 충돌할 때가 생기기 마련인데 그럴 때 부모의 역할이 매우 중요하다. 아이들이 혼란을 느끼지 않도록 해야 하고 두 문화를 조화하는 것은 물론이고 장점만을 살려 올바른 가치관이 정립되도록 만들어야 하기 때문이다.

한번은 아이들이 친구네 집에 다녀와서는 "우리는 신발을 벗고 집에 들어오잖아. 근데 내 친구들은 신발을 신고 살아. 신발 신고 침대에 눕는 애들도 있어 왜 그런 거야?"라고 묻기도 했다. 한국과 미국의 문화 차이를 제대로 이해하지 못했던 아이들에게는 당연한 질문이었을 것이다. 그리고 영어에서는 언니든, 동생이든 모두 '너'라고 부르는 동등한 위치이지만 우리 집에서는 용납하지 않았기 때문에 중재하고 이해시키는 것이 필요했다. 우리 가족에게는 가족 내 위계질서가 개인을 존중하는 것보다 우위에 있는 가치이기 때문이다. 이처럼 크고 작은 문제가 많았지만 어떻게 하면 지혜롭게 극복할지 고민하며 헤쳐나갈 수 있었다.

가족의 끈끈한 정과 믿음을 보여준다

나는 아이들이 한국을 사랑하게 만들고자 가족 간 위계질서 강조로 공동체의 중요성이 자연스럽게 드러나는 한국 문화에 친숙해질 수 있도록 노력했다. 사실 한국과 미국이라는 두 문화 속에 끼인 아이들은 일찌감치 어떤 것이 더 편한지 쉽게 깨닫고는 경우에 따라 미국 방식이나 한국 방식을 적용하려 한다.

미국 아이들은 중학생 정도가 되면 설거지, 쓰레기통 비우기, 잔디 깎기 등 작은 일이 주어지면서 집에서의 역할이 분명해진다. 반면 한국인 아이들은 아무런 일을 하지 않더라도 공부와 관련된 것만 해도 칭찬을 받곤 한다. 이처럼 한쪽에서 일방적으로 쏟아붓는 사랑과 희생으로 이루어진 게 한국식 가정에서 부모와 자녀의 모습이다. 아이들은 이러한 관계를 당연하다는 듯 의심하지 않고 누린다. 그렇기에 부모와의 관계에서는 한국 방식을 택한다.

하지만 형제 간의 관계에서는 다른 태도를 보인다. 개인의 평등과 자유를 최고의 가치로 생각하는 미국의 문화에서 부모와 자녀는 동등한 관계이고 형제도 마찬가지다. 개인의 권리가 더 존중받기 때문에 가족에 대한 책임은 아무래도 부족하다. 서로를 "너(you)"로 부르는 언어가 이를 잘 보여준다. 내 주위의 많은 한인 가정도 미국식 사고를 반영해 구속적 관계가 없는 경우를 많이 보았다. 보통 아이들끼리 대화할 때는 주로 영어를 쓰다 보니 위계질서 없이 동등한 위치에 있기를 바라기 마련이었다. 동생이 존중하지 않는 것은 물론이고 손위 형제 입장에서도 존중받으려 하지 않는다. 책임을 지고 싶지 않기 때문이다. 이렇게 부모와는 한국 방식을, 형제자매와는 미국 방식을 선택하곤 한다.

나는 아이들이 양쪽 문화 사이에서 편한 대로 선택한다면 두 문화를 모두 놓치겠다는 생각에 한국 문화와 전통을 우선하기로 결정했다. 그러기 위해서는 아이가 어렸을 때부터 작정하고 가르쳐야 했다. 나는 한국 부모의 사랑이 얼마나 크고 희생적인지, 얼마나 고귀한지 설명했다. 어쩌면 엎드려 절 받는 격일 수도 있겠지만, 누군가 가르치지 않으면 어떻게 알겠는가. 나는 우리 아이들이 한국적 가족 관계의 끈끈함을 배우면서 한국을 더 사랑하게 되길 바랐다.

우리 집에서는 세 아이가 권위와 위치를 분명히 인식하도록 교육했다. 어떤 문제가 생겨도 언니의 권위를 존중해 동생 앞에서는 야단치지 않았다. 그렇지만 잘못한 것은 지적해야 했기에 동생들이 없는 곳에서 따로 혼을 냈다. 때로는 동생들이 언니의 권위에 도전할 경우 따끔하게 혼냈다. 이런 대접을 받으며 자란 언니는 자신의 위치를 스스로 자각하게 되어 어떻게 행동해야 하는지 깨닫고 책임감도 가지게 된다.

첫째 혜민이와 열 살 터울인 셋째 혜성이가 미국에서 태어난 후 주변의 도움 없이 아이를 키우게 되어 무척 힘들었다. 이때 혜민이가 정말 큰 도움이 되었다. 지금도 혜민이는 자신이 혜성이의 기저귀를 갈아주며 키웠다고 말하곤 한다.

동생들을 부모 만큼 생각하고 책임감을 가진 혜민이로부터 내리사랑을 받은 혜은이와 혜성이는 언니를 향해 남다른 존경과 사랑을 갖고 있다. 여느 미국 가정에서는 쉽게 찾아볼 수 없는 특별한 자매의 우애를 보면 여기저기 자랑하고 싶어진다. 부모의 사랑과 희생을 바탕으로 자매들 간의 끈끈한 믿음과 정이 만들어낸 관계다. 우리 아이들은 이렇게 미국에서 한국인으로 자랐다.

아이를 향한 진심을 표현한다

한국 부모의 자식 사랑은 전 세계 어디에 내놓아도 뒤지지 않는다. 다만, 한 가지 안타까운 것은 정작 아이들은 자신이 얼마나 사랑 받으며 자라는지 잘 알지 못하기도 한다는 점이다. 나 같은 이민자 부모는 타국에서 언어의 장벽을 안고 살아가면서도 대부분 아이가 아메리칸 드림을 이루는 것을 뒷바라지 하기 위해 아침부터 저녁까지 궂은 일을 마다 않고 일한다. 그리고 생활비는 줄여가더라도 아이의 교육비는 아끼지 않고 투자하곤 한다.

세계 어느 나라든 정도와 방식이 다를 뿐 모든 부모는 아이를 지지하고 도우려 한다. 2010년대 초반에 뜨겁게 달아올랐던 중국계 미국인 부모의 스파르타식 교육법인 '타이거 맘'도 자식의 성공을 위한 뒷바라지의 한 모습이다. 당시 하버드에서 공부하던 첫째 혜민이가 전화를 걸어와 이렇게 말했다.

"엄마, 요즘 타이거 맘이 화제인 거 알지? 근데 한국 부모가 타이거 맘을 이길 걸? 엄마는 우리를 그렇게 스파르타식으로 밀어붙이지 않고서도 스스로 하게 만들었잖아. 그러니까 한국 부모가 더 센 거야! 그걸 타이거 맘이 모르는 것 같아. 언제 기회가 되면 꼭 말해 주고 싶어."

그동안의 내 양육 방법에 대한 칭찬을 아이로부터 들으니 기분이 무척 좋았다. 한국식 부모의 사랑이 단연 최고라고 말해 주는 것 같아 감사하기도 했다. 이런 말을 듣기까지 그 과정이 결코 쉬운 것은 아니었기 때문이다.

그렇다면 미국 부모는 아이를 어떻게 돌볼까? 미국에도 소위 말하는 치맛바람이 있을까? 답은 "그렇다"이다. 그렇지만 그 방식은 한국과 사뭇 다르다. 미국 부모는 학교 행사 등에 무척 활발히 개입하고 참여한다. 초등학교에는 각 반을 대표하는 '홈 맘(homeroom mom)'이 있는데 이 엄마는 거의 학교에 상주한다. 그렇기에 학생들은 학교에서 헌신하는 부모의 돌봄에 익숙하다. 이 때문에 상대적으로 학교 행사에 참여하지 못하거나 적극적으로 학교와 소통하지 않는 한국 부모를 이해하지 못하거나 사랑이 부족하다고 오해하는 경우도 생긴다. 그렇게 오해가 커질수록 한국에 대한 부정적 생각도 커지기 쉽다.

사실 한국인 이민자 부모 중 언어의 장벽으로부터 자유로운 사람이 많지 않다 보니 학교 행사나 학부모 모임에 참여하기가 힘들다. 또한 이민자 대부분이 그렇듯 삶이 녹록하지 않아 경제적 여건 때문에 시간을 내기 힘든 경우도 많다. 그런 이유로 수동적 자세로 아이를 학교에 맡길 수밖에 없게 되어서 선생님을 교육의 파트너로 생각하는 것이 쉽지 않다. 나 또한 마찬가지였다. 아마 우리 아이들도 이런 부분을 분명히 느꼈을 것이다. 아이들이 그렇게 생각할 수 있다는 것을 이해하고 현실적인 한계를 인정해야 했다. 그렇지만 나만이 해줄 수 있는 것을 강조하면서 미국에서 한국인의 자녀로 성장한다는 것이 피해를 입는 것이 아니라 오히려 특권임을 끊임없이 강조했다.

미국의 어떤 엄마도, 어떤 타이거 맘도 1년 365일 새벽마다 아이를 위해 기도할까? 나는 우리 아이들 앞에 놓인 모든 문제에 대해 간절한 마음으로 기도했다. 공부가 어려울 때, 시험을 보게 될 때, 선생님과 문제가 생겼을 때, 친구와 갈등으로 고민할 때, 인턴십을 구할 때, 학교 내 인종 문제가 있을 때, 건강 문제가 있을 때 등 세 아이와 관련한 모든 문제를 놓고 기도했다. 아이들도 내가 매일 기도한다는 것을 알고 있었지만, 언제나 "너를 위해 기도한단다"라고 말해주면서 언제나 나를 위해 기도할 준비가 되어 있다는 확신을 심어주었다.

내가 가진 특권을 기억하게 한다

이렇게 꾸준히 기도한다는 건 쉬워 보이지만 막상 실천하려면 마음먹은 대로 쉽게 할 수 있는 일은 아니다. 진심이 필요함은 물론이고 기도의 내용부터 과정을 아이와 함께 나누고 자세히 대화해야 하기 때문이다. 이런 과정에서 우리 세 아이들은 특별한 기억들을 가지고 있는데 그 중에서도 첫째 혜민이의 일을 소개하고 싶다.

혜민이가 미국에 도착한 다음 날, 바로 새 학교에 등교하게 되어 긴장한 첫째 혜민이에게 남편은 성경 구절(민수기 14장 9절, "…그 땅 백성을 두려워하지 말라. 그들은 우리의 먹이라")을 인용하면서 "학교에 있는 애들은 전부 네 밥이야. 걱정하지 마. 잘할 수 있어. 알았지?"라는 말로 용기를 주었고 혜민이에게는 큰 응원이 되었다. 이후 남편은 가끔 혜민이에게 "네 밥들 잘 있니?"라는 농담을 하며 친구들의 안부를 묻기도 했다. 한국인은 물론이고 동양인도 찾아보기 힘든 학교에 다니던 혜민이는 움츠러드는 순간마다 남편의 격려를 속으로 되뇌었을 것이다.

이후 혜민이는 하버드 대학교에 진학해 정치학을 전공했다. 미국에서 동양인이, 게다가 여자가 정치학을 공부하고 그 분야에서 직업을 갖는다는 게 쉽지 않다는 건 분명했다. 정치학을 계속 공부하기로 결정하고 대학원을 준비하며 결단이 필요했을 때 이렇게 말했다.

"엄마, 내가 공부하려는 분야는 정말로 최고가, 아니 최고 중에서도 최고가 되지 않으면 동양인으로 성공할 수 없을 것 같아. 그러니 기도와 노력이 정말 많이 필요해."

혜민이는 자신의 말을 실천하듯 학부를 수석으로 졸업한 것은 물론이고 논문상도 거머쥐었다. 이후 지원한 석박사 통합 과정에 합격한 학교들은 하버드, 스탠퍼드, 프린스턴, 예일, 버클리 대학교였다. 세계 유수의 대학 중 어디든 골라갈 수 있는 특권을 누리게 된 것이다. 어떤 학교는 여러 상을 주겠다며 합격을 통보하기도 했다. 이들 학교를 방문해 입학 담당자, 정치학과 교수와 면담까지 한 후 하버드와 스탠퍼드로 선택지를 좁혔다. 혜민이와 나는 깊이 고민하고 기도한 뒤 결국 스탠퍼드 대학교로 결정했다. 새로운 환경, 교수진, 학문적 풍토에서 도전하기로 한 것이다. 위로 올라갈수록 백인 위주의 구조가 된다고 한다. 스탠퍼드에 들어갈 당시 미전역에서 지원한 학생 중 7명을 선발했는데 혜민이가 유일한 아시아계였다. 사회의 상층부로 갈수록 백인이 장악하고 있는 이곳에서도 혜민이는 그 옛날 아빠가 격려하기 위해 인용했던 성경의 구절을 기억하고 삶에서 이루고 있었다.

이처럼 한국인 부모를 두었기에 아이들이 누릴 수 있는 정신적 안정감, 충족감, 소속감 등 좋은 것들을 계속해서 강조하고 설명하면서 한국에 대한 긍정적 생각을 심어주었다. 이러한 과정을 통해 부모의 사랑을 몸소 체험한 아이들은 한국을 사랑하는 아이로 자랄 수 있었다.

7

옳은 것을 구분하고
선한 일을 실천하는
아이로 키운다

선한 영향력 아래 키운다

어느 부모나 마찬가지겠지만, 첫아이를 낳아 안아 들었을 때의 감격은 말로 표현할 수 없을 정도로 컸다. 너무도 귀한 생명이 내 손에 있다는 사실은 거대한 책임감 또한 느끼게 하면서 절로 기도가 나오게 했다.

남편은 목회자 가정에서 태어나 신앙 교육을 받으며 성장해 신학을 공부하고 그 역시 목회자가 된, 그야말로 뼛속까지 크리스천으로, 공부하고 훈련 받은 모든 것이 삶에서 보여지는 사람이다. 대학교에서 만나 연애하던 때를 생각해보면 남편은 늘 어려운 친구들과 함께했고, 필요한 것을 나누었으며, 옳은 일이라면 희생도 감수하는 성품을 보여주었다. 결혼을 하고 보니 남편의 성품은 아버님을 꼭 닮아 있었다. 그렇지만 자신에게는 높은 기준을 적용하셨고 다른 사람이 불편해지는 일이 없도록 철저히 자기관리를 하셨다. 또한 아버님은 다른 사람에게 상냥히 말하고, 다른 의견도 존중하고, 생각을 경청하는 것을 몸소 보여주시면서 매너를 가르치셨다. 그 덕분에 남편과 우리 가족은 선한 영향력 아래 있을 수 있었다.

반면 나는 비 크리스천 가정에서 자라 고등학생 때 신앙을 접하면서 우리 집에서 첫 번째 크리스천이 되었고 남편을 만나 목회자의 사모가, 엄마가 되었다. 첫째 혜민이를 낳은 후 나는 스스로에게 물었다. 아이를 어떻게 키울 것인가? 어떻게 해야 좋은 엄마가 될 수 있는가? 내가 배운 교육 이론을 아이에게 어떻게 적용할 것인가? 나는 아이에게 더 나은 삶의 방식을 가르칠 수 있는가? 나는 한동안 이런 문제를 가지고 많은 시간 깊이 고민했다.

나는 늘 내가 알고 있고 배운 대로 실천하겠다고 다짐했다. 내가 가진 신앙과 기준은 성장한 가정에서 배운 것이 아니라 학교에서 공부하고 실습하며 습득한 것이기에 이제는 실천만 남았다고 생각했다. 마치 한 번도 가본 적 없는 길을 지도 한 장 들고 가는 느낌이었다. 그렇게 어설프게나마 육아가 시작되었다. 많은 실수와 실패를 경험했지만, 최선을 다해 올바르고 정직하게 아이를 키우려고 노력했다. 한국에서는 아주 어린 시기였기에 "돼", "안 돼"를 통한 격려와 훈육을 했다면 미국에서의 유학 생활이 시작되면서 본격적으로 인격 형성과 가치관을 교육했다. 유학생 가정이었기에 우리 아이들은 공부하고 탐구하며 생각하고 배운 것에 대해 토론하는 분위기를 자연스럽게 받아들였다. 또한 미국에서 삶 자체가 새로움의 연속이다 보니 아이들의 호기심과 모험심을 자극하기에 너무나 좋은 환경이었다.

나는 늘 아이들에게 이런 질문을 던졌다. "너는 누구니?", "넌 무엇을 할 수 있고, 무엇을 할 거니?", "너는 뭐가 좋니?" 이런 질문을 통해 나는 아이들이 수도 없이 많은 생각을 하게 만들었다. 깊은 생각을 통해 올바른 것을 선택하며 실행할 수 있는 능력을 배우게 된다고 믿는다.

PART 3

지금의 선택이
10년 후 미래를 바꾼다
: 초등학생 시기

1

놀면서도
스스로 공부하게 하는
최고의 방법

공부의 틀은 초등학생 때 만들어진다

"엄마, 나 work 다 했어!"

여기서 "work"는 공부(study)를 가리키는 말로 해야 할 공부를 마쳤다는 소리다. 지금은 익숙해졌지만 처음 이 말을 들었을 때는 '공부했으면서 무슨 일을 했다는 거야?'라고 생각했다. 어른들은 공부가 일이라고 생각하지 않는다. 그래서 자식들이 공부를 많이 해서 힘든 노동은 하지 않고 살게 만들려는 마음을 가지고 있을 것이다. 그러나 사실 공부는 아이들의 표현대로 노동과 다름없다.

첫째 혜민이가 스탠퍼드 대학교에서 박사과정 논문을 쓸 당시에는 아침 8시에 일어나 밤 9시까지 공부를 했다. 말 그대로 공부를 일로 했던 것이다. 평일에는 이렇게 시간을 보내고 주말이 되어서야 취미 생활이나 개인적인 일들을 보곤 했다. 힘드냐고 물어보면 신기하게도 힘들지 않고 재미있다고 했다.

대학을 졸업한 후 1년 동안 일본에서 직장을 다니기도 했던 혜민이는 공부를 다시 시작했다. 합격 후 혜민이가 했던 말이 아직도 기억난다.

"엄마! 너무 신나. 내가 좋아서 재미로 하는 공부인데 돈까지 주면서 하라고 하니 이거 진짜 횡재 아니야?"

당시 혜민이가 들어간 석박사 통합 대학원 과정은 학교 직원으로 분류되어 학비도 면제되고 기숙사비를 포함한 생활비가 나왔다. 그렇게 재밌는 공부는 돈을 안 주어도 할 판인데 돈까지 준다며 좋아한 것이다.

실력을 갖춘 거인으로 성장하는 데 기본이 되는 공부는 꼭 필요한 요소다. 공부의 기본 틀을 만들어주는 좋은 시기가 바로 초등학교 시기이다. 세 아이 모두 공부의 모든 기초를 초등학교 때 다졌다. 다른 것은 몰라도 공부에 관한 한 초등학교 시절에 모든 것이 결정 난다고 말하는 것도 과언은 아니다. 그럼 어떻게 하면 공부를 잘할 수 있을까? 대답은 간단하다. 잘하기 위해서 많이 하면 된다. 정말 간단하고 쉬운 이야기다.

시간을 많이 투자 하면 공부를 잘할 수 있다. 많은 사람들이 미국의 대입 시험인 SAT 준비를 언제부터 시작해야 하느냐고 물었다. 초등학생 때 준비를 마쳐야 한다고 대답하면 아무도 믿지 않는 눈치였다. SAT를 위해 정말 많은 학생이 학원을 다니고 과외를 받고 고등학교 때 대부분의 시간을 공부하는 데 투자한다. 중학교 때부터 학원을 보내는 경우도 보았다.

짚고 넘어가야 할 것은, 고등학교 시기는 거인이 되는 과정 중 초등학교와 중학교 때 발견한 재능을 발휘하고, 더 심화시키고, 그에 따른 성과물을 내는 시기라는 점이다. 그런 시기에 대입 준비로 시간을 낭비하고 다른 일에 써야 할 열정을 소비한다는 게 얼마나 비효율적인 일인가. 초등학교 때야말로 공부할 수 있는 시간이 넘쳐 나지 않는가? 하지만 어떻게 해야 초등학생이 가만히 앉아 공부하게 할 수 있을까? 이게 과연 가능한 일인가? 활동적인 시기이고 창의력이 자라는 이 시기에 앉아서 공부만 해도 되는 걸까? 여러 의문이 들 수 있다. 그러나 결론부터 말하자면 가능하다. 다만 부모의 생각 전환이 필요하다.

놀면서 하는 공부, 독서

원래 초등학교 아이들은 놀아야 하는 게 맞다. 재미있는 일들을 실컷 하며 즐거움을 느껴야 한다. 재미난 것은 오래 할 수 있고 하지 말라고 말려도 하는 데다 심지어 몰래 하기도 한다. 여기에 답이 있다. 아이가 이렇게 재미를 느끼는 대상을 공부가 되도록 만들면 된다. 공부인지도 모르고 재미있어서 했는데 알고 보니 그게 공부였던 상황을 만드는 것이다. 아이들 입장에서는 재미있는 것을 실컷 해서 좋고, 부모 입장에서는 아이들에게 스트레스를 주지 않고 공부를 시켰으니 얼마나 행복한가. 우리 아이들에게 놀이가 되는 공부는 다름 아닌 독서였다.

그렇다면 어떻게 책을 읽어야 공부가 아닌 놀이처럼 느낄까? 숙제나 의무가 되고 해치워야 하는 일이라고 생각하는 순간 독서는 공부가 된다. 그러면 절대로 책을 많이 읽을 수 없다. 학교 수업의 연장선에 있는 것처럼 책을 읽어야 한다는 압박을 주지 말아야 한다. 나는 하루에 얼마를 읽어야 한다고 분량을 따로 정하지도 않았다. 몇 권 이상 읽어야 잠자리에 들 수 있다든지 책을 읽지 않아서 벌을 준다든지 하는 일도 없었다. 책에서 본 모르는 단어를 따로 공부하게 시키지도 않았다. 모르면 모르는 대로 넘어가게 했다. 굳이 외우지 않아도 자연스레 문맥 속에서 저절로 익히게 되기 때문이다. 아이들은 교육자가 어떤 의도로 어떻게 공부를 시키는지 기가 막히게 빨리 알아챈다. 엄마가 의도적으로 공부를 시키겠다고 달려들어 책을 읽히면 아이는 흥미를 잃는다. 엄마가 기대한 만큼 책은 읽게 되겠지만, 그 이상의 열정이나 흥미를 보일 수 없다.

훗날 고등학생이 되어 SAT 공부를 따로 하지 않아도 일정 수준 이상의 점수가 나오고, 지치지 않고 쉴 새 없이 박사과정을 마치기 위해서는 엄마가 시켜서 책을 읽는 것으로는 어림도 없다. 우리 세 아이가 읽었던 책이 얼마나 되는지 다 가늠할 수는 없지만, 이미 초등학교 때 도서관의 어린이책 구역에 있던 모든 책을 보았다고 해도 과언이 아니다. 그 많은 양을 누가 시켜서 읽기란 불가능하다. 독서를 놀이처럼 재미있게 느끼지 않았다면 힘든 일이다. 노는 것처럼 스스로 읽으려는 열정이 있었기에 가능했다. 세 아이 모두 책 읽기를 놀이처럼 즐거워했다. 언제 어디서든 책을 읽었다. 아이들 학교 선생님의 말씀으로는 심지어 걸어가면서도 책을 읽는다며 놀라워하셨다.

독서를 놀이로 느끼게 하기 위해서는 우선 환경을 만들어야 한다. 아이들 주위에 장난감처럼 책이 놓여 있어야 한다. 방, 거실, 부엌, 화장실, 차 안까지 어디서든 책이 보이고 쉽게 집을 수 있도록 한다. 또한 부모를 포함한 온 식구가 책을 자연스럽게 대해야 한다. 아이들만 읽는 게 아니라는 인식을 심어주는 것이 중요하다.

그렇다면 책을 언제부터 읽어야 할까? 답은 태어나 누워 있는 순간부터이다. 신생아 때부터 한글을 배우기 전까지는 부모가 책을 읽어준다. 이 시기에 가장 중요한 것은 양을 늘리는 것이다. 그러기 위해서는 시간을 정해놓고 그 시간에는 꼭 책을 읽어주어야 한다. 나의 경우 매일 최소 2시간 이상을 책 읽기 시간으로 정해 실천했다. 세 아이 모두 이렇게 해보았는데 가장 힘들었던 건 셋째 혜성이 때였다. 돌봐야 할 아이가 둘이나 더 있었고, 남편은 공부하는 중이었던 데다 목회도 해야 했기 때문에 시간을 따로 내 책을 읽어 주는 게 불가능에 가까웠다. 이를 해결하기 위해 생각한 방법은 첫째와 둘째가 나 대신 책을 읽어주도록 하는 것이었다. 이렇게 세 명이 돌아가며 읽어주니 훨씬 수월했다. 우리 셋은 각자 고른 책을 혜성이에게 읽어주었다. 하루에 20권 정도는 읽었던 것 같다. 혜성이는 언니들이 신나게 책을 읽어주면 알아듣지 못했을 텐데도 눈을 말똥말똥 뜨고 좋아했다.

아이가 더 커서 스스로 책을 읽을 시기가 되면 독서량은 부모가 읽어주던 수준을 넘어선다. 긴 시간 책에 대한 집중력이 길러졌기 때문에 그 이상의 시간을 들여 책을 읽을 수 있게 되기 때문이다. 그렇게 아이는 마음대로 원하는 만큼 자유를 누리면서 물 만난 물고기처럼 책을 읽으며 독서량이 점점 불어난다.

대학 입시 성적은 초등학생 때 결정된다

우리 세 아이들은 습관을 들여 재미를 느끼게 된 독서 덕분에 학교 공부는 쉽게 할 수 있었고 덕분에 성적 또한 좋았다. 학교에서는 잘 가르치고 좋은 선생님을 만나기도 하지만, 그렇지 않은 경우도 있다. 올해는 잘 가르치기로 유명한 선생님 아래에서 잘 공부했더라도 내년에는 아무것도 배우지 못하고 끝날 수도 있다. 초등학교 때는 담임 선생님이 모든 과목을 가르쳤기 때문에 어떤 선생님을 만나느냐가 공부에 직접적인 영향을 주었다. 사립학교를 보냈다면 사정이 나을 수도 있었겠지만, 공립에서는 원하는 선생님을 만날 수 없는 게 현실이었다. 우리 아이들도 그동안 만났던 선생님이 모두 잘 가르치지는 않았다.

선생님의 역량과 상관없이 모든 과목에 흥미를 느끼고 배워야 할 내용을 제때에 습득해 좋은 성적을 유지할 수 있었던 비결은 독서였다. 선생님이 성실하지 않거나 실력이 부족하더라도 책을 통해 스스로 지식을 채울 수 있다. 돌아보면 아이들이 즐기며 했던 독서가 수업의 부족한 부분을 채우는 데 큰 역할을 했다는 생각이 든다.

이렇게 놀이처럼 즐기는 방대한 독서는 훗날 공부를 일처럼 해야 하는 시기에도 힘을 발휘한다. 우리 아이들은 SAT를 치러야 할 때도 특별히 따로 공부할 필요가 없었다. 단지 어떤 유형의 시험인지 연습하기만 하면 충분했다. 그러니 SAT 고득점의 기반은 모두 초등학교 때 완성된다는 말이 맞다. 대학교에 가서도, 대학원에 가서도 계속되는 공부가 아이들을 짓누르지 않고 여전히 즐기면서 하게 만든 비밀이 여기에 있다. 처음부터 놀이로 접근한 공부였기에 공부하는 것이 부담으로 다가오지 않았던 것이다.

공부에 몰입하기까지의 시간을 단축한 것은 또 하나의 성과다. 초등학생 때부터 독서의 기술도 연습했기 때문에 책을 많이 읽지 않은 아이들보다 빠른 속도로 내용을 파악할 수 있었다. 학문이란 어떤 분야든 어느 정도 연계되어 있어 책으로 견문을 넓힌 사람은 자기 분야의 공부를 할 때도 다른 분야와 통합적 사고를 하기 쉬워진다. 우리 세 아이들은 모두 공부가 쉽고 재미있었다고, 원하는 일을 하는 데 공부는 문제가 되지 않았고 억지로 하지도 않았다고 이야기한다. 이런 말을 들으면 우리 아이들이 공부하는 머리를 타고났다고 생각하기도 했다. 그러나 타고났다기보다 즐겁게 놀이처럼 시작한 공부가 아이들에게는 넘어야 할 거대한 벽이 아닌, 타고 노는 스노보드 같은 것이었기 때문이다.

초등학교에서의 학습 지도는 무엇보다 아이들이 즐기면서 할 수 있게 접근하는 것이 효과적이다. 좋아하는 것을 배우기 위한 놀이처럼 공부를 개발해야 한다. 아이들이 원해서, 주체적으로 긴 시간을 투자해도 시간 가는 줄 모르고 재미로 할 방법을 찾아내는 부모의 지혜가 필요하다.

2.

아이의 정체성을
바로 세우기 위한
주말 활용법

정체성을 지키기 위한 세 가지 원칙

"TGIF(Thank God It's Friday)"는 "감사해요, 금요일이네요!"라는 뜻으로 주말이 왔다는 기쁨을 표현한 말이다. 미국에서 살다 보니 사람들은 마치 금요일만을 기다리며 일하고, 주말을 위해 평일을 보내는 것 같다는 생각이 든다. 금요일 오후부터는 직장, 시장, 학교, 집 가리지 않고 온통 파티 분위기다. 주말이 되면 한 주 동안의 일을 다 마치고 긴장을 푼 채 즐기는 시간이 시작된다. 어디에 가든 주변 사람들이나 친구들과 외식을 하면서 놀아야 할 것 같은 분위기가 연출된다.

금요일 오후, 아이들을 데리러 학교 앞에 도착하면 아이들부터 선생님들까지 들뜬 분위기 속에 학교가 소란하다. 아이들도 차를 타면서 "엄마! 오늘이 금요일이에요!"라고 외친다. 문화에 대한 적응이 어른보다 빠른 아이들은 어느새 이런 분위기를 자연스럽게 따르고 있었다. 아이들이 그동안 학교에서 공부하느라 애썼으니 들뜬 기분에 맞춰 주말을 보내야 하는 것은 아닐까 고민했던 것도 사실이다. 그러나 미국식으로 주말을 보낸다면 얻는 것보다 잃는 것이 훨씬 더 많을 것이라고 판단했다. 미국 땅에서 소수 인종으로 살면서 미국인도 아닌 우리가 그들처럼 즐기며 살다가는 차별점이 없어지기 때문이다. '그들과는 다르게 주말을 보내야 하지 않을까?', '더 의미 있는 시간을 가지기 위한 노력이 필요하지 않을까?' 하며 고민했다.

금요일에 가장 쟁점이 되었던 문제는 친구들과 함께하는 밤샘 파티(sleep over)였다. 밤샘 파티는 한 친구의 집에 친한 아이들끼리 모여 어울리고 밤새워 노는 시간을 뜻한다. 초등학생 때부터 고등학생이 될 때까지 이 밤샘 파티는 이어진다. 아이들 사이에서는 누구네 집에 모여서 무얼 하고 놀지 철저한 계획들이 세워진다. 함께 자고 놀면서 친구를 만드는 것이다. 초등학생 때 이 파티를 함께한 친구들과는 고등학교 때까지 우정이 이어지는 경우가 많다. 아이들에게는 주말에 어느 집에서 모일지가 초미의 관심사다. 우리 아이들도 예외는 아니었다. 금요일 오후가 되면 교회 아이들을 위한 금요 모임에 참석한 뒤 헤어지지 않고 밤샘 놀이로 이어지곤 했다.

이런 상황에서 부모는 자의 반 타의 반으로 아이를 보낼 수밖에 없다. 더군다나 목회자 자녀인 우리 아이들에게는 매주 어김없이 초대가 들어왔다. 거절하기도 난처한 상황이었다.

아이들이 주말을 어떻게 보내도록 할지 참 많은 고민을 했다. 주말이 되면 아이들은 "왜 우리만 이걸 해야 돼요?" 또는 "왜 우리만 이걸 못 해요?"라는 질문을 수도 없이 했다. 왜냐하면 우리 부부는 거인으로 자랄 밑그림이 그려지는 이 중요한 시기를 미래를 위해 사용하기로 결심했기 때문이다. 우리 부부는 주말을 아이들의 정체성을 찾아주는 시간으로 채우기로 했다. 기독교인의 정체성, 한국인의 정체성, 가족의 정체성을 확립하는 시간으로 채우는 것이다. 이런 기준을 세우니 해야 할 것과 하지 말아야 할 것들을 명확히 정할 수 있었다.

우리 가정은 아이들이 주말에 반드시 지켜야 할 세 가지의 규칙을 정했다. 첫째, 밤샘 파티 가지 않기. 둘째, 한국어 공부하기. 셋째, 교회 활동에 참여하기. 주말에 이뤄지는 활동이 아이들의 정체성을 형성하는 데 중요하다고 판단했으므로 부모의 권위로 일방적인 결정을 내렸다. 초등학생 때부터 정체성을 찾는 훈육을 한다면 나중에 커서 자신만의 스토리를 만들 수 있으리라 믿었다. 우리 가족의 이런 원칙은 아이들이 고등학생이 될 때까지 이어졌다. 예상했던 대로 아이들은 잘 자라주었고 각자 삶의 목적에 대한 답을 얻을 수 있었다. 또한 자신이 한국인이라는 명확한 인식 속에 자라서 다민족 문화에서 어떻게 조화를 이루고 살아야 할지 깨달을 수 있었다. 가족이 중심이 된 정체성은 가족애로 나타났다. 이를 위해 실천한 세 가지 구체적인 원칙을 소개한다.

1. 가족이 먼저

형제자매가 있는 집안에서 규칙을 정할 때는 그 규칙이 가장 먼저 적용되는 첫째의 반응과 결과가 중요하다. 첫째는 그 규율의 가장 큰 수혜자가 될 수도, 가장 큰 피해자가 될 수도 있다. 첫째에게 적용하는 것이 후에 동생에게도 영향을 미치게 되므로 신중해야 한다.

첫째 혜민이에게는 친한 학교 친구들이 있었다. 그 아이들로부터 밤샘 파티 초대가 계속 이어졌다. 혜민이는 엄마와 아빠가 허락해주길 바랐지만 우리의 대답은 언제나 "No"였다. 실망한 아이에게 왜 허락해줄 수 없는지 이해시키는 건 무척 어려웠다. 혜민이 친구의 가정 상황이 어떤지 정확히 알 수 없는 상태에서 집 밖에서 밤을 보내고 오도록 할 수 없었다. 또한 그 자리에 모일 아이들도 다 알 수 없기에 걱정이 될 수밖에 없었다. 또한 한 번 허락하는 것에서 끝나지 않기에 첫 결정이 중요했다. 초등학생 때야 괜찮다지만, 중학생이나 고등학생이 되면 부모의 보호에서 벗어나는 일이 자주 발생하기 때문이다.

어린 시절에는 허락했다가 더 성장한 후 제한하면 부모와 자식 간에 더 큰 충돌이 벌어질 수도 있다. 아마도 아이들은 부모의 일관성 없는 태도를 이해하지 못할 것이다. 이렇게 복잡한 속내와 걱정을 초등학생이던 아이에게 명확히 이해시키기 어려웠다. 그러니 전부 이해할 수는 없어도 부모가 시키는 것이니 맞는 것이라고 생각하고 따라와 주길 바랐을 뿐이었다. 기대한 대로 첫째 혜민이는 잘 따라와 주었다.

혜민이에게는 초대한 친구네 집에서 자고 올 수는 없지만, 저녁을 먹고 9시까지 놀 수 있게 허락하며 이 의견에 동의한다면 9시에 데리러 가겠다고 말했다. 이렇게 하니 대부분의 친구 부모님도 상황을 이해했다. 친구들과 한창 놀고 있다가 혼자 나오기란 아쉬웠겠지만, 초등학생으로서 놀기에 충분한 시간이었고 아예 참석하지 못한 건 아니라는 사실에 혜민이는 감사하게 생각했다. 이런 모든 과정을 지켜본 동생들도 자연스럽게 밤샘 파티에 대해 투정을 부리지 않았다.

학교에서와 마찬가지로 교회에서도 친구를 사귀는 것은 쉽지 않았다. 부모 입장에서 생각해도 밤샘 파티에 참여하면 조금 수월해질 것 같았다. 혜민이가 친구를 만들지 못해 외로울까 걱정이 되어 지금껏 지켜온 신념을 저버릴까 생각하기도 했다. 그렇지만 주말을 그렇게 보내면 이를 계기로 가족과의 관계가 느슨해질 것 같았다. 중학생 정도가 되면 친구 관계가 무척 단단해서 우정이 그 어떤 것보다 우선하게 된다고 보았기 때문이다. 내가 생각하는 최우선 가치는 가족이었다. 고민 끝에 이를 먼저 생각하기로 결정했다.

미국에서는 보통 고등학교를 졸업하면서 집을 떠나 독립한다. 대학교를 시작으로 경제적, 물리적 독립이 시작되는 것이다. 그렇다면 우리가 혜민이와 함께할 수 있는 시간은 6년 밖에 남지 않았다는 뜻이었다. 이 넓은 미국 땅에서는 언제 다시 함께 살 수 있을지 장담할 수 없었다. 지금 함께하는 시간이 앞으로 우리 가족의 관계를 결정할 거라고 생각했다. 쉬운 길을 두고 기어이 돌아갔기에 어려움은 있었지만, 혜민이는 점차 적응했다. 유유상종이라고, 혜민이와 비슷한 생각을 하는 친구들을 교회와 학교에서 만나게 됐다. 혜민이는 주말을 가족과 함께 보냈고 평일에는 친구를 만났다. 어린 시절부터 오랫동안 가족과 함께하는 훈련을 하지 않았다면 가족 중심의 정체성을 가질 수 없었을 것이다.

2. 한국어 공부

우리 집의 토요일 아침은 등교 준비를 하지 않는데도 시끄러웠다. 아이들이 한국어 공부를 했기 때문이다. 평일에는 한국어로 된 책을 자유롭게 읽지만, 토요일 오전은 나와 함께 하는 수업으로 정해놓았다. 늦잠을 자거나 편하게 쉬고 싶은 토요일 아침을 학교에서처럼 공부로 채워야 해 아마 아이들 입장에서는 하기 싫었을 것이다.

미국에 올 때 가장 소중한 재산처럼 가져온 것은 바로 남편과 아이들의 책이었다. 다른 물건은 들고 오는 비용이면 미국에서 다시 사는 것이 더 저렴했기 때문에 가져온 것이 없어서 고작 옷가지 몇 벌 챙긴 것이 다였다. 대신 책은 열 상자도 넘었다. 한글 공부를 위한 학습 교재도 3년 치를 챙겼다. 이 교재는 셋째 혜성이까지 재활용해서 썼으니 그때의 수고가 톡톡히 빛을 발한 셈이다. 그렇게 가져온 한국어 동화책과 다른 가정에서 얻은 한국 책까지 합치면 500~600권은 족히 되었던 것 같다.

1998년에 미국에 와서 2008년까지 총 8번의 이사를 했는데 매번 책을 옮기는 게 제일 큰 일이었다. 이사 대행 업체를 쓸 수 있는 형편도 아니었고, 업체에 맡긴다고 해도 엄청난 비용이 들어갈 게 뻔했다. 너덜너덜한 아이들 책을 한국에서부터 이고 와서 굳이 가지고 다니는 게 어리석어 보일 수 있지만, 우리 아이들에게는 너무 귀했다. 우리 아이들은 이 책과 교재 덕분에 한글을 깨우치고 이중 언어를 구사할 수 있었다. 이렇게 끌어안고 있던 책들은 혜성이가 대학에 입학한 2019년에 비로소 정리했다. 미국에 온 지 20년 만이었다.

아이들이 초등학교에 들어가기 전에는 독서를 통해 글씨를 깨우치도록 했다. 한국어로 된 책을 스스로 읽게 되기 전까지는 읽어주었다. 책의 글자를 그림으로 인식해서 배우는 것이다. 이후 초등학생이 되면서 한국어 학습 교재를 통해 문법과 글쓰기를 익히도록 했다. 초등학교 시절은 한국어를 제대로 구사하도록 가르칠 수 있는 가장 좋은 시기다. 특히 주말은 마음만 먹으면 공부할 수 있는 좋은 시간이다. 이때 시간을 투자해 배우지 않으면 중, 고등학교에 가서는 배우기 힘들어진다.

집에서는 한국어만 사용하는 것이 우리 집의 규칙 중 하나다. 특히 아이들끼리도 한국어를 쓰도록 했고 이를 어길 때는 크게 꾸짖었다. 미국에서 태어난 셋째 혜성이는 한국어를 쓰다가도 자꾸 영어를 쓰려고 했다. 아이였지만 집에서만 사용하는 한국어보다 집 밖에서 많이 들리는 영어가 훨씬 쓸모 있다는 사실을 감지한 것이다. 그러니 지금 당장 쓸모 있는 영어가 귀에 먼저 들어오고 입으로 먼저 나왔던 것이다. 토요일에 하는 한국어 공부는 당장 쓸 일도 없고 오로지 미래를 염두에 두고 하는 것인데 이를 아이들에게 완벽히 주지시키기가 어려웠다. 그러나 이 시기를 놓치고 나중에 배우는 것은 더 힘들기 때문에 억지로라도 부모의 권위로 힘들어도 시켜야 했다.

한국어 공부를 시작하기 전에는 왜 한국어를 배워야 하는지, 우리가 어떤 나라에서 왔는지 정체성을 일깨워주는 말을 꼭 했다. 부모만 포기하지 않고 꾸준히 한다면 아이들이 알아듣는 날이 온다. "엄마, 한국어를 가르쳐주셔서 감사합니다!" 이 말을 듣게 되는 날까지 포기하지 않는 것이 중요하다. 한국어를 어느 정도 하게 되면서 한국 방송 시청을 허락했다. 간접적으로라도 한국의 언어와 문화를 접하면 수업보다 훨씬 재밌게 느끼기 마련이다. 켄터키주는 종일 밖을 돌아다녀도 한국인 한 사람을 만나기도 힘든 곳이었다. 그러다 보니 자신이 한국인이라는 것을 인식하기도 힘든 환경이었다. 어떻게 해결할까 고민하다가 한국 케이블 방송을 신청해서 한국의 텔레비전 프로그램을 보게 했다. 감사하게도 조금씩 한국어 실력도 늘고 한국의 정서도 이해하게 되었다.

한국어를 구사하게 되면서 얻는 좋은 점을 점차 느끼기 시작한 아이들은 한국인이라는 사실에 자부심을 가지게 되었다. 주말마다 시간을 투자해 공부한 효과는 고학년이 될수록 나타나기 시작했다. 교회나 지역 사회에서 봉사할 때 영어와 한국어를 모두 구사하는 스피커의 역할을 몸소 체험한 것이다. 또한 SAT 한국어 과목에서 고득점을 달성하면서 이중 언어 사용자로 공식 인정받게 되었다. 대학에 들어가서도 이중 언어의 혜택을 보았다. 한국의 국회에서 진행하는 여름 인턴으로 뽑히게 된 것이다. 정치학을 전공하는 혜민이에게는 너무 귀한 기회였고 경험이었다.

2016년 4월, 《뉴욕타임스》에 '이중 언어 사용자들이 가진 뛰어난 사회성'을 주제로 코넬 대학교의 교수가 쓴 칼럼을 보게 되었다. 이 교수는 여러 실험을 통해 이중 언어 사용자가 단일 언어 사용자보다 높은 사회성을 보인다는 것이 증명되었다고 했다. 두 언어를 구사하는 능력 자체보다 여러 언어를 경험하는 환경에서 성장한 것이 높은 사회성의 이유라는 것이다. 이런 능력은 더욱 글로벌화되는 미국 사회에서 살아가는 우리 아이들에 꼭 필요한 능력이다. 다른 아이들은 경험하지 않는 한국어 주말 수업은 다양한 민족의 문화와 언어를 이해하고 통합하는 능력을 배우는 물꼬를 터주었다. 또한 자신을 알게 하고 더 나아가 다양한 문화와 언어가 존재함을 인식하고 경험하게 되었다. 그렇게 되면 타 인종을 이해하면서 더불어 살아가는 방법을 알게 된다.

3. 신앙 활동

주말에 가장 많은 시간을 들여 참여한 것은 교회 활동이다. 미국 사람들이 교회 다니는 것과 이민자들이 한국 교회에 다니는 모습은 사뭇 다르다. 미국 사람들은 종교와 상관없이 매년 세 번 남짓(부활절, 추수감사절, 성탄절) 자신을 크리스천이라고 소개한다. 초창기 미국의 청교도 신앙은 사회 곳곳에 뿌리내리고 있지만 매주 교회에 출석하는 교회 중심적 신앙보다 개인 위주의 신앙생활이 우선시 되고 있다. 그러다 보니 매주 모이는 한국 교회의 방식은 미국 사회에서 특별한 형태에 속한다. 한국 교회를 다니며 자란 우리 아이들의 경우 예배 때 비록 영어를 사용할지라도 신앙생활 모습은 한국과 똑같다. 하지만 미국 사회의 전반적인 신앙생활 기조가 개인 위주이다 보니 아이들이 성인이 되어서도 신앙생활을 이어갈 수 있을지 걱정이 됐다. 지금은 목사인 아빠를 따라 성실하게 교회에 출석하지만, 성인이 되어서도 교회 중심의 신앙생활을 할 수 있을지 의문이었기 때문이다. 우리 부부가 할 수 있는 것은 주말이 되면 한국인 친구들과 교회에 모여 함께 신앙생활을 하는 것이 좋다고 강조하며 어릴 때부터 철저하게 지도하는 것뿐이었다.

우리 부부는 아이들이 초등학생일 때부터 예배의 종류를 가리지 않고 참석하게 했다. 예배뿐만 아니라 집에서의 신앙생활도 강조했다. 매일 성경을 읽고 기도해주는 것도 빠지지 않도록 했다. 이 모든 일에 우리 부부가 솔선수범해서 본을 보이는 것을 게을리 하지 않았다. 우리 아이들은 부모를 따라 교회 활동을 소화하느라 주말을 늘 바쁘게 보냈다. 이 때문에 밀린 숙제나 다른 활동을 주말에 한다는 것은 생각하지도 못했다. 학교 숙제나 시험 공부, 가끔 있는 교내 프로젝트 등은 평일에 다 끝내야 했다. 주말 중 남는 시간에 한다며 미루었다가는 시간이 없어 못 하기 십상이다. 이러한 스케줄을 잘 아는 아이들은 어릴 때부터 평일에 할 일을 끝낼 수 있게 시간 관리를 하게 됐다. 주말의 신앙생활을 위해 평일을 더 알차게 보낼 수 있도록 격려했다.

아무리 좋은 활동이라도 주말까지 투자해야 하는 것들은 하지 않았다. 가끔 그룹 프로젝트 활동으로 주말을 이용해야 하게 되면 일요일은 안 된다고 미리 이야기해 조정하도록 했다. 중학교까지는 힘들지 않았지만 고등학교에 진학하자 다양한 활동에 참여하게 되면서 곤란한 상황이 많이 생겼다. 혼자 하는 공부나 시험 준비는 미리미리 할 수 있지만 함께 해야 하는 활동이나 중요한 대회가 일요일에 열리면 고민이 되었다. 어려서부터 보낸 주말의 신앙생활은 아이들도 당연히 그렇게 해야하는 줄 알았기 때문에 늘 의연하게 희생을 감수하더라도 신앙생활을 소홀히 하지 않았다. 둘째 혜은이의 경우 바이올린 경연 대회가 일요일에 열리는 바람에 1년 동안 준비했음에도 대회를 포기했다. 첫째 혜민이도 일요일에 토론 대회가 열리면 참석하지 않았다. 점점 일요일에 열리는 행사와 대회가 많아졌지만 그럴 때마다 흔들리지 않고 가장 중요한 것을 선택한 아이들은 결국 더 좋은 것으로 보상받게 됨을 경험했다.

3

취학 전에는
영어를 가르치지
않았던 이유

외국어는 이렇게 가르친다

다섯 살 때 미국에 온 첫째 혜민이는 미국에 도착한 다음 날부터 유치원을 다니며 영어를 배우기 시작했다. 다행히 영어가 모국어인 미국 아이들도 유치원에서는 알파벳부터 배웠다. 혜민이처럼 외국에서 온 아이들의 경우 영어로 말하지도, 알아듣지도 못했지만 일단 알파벳 a부터 배우기 시작한다. 그렇게 혜민이가 알파벳을 하나씩 익혀갈 때도 집에 돌아와 읽는 책은 친숙한 한국어 동화책이었다. 어떻게 하면 영어를 조금 더 편하게 느끼고 배운 것을 활용하게 할지 고민하다가 나와 함께 책을 읽는 방법을 고안했다.

우선 당시의 내 부족한 영어 수준으로도 해석할 수 있는 아주 쉬운 동화책을 한 권 골라 혜민이와 함께 읽었다. 내 잘못된 발음이 아이에게 영향을 줄까 걱정되어 읽어주는 대신 혜민이에게 배운 대로 어떻게 발음하는지 해보라고 했다. 일단 하나씩 발음해보고 그 발음을 붙여서 읽도록 유도했다. 시간이 지나면서 현지인과 비슷하게 발음하기 시작했다. 책 한 권을 이런 방식으로 읽다 보니 약 2시간 정도 걸렸다. 한 권을 다 읽고 나니 반복되는 쉬운 단어들은 금방 익힐 수 있었다. 그렇게 자신감이 붙은 아이는 이와 비슷한 수준의 쉬운 영어책으로 독서를 시작했다.

당시 혜민이와 함께 읽었던 책이 《Are you my Mother?》였다. 이 책을 지금도 기억하는 이유는 내가 아이와 함께 본 유일한 영어책이기 때문이다. 둘째 혜은이, 셋째 혜성이에게는 단 한 권의 영어책도 읽어주지 않았다. 우리 부부가 읽어준 책은 한국어로 된 책뿐이었다. 우리 아이들에게 모국어는 한국어라는 것을 분명하게 하고 싶었기 때문이다. 더 많이 사용하는 언어가 영어일지라도 영어는 외국어라는 것을 인식하기 원했다. 그렇기에 학교에 가기 전까지는 한국어만 쓰게 했다. 영어 교육은 전혀 하지 않았다. 이와 관련해서는 몇 가지 원칙이 있었다.

◦ 가족들끼리는 한국어만 사용한다.
◦ 한국어를 스스로 읽을 수 있기 전까지는 엄마가 책을 읽어준다.
◦ 외국어는 외국인을 통해서만 배운다.

- 외국어 공부는 책으로 시작한다(책이 먼저, 영상물은 나중에).
- 영어를 제외한 다른 외국어에도 도전한다.

미국에 살고 있으니 서둘러서 영어를 가르쳐야겠다고 생각해 서두르지 않았다. 영어가 모국어인 아이들과 비교해 혹시라도 뒤처질까 염려되어 미리 영어를 가르쳐야 한다고 생각하는 이민자 부모님들이 많다. 그러나 첫째 혜민이의 언어 습득 과정을 지켜보니 어떤 언어를 언제 시작하느냐보다 얼마만큼의 인지적 사고를 할 줄 아는지가 더 중요해 보였다. 다른 아이들과 유치원 과정에서 함께 알파벳부터 배우지만, 외국인의 경우 ESL 과정을 따로 이수하게 했다.

혜민이도 마찬가지로 ESL 공부를 했다. 그러다 문제가 생겼다. 공부를 시작한 지 얼마 되지 않았을 때, 남편의 유학 비자가 만료되어 연장을 위해 한국에 들어가야만 했다. 온 식구가 한국에 들어온 그때, IMF 사태와 맞물리고 말았고 비자 신청은 계속 거절당했다. 나는 아이들을 챙길 겨를도 없이 비자 연장에만 온 신경을 기울였다. 이렇게 몇 달을 한국에서 머무르게 될 것이라고는 생각하지 못했던 터라 아무것도 준비하지 않았다. 아이들은 할아버지 집에서 텔레비전이나 실컷 볼 수밖에 없었다. 우리 부부가 비자 해결을 위해 동분서주했기 때문이다. 우여곡절 끝에 몇 달 만에 미국에 돌아갈 수 있었고 그제서야 혜민이는 학교에 다시 갈 수 있었다.

미국에 돌아온 지 얼마 되지 않았을 때, 혜민이의 담임 선생님과 정기 면담이 있었다. 그때 선생님이 이렇게 물으셨다.

"혹시, 영어가 중요하다고 생각해서 한국에 있는 동안 영어 공부를 따로 시켰나요?"

한국에서 아이들은 신경도 쓰지 못했는데 이게 무슨 말인가 싶어 눈이 휘둥그레졌다. 따로 영어 공부를 시키지 않았다며 왜 그러는지 물으니 그 사이 영어 실력이 일취월장했다고 놀라면서 더는 ESL 수업이 필요 없는 수준이 되었다고 했다. 한국에서 실컷 한국어만 쓰고 텔레비전만 보다 왔는데 이 현상을 어떻게 이해해야 할지 몰랐다.

모국어가 먼저다

이 경험을 곱씹으며 느낀 것은 어떤 언어가 선행되었는가보다 하나의 언어를 온전하게 구사하면서 인지 능력을 키우는 것이 더 중요하다는 점이다. 그 후에 배우는 언어는 알고 있는 지식을 바꿔주는 도구 역할을 한다고 보았다. 이런 나의 깨달음에 확신을 준 것은 둘째, 셋째도 마찬가지였기 때문이다. 둘째 혜은이도 두 살 때 미국에 와서 유치원 과정을 시작하기 전까지는 영어 교육을 전혀 받지 않았다. 읽어주는 한국 책으로 한글을 깨우친 게 전부였다. 미국에서 태어난 셋째 혜성이도 다르지 않았다. 아이들 셋 모두 유치원에 가서야 알파벳을 접했다. 물론 처음에는 모국어가 영어인 아이들보다 여러 면에서 부족했다. 그러다 2학년이 되면서부터 치고 올라가기 시작했다. 영재라고 판명받았던 시기도 이때였다. 영어를 배우기 시작하고 2년 정도 지나면 알고 있는 지식을 영어로 표현할 수 있게 되는 셈이다. 그러면서 한국어도 계속 배우고 사용했기에 자연스레 이중언어를 구사할 수 있게 되었다.

초등학교에 들어가서는 본격적으로 영어와 한국어를 동시에 사용하며 생활했다. 영어는 부모가 가르칠 수도 없고 가르칠 필요도 없다고 생각했기에 학교 수업에 전적으로 의지했다. 또한 영어를 배우기 시작하면 꼭 책을 통해 더 공부하게 했다. 우리가 미국에 처음 왔을 때 들었던 조언은 아이들에게 재미있는 영어 애니메이션이나 텔레비전 프로그램을 자주 보여주라는 것이었다. 그러다 보면 영어가 저절로 될 것이라고 했다. 영어를 좀 더 빨리 잘하게 되었으면 하는 급한 마음이 없었다면 거짓말이지만, 작은 것을 얻으려다가 더 큰 것을 잃게 될까 봐 하던 대로 한국어로 된 책을 먼저 읽히고 점차 영어책에 관심을 가지도록 유도했다. 결국 영어도 영상물보다 책이 훨씬 효과가 있었다.

아이들이 이중언어를 구사하다 보니 지식을 두 배로 기억하게 되었고 습득한 지식을 상황에 맞게 효과적으로 사용할 수 있는 능력도 갖추게 되었다. 그만큼 두뇌가 많은 정보를 받고 인식하고 처리하는 능력이 점점 향상된 것이다. 자신의 생각을 상황에 따라 서로 다른 언어로 빠르게 전환할 수 있게 되니 의사소통 기술 또한 발전했다. 상대방이 말하는 것의 맥락 파악도 능숙해졌다. 게다가 쉽게 문제를 해결하고 다른 관점으로 상황을 인식하는 유연성도 가지게 되었다. 두 언어 사이의 전환 과정에서 생각의 범위가 넓어지고 더 효율적이고 창의적인 아이디어를 생각해낼 수 있게 된 것이다. 그렇게 초등학교 때부터 충분히 언어에 대해 배우니 자연스레 다른 언어에 대한 호기심이 생기기 시작했다.

아이들은 중학교에 진학하면서 남미 출신 친구들이 많이 생겼고 스페인어를 배울 기회도 자연스럽게 가질 수 있었다. 그렇게 물꼬를 튼 외국어 공부는 고등학교에서도 이어졌다. 가장 어려운 AP 시험에서도 고득점을 받아 구사할 수 있는 언어가 하나 더 늘었다.

둘째 혜은이의 경우 AP 수업 선생님이 큰 힘이 되었다. 그 선생님은 수업 때마다 아이들에게 "어떻게 된 게 집에서 매일 스페인어를 쓰는 너희들보다 블레싱(혜은이의 영어 이름)이 더 잘하니?"라고 말씀하셨다고 한다. 이 수업을 함께 듣는 아이들은 대부분 남미 출신으로 스페인어가 모국어이기 때문이다. 혜은이는 11학년을 마칠 때 스페인어 관련 상까지 받았다. 60%가 남미 출신 학생으로 이루어진 학교에서 스페인어로 상을 받았다는 건 혜은이에게는 큰 성취였고 이를 계기로 대학에 들어가서도 계속 공부했다.

셋째 혜성이도 언니들이 그랬듯 스페인어에 이어 프랑스어에 관심을 가지고 공부하고 있다.

대학에 가서도 새로운 언어를 배우려 시도하는 우리 아이들에게 어렸을 때 이중언어를 구사했던 게 도움이 되었는지 묻자 당연히 도움이 되었다고 말하면서 이중언어의 장점을 이렇게 설명했다.

- 문맥 속에서 단어의 뜻을 빠르게 유추할 수 있다.
- 언어를 습득하는 감이 좋다.
- 새로운 단어를 잘 기억한다.
- 글쓰기를 잘할 수 있다.
- 구사하는 언어 사이의 뉘앙스, 문법, 문장 구조, 발음의 차이점을 알 수 있다.

외국어 교육과 관련해 가장 먼저 강조하고 싶은 것은 반드시 모국어의 기반을 다져 사고력을 향상시켜야 한다는 점이다. 그렇게 만들어진 바탕 위에 다른 언어를 익히도록 해 생활 속에서 그 언어들을 모두 사용할 수 있게 유도해야 한다. 초등학교 시절에 이중언어를 구사하게 된다면 말하기, 창조적 사고, 의사소통, 인지적 능력이 더불어 발달할 수 있다.

4

인종의 용광로
미국에서
어우러져 사는 법

모든 것이 허용되고, 이해되고, 만나는 곳

아이들이 어린 시절을 보낸 켄터키주 윌모아는 미국 동남부의
전형적인 시골 도시로 주민 대부분이 크리스천이라 '거룩한 도시
(holy city)'로 불리는 조용하고 성스러운 곳이었다. 이곳의 모든 상
점은 매일 저녁 6시가 되면 문을 닫고, 일요일이 되면 술을 판매하
지 않았다. 또한 전통을 유지하기 위해 프랜차이즈 식당의 입점도
허가하지 않아서 미국 어디에서나 쉽게 볼 수 있는 맥도날드도 이
곳에서만큼은 찾아볼 수 없다. 그렇게 조용하고 평화롭고 안전한
하나의 큰 공동체로 이웃끼리 잘 도우며 함께 살아가는 곳이었다.
그런 탓에 우리 같은 외부인에게도 관대하고 환영하는 분위기를
느낄 수 있었다. 덕분에 그곳에서 지내는 동안 단 한 번도 외국인

이라며 푸대접을 받거나 무시당한다고 느껴본 적이 없었다. 지금
도 우리 가족에겐 제 2의 고향과도 같은 곳이다.

에즈베리 대학교와 에즈베리 신학교가 있어 교육도시 성격이 강
한 그곳에는 약 4,000여 명의 학생이 다녔는데 지역 주민 인구와
비슷한 규모였다. 에즈베리 신학교에는 미국 전역뿐만 아니라 전
세계에서 목회자로 훈련 받으려는 다양한 인종이 몰려들었는데 우
리 가정도 그중 하나였다. 우리 아이들은 그곳에서 다양한 문화적
배경을 가진 이들과 만나며 갖가지 세상을 경험했다. 그렇게 각기
다른 아이들이 함께 자전거를 타고 하루종일 아파트 주변에서 옹
기종기 모여서 놀았다. 우리 아이들은 한 공간에서 서로 다른 문화
와 음식을 접하고, 알아 듣지 못하는 언어를 끊임없이 들으면서 모
든 것이 허용되고, 이해되고, 만난다는 것을 자연스럽게 배울 수
있었다. 이러한 과정을 통해 아이들은 뼛속까지 글로벌화 되었다.

이렇게 살아가면서 언어는 우리의 중요한 과제였다. 모국어를
잊지 않고 지속적으로 활용하는 것도 중요하지만, 동시에 나와 다
른 이들을 이해하고 소통하기 위한 도구로 새로운 언어를 습득하
는 것 또한 중요했다. 다행히도 우리 아이들은 언어를 배우기 전부
터 이미 진심으로 다양한 세계의 사람들을 받아들이고 대화할 준
비를 했던 것 같다.

고집을 버리고 소통하며 함께 살아가다

　첫째 혜민이가 중학교에 들어갈 무렵 공부를 마친 남편이 사역지를 옮기게 되면서 우리 가족은 캘리포니아로 이사를 하게 되었다. 이 때문에 삶의 배경이 작은 시골에서 대도시로 바뀌는 큰 변화를 겪게 되었다. 캘리포니아는 훨씬 많은 이민자가 각기 다른 이유와 방법으로 모여들어 다양한 모습으로 살아가는 곳이다. 다양한 배경, 문화, 인종의 사람들이 각자의 권리를 주장하며 살아간다. 이전보다 더 다양한 사람들이 함께 살아가기에 포용과 이해가 더욱 필요했다.

　LA 인구의 절반 가까이는 남미 출신 이민자다. 이 사실을 받아들이지 않고서는 살아가기 힘들다. 이들을 무시해서는 안 되며, 소통하고 더불어 사는 방법을 터득해야 하지만 안타깝게도 많은 한국 이민자가 이 사실을 놓치고 살아간다. 그들과 같은 이민자 신세임에도 못한 사람이라고 생각하고 피하려고만 한다. 백인이 보기에는 모두 이민자이기에 사실 한인을 인정하거나 남미 출신 사람들보다 낮게 생각하는 것도 아니다. 때로는 이민자의 규모 때문에 그들의 목소리에 두려움을 갖는 것도 사실이다. 이런 현실을 깨닫지 못하는 한인들은 오히려 백인 사이에 살면서 경쟁하고 끼어 살기를 원한다.

남미 출신 이민자와 섞여 살아가는 것을 꺼리는 생각은 아이들 교육에 대한 부모의 선택을 보면 확연히 드러난다. 남미 사람이 많은 학교를 피하고 백인 위주의 학교로 옮겨가기 때문이다. 미국 공립 학교는 모든 인종을 공평하게 대우하고 동등한 기회를 제공하는 것을 원칙으로 한다. 우리 가정은 이민자이면서 소수 민족이고, 우리 같은 이민자를 대상으로 목회를 하는 저소득층 가정이었기에 이 원칙이 큰 위로가 되었고 기회로 여겨졌다. 막상 아이가 학교에 가면 만나게 되는 친구가 어떤 인종인지는 그다지 중요하지 않다. 백인이든, 동양인이든, 남미 출신이든 미국은 글로벌화된 다민족 사회이기 때문에 함께 살아가기 위한 소통만 중요할 뿐이다.

5

아이와
힘겨루기를 할 때
이것만은 지켜라

주도권은 부모가 쥔다

미국의 결혼 문화는 한국과 사뭇 다르다. 결혼의 주체는 철저하게 신랑과 신부로 양가 부모가 관여하지 않은 채 모든 준비가 진행된다. 심지어 부모조차 초대를 받아야 결혼식에 참석할 수 있을 정도다. 결혼식의 주인공은 다른 누구도 아닌 부모로부터 온전하게 독립한 두 사람이기 때문이다. 결혼에 있어 부모의 역할은 앞으로 가지게 될 모든 선택권과 주도권을 인정하면서 자녀를 축복하는 것뿐이다. 그러나 성인이 되어 독립하기까지 모든 일을 도움 없이 스스로 해낸 사람이 존재할까? 태어나면서부터 독립적으로 살아갈 능력을 가지고 있던 아이가 있었을까? 단언컨대 한 명도 없다. 인간이 태어나 처음 관계를 맺는 사람은 부모다. 그 관계의 주도권은 일단 부모에게 있다. 다만, 아이가 자라면 부모의 주도권은 점차 자녀에게 양도되고 아이가 성장을 마치면 독립함으로써 온전히 한 인간의 몫을 하는 성인이 된다.

아이가 어릴 때는 철저하게 부모가 주도권을 쥐어야 한다. 이 주도권은 자녀와의 관계에서 발생하는 어떤 일이든 그 상황을 이끌어 가는 부모의 권리를 말한다. 이는 하나님이 부모에게 주신 권위이며 사명이다. 자녀교육에서는 누가 주도권을 쥐느냐에 따라 아이들의 성장에 큰 영향을 미친다. 적어도 초등학교를 졸업하기 전까지는 부모의 주도권이 흔들려서는 안 된다. 아이가 청소년 시기에 접어들면 주도권을 조금씩 나눠준다. 그 과정에서는 아이의 의견과 의지를 반영하고 존중하며 어느 정도 타협할 수도 있다.

자녀를 양육할 때 부모라면 누구나 한 번쯤 경험하는 일이 있다. 바로 아이가 인형이나 장난감을 사달라며 막무가내로 떼를 쓰는 상황이다. 이런 상황이 되면 들쳐메고서라도 그 상황에서 벗어나야 하는지, 창피하기도 하고 달래기도 어려우니 그냥 원하는 대로 들어주어야 하는지 갈등하게 된다. 이처럼 무엇이 옳은지 정확하게 판단하기 어려운 상황을 많이 만나게 된다. 특히 아이와의 주도권 문제에서는 더 그렇다. 부모의 주도권을 전적으로 내세워 아이가 따르게 하면 너무 강압적인 것은 아닐까 고민이 되기도 한다. 때로는 아이 중심으로 생각해 아이의 의견을 최우선으로 둘 때도 있지만 나중에 돌아보면 부모가 아이에게 휘둘려서 제대로 된 훈육 타이밍을 놓치게 되는 경우가 발생하고 만다. 나를 포함한 많은 부모가 가장 고민하는 점이다.

아이의 권한을 명확하게 한다

아이가 초등학생일 때 어떻게 관계를 맺느냐에 따라 평생의 관계가 좌우되기도 한다. 앞에서 단호하게 말했듯 양육에서의 주도권은 부모가 가져야 한다. 이 결론의 근거는 인간을 어떻게 이해하느냐에 달려 있다. 소위 말하는 성선설과 성악설의 문제다. 인간은 태어날 때부터 선하다고 믿는 성선설로 보면 인간은 스스로 성장할 수 있고 자아실현도 스스로 할 수 있는 존재다. 그렇기에 모든 교육의 주체는 아이들이고 주도권도 아이들이 갖는 게 맞다. 다른 관점인 성악설은 인간은 악하게 태어난다고 보는데 기독교식으로 말하자면 원죄로 인한 악이 존재한다는 뜻이다. 따라서 이를 교육하고 훈련해 처음의 선함을 회복해야 한다.

나에게는 두 이론 중 성악설이 영향을 주었다. 천진무구하게 보이는 아이라도 태어날 때부터 갖고 있는 이기심, 질투, 반항, 거짓말 등이 아이에게 존재함을 발견하게 된다. 이런 것들은 누가 가르쳐주지 않아도 저절로 알게 되는 것들이다.

둘째 혜은이의 백일 사진을 자세히 보면 작은 아기 얼굴에 조그만 자국이 있다. 백일 사진을 찍던 날 생긴 상처다. 이 상처는 사연이 있다.

첫째 혜민이는 어려서부터 참 어른스러웠다. 4년 동안 동생 없이 혼자 지냈기에 내가 둘째를 임신한 동안 동생을 무척 기다렸다. 그래서였을까, 기다리던 동생이 태어나자 산후조리를 하는 나를 얼마나 많이 도와주었는지 모른다. 나는 처음 동생을 갖게 된 아이가 달라진 환경에서 정서적으로 불안해 하지 않도록 특별히 신경을 써서 이해시키려 애썼다. 다행히 혜민이는 동생이라는 존재를 설명하는 내 말을 잘 받아들였고 동생도 무척 예뻐했다.

그러던 중 혜은이의 백일 기념으로 롯데월드에 갔다. 당연히 혜은이가 주인공이었기에 옷도 예쁘게 차려 입혔는데 유모차에 있던 혜은이가 갑자기 울음을 터트렸다. 깜짝 놀라 살펴보니 혜민이가 혜은이의 얼굴을 할퀸 것 아닌가. 일방적이긴 했지만, 자매 사이에 벌어진 첫 다툼이었다. 늘 기대한 것보다 말을 잘 듣던 혜민이였기에 당연히 내 마음과 같을 거라 생각했지만 이는 내 착각이었다. 그날의 사건은 혜민이가 이상해서가 아니라, 아이 안에 내재된 질투를 예측하지 못한 부모의 무지 때문이었다. 그동안 잘 참고 이해한 듯 보였어도 동생이 태어난 후 질투가 쌓여 행동으로 표출된 것이다. 이처럼 사랑하는 내 아이에게도 부모가 놀랄 만한 어두운 면이 있다는 것을 인정해야만 한다.

착하고 순수하게 보이는 어린아이는 무조건 선하다고 생각하는 것은 색안경을 쓴 것과 다름없다. 그렇게 되면 '아이니까 그럴 수 있다'고 넘어가는 실수를 하게 된다. 아이에게도 악한 면이 있다는 것을 인정하고 받아들여야 한다. 또한 이런 면이 자라서 습관이 되고 성격으로 자리를 잡지 않도록 이끌어야 한다. 그렇기에 객관적인 훈육이 필요하고 때에 따라서는 벌도 필요하다. 아이가 어리더라도 잘못을 했을 때 스스로 인정하고 용서를 구하는 방법을 가르쳐야 한다. 아이가 이것을 배우지 못하면 초등학생 정도야 비교적 작은 문제일 테니 넘어갈 수 있을지 몰라도 상급 학교로 진학하면 큰 문제가 될 수 있다. 이런 이유로 아이의 나이가 어릴수록 부모가 주도권을 확실히 가지는 게 중요하다. 세 살 아이의 고집을 꺾을 수 있는 부모는 여든 살까지 자식과 좋은 관계를 유지할 수 있다.

초등학생인 아이에게 "학교에 가고 싶니? 가기 싫으니?"라고 묻는 부모를 상상할 수 없는 것처럼 부모가 꼭 가르쳐야 할 인생의 중요한 가치나 규칙에 대해서는 아이와 의논해서는 안 된다. 우리 가정의 경우 지켜야 할 중요한 가치는 신앙생활이었다. 아이에게 "오늘은 주일인데, 교회에 갈래?"라고 물으면 "네"라고 할 수도 있고 "아니요"라고 답할 수도 있다. 그러나 아이의 대답에 따라 부모의 행동이 달라지면 안 된다. 즉, 중요한 가치는 아이들의 생각이 중요한 게 아니라 부모의 생각이 중요하다는 것을 인지하게 만들어야 한다. 그렇다면 앞의 질문은 이렇게 바뀌어야 한다. "오늘은 일요일인데, 교회 갈 준비 다 했니?"라고 말이다.

우리 가정에서 주도권을 양보하지 않았던 것과 타협했던 것들을 정리해보았다.

부모가 주도권을 가진 것들
◦ 신앙생활
◦ 부모에 대한 공경
◦ 타인에 대한 예의
◦ 사회에서 지켜야 할 규범
◦ 도덕적인 약속
◦ 생활 규칙(컴퓨터 사용, 텔레비전 시청 등)

아이가 주도권을 가진 것들
◦ 놀이
◦ 친구
◦ 취미
◦ 학습

아이들은 영유아 시기를 지나 초등학생이 되면 제법 논리적인 말대꾸도 하고 잘 하던 것들을 거부하기도 하면서 자신만의 의견과 생각을 표출하기 시작한다. 나는 아이의 자율성을 인정하고 서서히 작은 것부터 스스로 선택하고 결정하도록 했다. 아이가 관심을 가지고 있는 흥미로운 놀이에는 전적으로 아이에게 주도권을 주어야 한다. 부모가 끼어들어 아이가 재미를 느끼는 놀이를 망쳐서는 안 된다. 아이에게는 동기부여가 되는 활동이기 때문이다. 아이가 스스로 하고 싶어서 하는 것이라면 놀이든, 취미든 아이들이 주체가 되어야 한다. 친구도 부모가 원하는 친구가 아니라 아이가 원하는 친구를 스스로 사귈 수 있도록 기회를 주고 지켜봐야 한다. 나는 학습에 대해서도 아이에게 주도권을 양보했다. 가기 싫다고 하는데도 억지로 학원을 보내거나 사교육을 강행하면 배움에 대한 일말의 의지조차 사라질 수 있기 때문이었다.

아빠와 엄마는
언제나
'원팀'이어야 한다

아빠는 아이의 롤 모델이다

"거울아, 거울아… 결국 나도 엄마처럼 되어 버렸네!(Mirror, mirror, on the wall I've become my mother after all!)"

선물 받아서 입고 다녔던 티셔츠에 쓰여 있던 말이다. 입고 나갈 때마다 가장 뜨거운 반응을 받았던 옷으로 이 문구는 《백설공주》에 등장하는 계모의 말을 농담처럼 풀어 쓴 것이다. 이 옷을 입은 사람들은 대부분 여자, 특히 엄마들이었다. 이 문구에 '나도 그렇다'며 공감하는 사람들 또한 여자, 특히 엄마들이었다. 나는 엄마를 따라하기 싫은데 결국 나도 그렇게 되었다는 미국식의 자조 섞인 농담이지만, 영어를 직역하는 나에게는 '아이들은 결국 엄마를 따라가지' 같은 결론으로 다가왔다.

아이들은 부모를 따라간다. 부모가 자녀에게 인생의 모델이 되는 것이다. 초등학교 때부터 인생을 닮고 싶은 롤 모델을 찾는다는 건 어려운 일이다. 만약 늘 함께하는 부모를 롤 모델로 삼아 긍정적인 부분을 배운다면 어떨까? 우리 세 아이들은 모두 아빠를 닮기 원했다. 외모부터 성격, 심지어 좋아하는 취미도 아빠가 하는 것이라면 다 따라하려 했다. 남편은 아이들의 이런 기대에 걸맞게 일관성 있는 행동을 보여주었다. 목회자인 남편은 교회에서나 집에서나 한결같은 모습을 보였다. 그렇게 남편은 아이들에게 존경의 대상이 되었다.

아이들에게 아빠는 놀이 상대가 되어주고, 집 안 구석구석의 손볼 것들을 살피며, 모르는 것을 묻는 아이와 긴 시간 대화를 나누는 사람이었다. 학교나 교회 친구들의 안부를 묻고 어떻게 지내는지 궁금해했다. 종종 야외에서 거친 운동이나 캠핑도 함께 했고, 새로운 경험 앞에서 두려움을 갖지 않도록 유머러스한 말로 안정시켜 주기도 했다. 우리 집에서 엄마는 아이들에게 단호하게 다가갔지만, 아빠는 다정한 모습으로 쉼을 제공했다. 항상 쉬었다 가라고 조언하며 천천히 가도 바른 길로만 가면 된다고, 조급해하지 않고 여유를 가지고 생각하라고 이야기해주는 역할을 했다. 온화하고 따뜻한 아빠의 성품을 자연스레 배운 아이들은 사람들과 잘 어울리고 다른 사람의 감정도 잘 살피며 분위기메이커 역할을 톡톡히 해냈다. 아빠의 양육을 경험하며 성장한 아이들은 어디서나 사회성이 좋고 얼굴이 밝다는 이야기를 듣게 되었다. 이렇게 아빠와 친밀한 딸은 자라면서 자존감이 높아지고 모험심도 생기며 남자들과 경쟁에서도 두려움이 없어진다.

부부의 의견은 늘 같아야 한다

딸들에게 다정하고 친절한 아빠였지만, 엄마와 한편인 것만은 잊지 않았다. 나는 내 나름의 방식대로 엄마 역할을 하고 남편은 그만의 방식대로 아이들을 대했지만, 아빠와 엄마는 한 팀이라는 사실은 철칙이었다. 우리는 이것을 아이들에게도 분명히 알려주었다. 아무리 친절한 아빠였어도 엄마가 정한 규칙을 피하려는 아이를 감싸주지 않았고 엄마의 권위에 대항하는 그 어떤 것도 허용하지 않았다. 우리는 서로의 권위를 손상시키는 말은 아이들 앞에서 절대 하지 않았다. 부부가 서로 비난하지 않고 항상 같은 의견, 같은 결정을 지켜나갔다.

아이에 관한 모든 결정에서 항상 의견이 일치되어야 한다는 뜻이 아니다. 의견이 다를 경우 사전에 조율한 후 아이 앞에서는 일치된 의견을 보이라는 뜻이다. 부부는 충분한 대화를 통해 자녀교육의 기본 원칙에 대한 합의를 이뤄야 한다. 부부의 의견이 달라 갈등하는 모습을 보여주면 아이는 겉으로는 알 수 없어도 스트레스를 받게 된다. 부부의 합의는 아이를 안정시킨다. 부부가 정한 자녀교육의 원칙 속에서 예, 아니오라는 정확한 신호를 줄 때 아이는 혼란을 느끼지 않는다. 부부는 같은 생각과 합의한 결정을 수행하는 권위자이기 때문에 아이 앞에서는 항상 모범을 보여야 한다. 혹시라도 부모의 부족한 점이 있다면 솔직하게 대화하는 것을 주저하지 말아야 한다. 무엇보다 아이의 성장을 최우선으로 생각하는 용기와 시간의 희생이 부부라는 한 팀에는 필요하다.

TV, 게임, 스마트폰
언제부터 어디까지
허용해야 할까

아이가 TV에 지배당하지 않게 한다

우리 부부가 주도권을 행사해 가장 많이 개입한 영역을 꼽는다면 첫 번째는 단연 TV 시청이었다. 그 외 다른 부분은 아이들에게 잘 설명하면 무리 없이 따라왔다. 하지만 유독 TV 시청에 관해서는 엄마와 끝까지 사투를 벌이려는 듯했다. 우리 아이들이 가장 지키기 힘들어했던 것이 TV에 대한 규칙이었다.

우리 가정은 주중에 TV 시청 시간을 따로 두지 않았다. 일주일에 딱 한 번 오직 토요일, 한글 공부가 끝난 뒤 2~3시간만 가능하게 정했다. 혹시 교회 일로 성도 가정에 방문하거나 모임이 생기면 아이들만 집에 두지 않았기에 그나마도 보지 못할 때가 생겼다. 간혹 다른 집에 방문했을 때 다른 아이들과 모여 TV나 비디오를 보게 되더라도 숙제나 여러 가지 할 일을 끝낸 후에 좋은 내용의 어린 이용 애니메이션 정도만 볼 수 있게 했다.

아이들에게는 수도 없이 TV가 미치는 부정적 영향에 관해 설명했지만, 엄마의 설득보다 보고 싶은 마음이 더 앞서다 보니 아이들은 내가 한 당부의 말은 기억조차 하지 못했다. 지금도 옛날에 내가 왜 TV를 보지 말라고 했는지 기억하냐고 물으면 엄마는 이유를 설명하지 않고 무조건 보지 못하게 했다고 대답하곤 한다. 기억조차 못 하는 이유가 무엇인지가 중요한 게 아니다. 엄마가 주도권을 가지고 TV의 나쁜 영향으로부터 아이들을 지켰다는 것이 더 중요하다.

물론 TV의 장점을 말하는 사람들도 있다. 특히 이민자인 우리 가정의 경우 시사적 내용을 아이들과 충분히 나눌 수 없기에 세상 돌아가는 사정을 알려면 TV를 보여주어야 한다고들 조언했다. 또한 아이들이 친구들과 소통하려면 TV가 반드시 필요하고, TV를 보지 않고서는 아이들 사이에 낄 수가 없다고도 했다. 그러나 아무리 생각해도 TV로 얻는 이득보다 잃는 게 훨씬 많았다. 경험상으로 아이들이 TV를 본 뒤에는 정서적으로 많이 예민해졌다. 자매끼리 다투는 일도 많았다. 또한 TV를 시청하고 난 뒤 책을 읽는다거나 공부하려고 할 때 몰입하기까지 시간이 오래 걸렸다. TV를 2시간 본 뒤에는 이어지는 일정이 무엇이든 간에 바로 돌입하기 어려웠다. 아이들은 최소 두어 시간은 지나야 집중력을 되찾곤 했다.

책 읽기보다 쉽고 장난감을 가지고 노는 것보다 재미있는 네모난 작은 괴물을 아이들이 스스로 자제하기는 어렵다. 부모가 절제하게 만들어야 한다. 보고 싶다는 욕구에 맞서서 끊임없이 제동을 걸고 설득하는 부모의 의지가 이 괴물을 이기는 힘이 된다. 사실 어떤 날은 너무 지쳐서 그냥 TV를 마음대로 실컷 보게 내버려두고 싶을 정도로 이 싸움은 길고도 힘들었다. 우리 아이들은 나이터울이 많이 져서 셋째까지 세 아이 모두 TV의 영향에서 벗어나기까지는 20년 넘는 시간 동안 싸워야 했다. TV는 힘겨운 상대였지만, 부모의 사랑과 확신을 이길 수는 없었다. 이때 가장 중요한 것은 부모가 솔선수범하는 것이었다. 아빠와 엄마는 TV를 보면서 아이에게는 보지 말라고 하면 설득이 되지 않는다. 우리 부부는 성인이 되어 미국에 왔기 때문에 미디어에 좀 더 노출되었다면 지금보다 영어 실력이 훨씬 나아졌을 거라는 아쉬움도 있지만, 자녀를 위한 최선의 결정이었기에 후회는 없다.

지금도 가족이 모여 어린 시절 이야기를 하면 TV와 관련된 소소한 에피소드들이 등장하곤 한다. 미국은 보호자 없이 미성년자들만 집에 남기면 안 된다. 그러나 간혹 저녁 예배라든지 새벽 예배에는 아이들을 집에 두고 가는 경우가 생겼다. 아이들이 우리 몰래 TV를 볼 수 있는 일종의 '치팅 데이'인 셈이었다. 아이들은 "우리가 몰래 TV를 봤었는데 엄마는 몰랐지? 한번은 엄마가 출발한 줄 알았는데 뭘 가지러 다시 들어오는 바람에 너무 놀라 우리는 다 같이 책 보는 척을 했었어"라며 무용담을 자랑하기도 했다. 이를 모르는 부모가 어디 있겠는가? 문을 여는 순간 들리는 우당탕 소리만으로도 몰래 TV를 보았다는 사실을 짐작하고도 남았다. 그러나 늘 모르는 척 속아주었다. 워낙 TV에 대해 엄격하게 구니 이렇게 숨통이 트이는 날도 필요하다는 생각에서였다. 또한 자주 있는 일이 아니어서이기도 했다. 이런 대화를 나누지만 아이들은 그 시절 우리의 방침에 대해서 원망하지 않았다. 우스갯소리로 자기들은 훗날 아이들 방에 CCTV를 달아 놓을 것이라고 이야기하기도 한다. 엄격한 규칙 속에 자라난 아이들이 지금은 당시의 부모를 이해하고 웃으면서 옛 이야기를 꺼내는 것 자체가 고맙기만 하다.

스스로 절제하도록 가르친다

첫째와 둘째가 초등학생일 때 아이들에게 가장 인기 있는 장난감은 게임기였다. 우리 교회만 해도 게임기를 가지고 있지 않은 아이가 거의 없었다. 특히 남자아이라면 빠질 수 없는 장난감이었다. 한국에서 미국으로 건너온 지 얼마 안 된 아이일수록 게임기는 필수 같았다. 주로 교회에서 만나면 게임기를 가지고 놀기 때문이다. 같이 노는 것만큼 유대감 형성에 효과적인 것이 없어 보였다. 집에서 교회 모임을 할 때면 아이들은 각자의 게임기를 가지고 놀았다. 우리 아이들은 게임기가 없었기 때문에 다른 아이들이 게임을 하는 모습을 바짝 붙어 앉아 신기하게 구경하기 바빴다. 이를 눈여겨보셨던 한 성도 분이 크리스마스 선물로 비싼 게임기를 선물해주셨다. 가난한 목회자 가정의 사정을 헤아려 게임기가 없는 우리 아이들에게 큰맘 먹고 선물하셨다는 걸 잘 알기에 이걸 어떻게 해야 할까 싶어 생각이 많았다. 남편과 며칠을 고민하다가 용기를 내 선물을 돌려드렸다. 진심 어린 마음과 정성이 느껴졌지만, 우리 아이들에게는 필요하지 않을 것 같아 사주지 않았던 것이라고 설명했다. 그분도 우리의 생각을 오해하지 않으셨고 아이들에게 게임기를 허락하는 것에 대한 생각을 다시 하게 되는 계기가 되었다고 했다.

이렇듯 우리 가정에서는 TV도, 게임도 마음껏 하지 못했다. 초등학교 시절부터 시작된 'NO TV, NO Game' 습관은 고등학교에 들어가서 공부할 때 큰 도움이 되었다. 바쁜 고등학교 생활에서 시간 분배와 활용을 잘할 수 있었기 때문이다. 긴 훈련을 통해 절제력이 생긴 탓이다. 어딘가에 빠져서 헤어나오지 못하거나 충동적으로 행동해 절제를 하지 못하게 되는 일은 없었다. 이는 오래 습관이 들어야 가능한 것으로 한순간에 마음먹은 대로 되지 않는다.

대학교에 가면 이전까지와는 달리 지켜야 할 교칙도 없고 자유로운 시간이 많아진다. 게다가 옆에서 잔소리하는 부모와도 떨어지게 된다. 수업에 들어가지 않아도 되고, 온종일 컴퓨터를 하고 TV를 본들 누가 뭐라고 할까? 종일 딴짓을 해도 아무도 상관하지 않는 자유가 주어지게 되는 것이다. 설사 우리 아이들이 어렸을 때 누려보지 못했던 것들이라 한풀이를 하겠다며 그런 식으로 하루를 보낸다고 해도 이미 성인이 되어 두뇌와 성격이 완성된 후에는 어떻게 할 수 없는 노릇이다. 성인이 되어서 TV를 보든 컴퓨터를 하든 큰 영향이 없다. 머리가 나빠질 것도 아니고, 책 읽는 습관이 없어질 것도 아니고, 집중력이 떨어질 것도 아니다. 대학에 가면 지금껏 통제받던 TV, 컴퓨터, 게임기, SNS를 자유롭게 누릴 수는 있지만, 결코 공부하는 데 방해가 되거나 절제력을 잃어버리지 않는다. 모든 부모가 자녀에게 바라는 모습 아닌가? 공부할 때 공부하고, 놀 때 노는 절제 있는 생활 말이다. 이런 모습은 어렸을 때부터 훈련하지 않으면 가질 수 없는 자질이다.

PART 4

가능성과 잠재력을
배가시켜라
: 중학생 시기

스마트폰을
포기한 대신 얻게 된
소중한 것들

8학년까지 기다리자

"8학년까지 기다리자(Wait until 8th)."

2019년 11월 25일자 《미주 중앙일보》의 한 기사에 눈이 번쩍 뜨였다. 무엇을 기다려야 한다는 것일까? 자세히 보니 부모들에게 자녀가 8학년(고등학교 입학을 준비하는 학년)이 될 때까지 스마트폰 사주는 것을 기다리자고 권유하는 캠페인이었다. 이것에 동의하는 부모는 캠페인 사이트에 접속해 스마트폰 사주는 것을 기다리겠다는 서약을 하도록 되어 있었다. 더 재미있었던 점은 서약에 동참한 부모 중 동일 학교의 학부모가 10명 이상이 되면 서로 누구인지 알 수 있다는 것이다. 같은 결심을 한 부모끼리 서로 알고 지내면서 이 문제를 함께 고민하자는 취지였다. 내 경우 당시 막내까지 대학에 입학한 터라 서약을 할 필요는 없었지만 순간 머릿속에 지난 세월들이 스쳐 지나갔다. 나는 혜민이부터 혜성이까지 모두 대학 입학 전까지 스마트폰을 사주지 않기로 결정해 고군분투하느라 외로웠기 때문이다. 이 기사를 보며 뒤늦게나마 동지를 만난 느낌에 가슴이 벅찼다. 당장이라도 캠페인 대표 메일로 나의 경험담을 공유하고 우리 아이들에게서 스마트폰을 주지 않기로 결정한 덕분에 얻게 된 긍정적 결과를 알려주고 싶었다.

우리 아이들이 초등학생이던 시절, TV와 게임기에 이어 아이들이 맞이한 도전은 'NO 스마트폰'이었다. 당시는 'No 컴퓨터' 원칙 아래 컴퓨터도 정해진 시간 내에 학교 숙제나 학습에 필요한 경우를 제외하고 마음껏 사용하지 못하게 하던 때였다. 이런 이야기를 하면 다들 도대체 그게 어떻게 가능했냐고 묻곤 한다. 나는 우리 아이들을 그렇게 키워왔기에 부모의 인식만 바뀌면 당연히 가능하다고 답하곤 했다. 왜냐하면 이 문제는 아이들의 문제가 아니라 부모의 문제라는 인식이 생기면 가능해진다. 예를 들어, 칼을 달라고 하는 어린 자녀에게 어떤 부모가 선뜻 칼을 내어줄 수 있겠는가? 그럼 주지 않는 이유는 무엇일까? 부모라면 누구나 어린아이에게 칼은 위험하다는 인식을 가지고 있기 때문이다. 하지만 아이가 자란 뒤에는 어떻게 하면 칼을 안전하고 용도에 맞게 사용할 수 있는지 알려주며 내어준다. 이처럼 아이에게는 스마트폰이 칼처럼 위험하다는 인식만 한다면 어떤 부모가 스마트폰을 주겠는가?

　이 캠페인을 벌인 사람들은 대부분 아이를 둔 학부모였다. 이런 모습은 전형적인 미국인의 양육 방식과는 사뭇 다르다. 미국 부모들은 어린 자녀라고 할지라도 그들의 의사와 자유를 존중하기 때문에 무엇을 강요하지 않는 편이다. 그런 것을 고려한다면 이 캠페인에 참여한 부모들은 확실히 스마트폰이 아이들에게 위험하다는 것을 확실히 인식한 사람들이다. 처음 캠페인을 시작했을 때는 불가능하다고 생각했다고 한다. 그러나 예상과는 달리 2019년 11월 말까지 미국 전역에서 2만 2,000명의 부모가 자발적으로 참여했다는 것은 놀라운 사실이다.

실리콘밸리에서는 아이에게 스마트폰을 주지 않는다

　그렇다면 미국 내에서 스마트폰의 위험성을 인식한 사람은 또 누가 있을까? 바로 IT 기업에 몸담고 첨단 기술 개발을 주도하고 있는 실리콘밸리의 성공한 개발자들이다. 그들은 이미 스마트폰이 아이들에게 치명적이라는 사실을 알고 있었다. 따라서 그들은 자녀들에게 가정에서 스마트폰 사용을 엄격히 제한한다. 컴퓨터는 물론이고 어떤 디지털 기기도 사용하지 않는 이른바 '제로 디지털'

을 추구하는 특별한 학교에 자녀를 보내기도 한다. 그 학교의 학생들은 디지털 기기를 사용하지 않고 교실 한쪽에 비치된 백과사전으로 모르는 것을 찾아보며 공부한다. 다른 학교의 아이들 대부분이 컴퓨터로 구글에 접속해 모든 정보를 검색하며 편리하게 공부하고 있는데도 말이다. 2011년 10월 23일자 《뉴욕타임스》에는 '컴퓨터를 사용하지 않는 실리콘밸리 학교(A Silicon Valley School That Doesn't Compute)'라는 제목으로 이런 방식으로 운영하고 있는 학교가 소개되었다. 이 학교의 이름은 '발도르프 학교(Waldorf School)'로 창의적 사고, 인간 교류, 주의력을 컴퓨터가 훼손한다는 이유로 디지털 기기가 없는 교육을 시행하고 있었다.

　디지털의 편리함을 모를 리 없는 실리콘밸리의 IT기업 종사자들이 왜 자녀들에게는 이를 멀리하는 교육 환경을 고집할까? 그 이유는 바로 컴퓨터와 스마트폰이 생각하는 능력을 기르는 데 방해가 되기 때문이다. 전문가의 견해를 들어보면 학습은 두뇌 앞부분에 위치한 전두엽의 활동으로 이루어진다고 한다. 컴퓨터나 전자기기를 사용하면 전두엽 활동이 저조해지는 반면 책을 읽으면 반대로 활발해진다. 학습은 책을 읽으며 정보를 수집하고 수집한 정보를 나름의 방식으로 정리해 다른 사람과 토론하는 등 의견을 나눈 뒤 글로 써서 자신의 것으로 만들 때 가장 효과적이라고 한다. 컴퓨터는 오직 정보를 제공하기만 할 뿐 그 외 나머지 과정이 일어날 수 없기 때문에 효과적인 학습이 이루어질 수 없다. 더 무서운 사실은 아이들이나 학부모가 단순히 정보를 알게 된 것을 학습의 완성이라고 착각할 수 있다는 점이다.

흔히 부모는 아이가 컴퓨터 앞에서 공부하고 있으면 학습이 되겠거니 하고 안심한다. 컴퓨터를 누구보다 잘 이해하는 실리콘밸리 사람들은 그렇지 않다는 것을 알고 있었기에 어떤 전자기기도 존재하지 않는 학교에 기꺼이 많은 돈을 내는 것이다. 그들은 백과사전과 책으로 배운 자신의 아이들이 생각하고 토론하고 쓰는 과정을 거쳐 새롭고 창의적인 아이디어를 세상에 내놓을 것이라 기대하고 있을 것이다.

요즘 들어 미국이든 한국이든 컴퓨터나 스마트폰이 아이들에게 미치는 부정적인 영향이 크다는 인식을 가진 부모가 늘어나고 있다. 또한 많은 전문가들이 이를 뒷받침하는 연구 결과도 발표하고 있기에 조금만 찾아보면 얼마든지 정확한 정보를 얻을 수 있게 되었다. 하지만 내가 첫째 혜민이를 낳았던 30년 전만 해도 이런 인식이나 관련 정보가 부족한 아날로그 시대였다. 당시는 TV의 영향으로부터 아이들을 보호하려고 노력했다. 그로부터 셋째 혜성이가 태어난 10년 후에는 컴퓨터나 스마트폰으로부터 아이들을 철저하게 보호하려고 애썼다. 그 10년 동안 세상은 많이 변했고, 그 거센 물결을 거슬러가며 교육한다는 건 무척 어려운 일이었다.

나는 혜민이가 중학교를 졸업할 때까지 핸드폰을 사주지 않았다. 우리 가정에서는 고등학교에 입학해야 핸드폰을 가질 수 있다는 원칙이 있었기 때문이다. 그런 혜민이가 가지고 있었던 유일한 전자기기는 학교 행사 때 경품으로 받은 MP3 플레이어였다. 둘째 혜은이도 언니와 같은 과정을 거쳤다. 다만 셋째 혜성이는 달랐다. 그때는 이미 세상이 많이 변해 다들 스마트폰을 사용할 때였고 회사 간 경쟁이 치열해져 계약만 해도 식구 수대로 스마트폰을 무료로 주곤 했다. 그래서 어쩔 수 없이 중학생 때 사주었지만 상대적으로 귀해진 2G 핸드폰이었다. 핸드폰 매장 직원들은 2G 핸드폰을 찾는 나를 보며 고개를 젓곤 했다. 공짜로 바로 얻을 수 있는 스마트폰을 마다하고 주문해야 받을 수 있는, 시대에 뒤떨어진 물건을 돈까지 지불하며 찾는 것을 이해하지 못하겠다는 눈치였다.

　당연히 아이들은 불편함을 호소하기도 했다. 그럼에도 나는 흔들리지 않았고 원칙을 포기하거나 타협하지 않았다. 지금 생각해도 정말 잘한 일이다. 아이들에게 스마트폰을 주지 않았던 결정은 훗날 아이들이 더 고마워한다. 다른 아이들과 달리 어려운 길을 가는 것이 불편하고 싫었을 수도 있지만, 부모의 확고한 생각을 아이들과 대화로 풀고 충분히 설득하면 결국 아이들도 수용하고 받아들이게 된다. 우리 아이들도 나의 생각과 원칙을 납득한 후에는 불협화음이 사라졌다.

더 나은 것을 선택하도록 한다

아이가 중학생 정도 되었더라도 스스로 자신을 통제하기에는 아직 이른 시기다. 하고 싶은 것을 절제하는 것은 훈련이 필요하다. 이 말은 부모의 도움이 필요하다는 것이다. 나는 절대로 아이 혼자 컴퓨터 앞에 있도록 두지 않았다. 내가 눈으로 확인할 수 있게 하기 위해 컴퓨터는 방이 아닌 열린 공간인 거실에 두었다. 가끔 학교에서 컴퓨터로 봐야 하는 전자 교과서를 주기도 했는데 그럴 때마다 꼭 책으로 따로 받을 수 있도록 학교에 신청하는 등 섬세하게 챙겼다. 또 한 가지 조언하고 싶은 것은 아이들이 잠들기 전에 부모가 먼저 잠자리에 들지 말라는 것이다. 아이들이 공부를 하거나 숙제를 마치고 잠자리에 들 때까지 함께 깨어 있어 주면 아이는 함께라는 안정감도 가질 수 있고 다른 생각을 할 여지도 가질 수 없다. 이 또한 부모의 정성이 필요한 일이다. 이런 것들이 일상처럼 익숙해지면 자기 절제 능력을 갖춘 아이로 성장할 수 있다.

부모가 각고의 노력을 기울여 아이가 어느 정도 절제력을 갖추었더라도 아이 스스로 결단하지 않고는 스마트폰 없이 살 수 없다. 부모가 강제하고 물리적으로 막는 것에는 분명히 한계가 존재한다. 아이가 스스로 결단할 수 있는 시기는 중학생 때까지라고 생각한다. 아이가 고등학교에 들어가서도 스마트폰에 대해 부모와 타협할 수 없다는 태도를 보인다면 그냥 사주는 편이 낫다. 이미 다 자란 아이에게 스스로의 결단 없이 강압적으로 막기만 하는 것은 부모와의 관계만 악화시킬 뿐이다. 강압적 통제는 얻는 것보다 잃는 게 더 많다.

부모는 아이가 초등학교와 중학교를 다니는 동안 스스로 선택할 수 있는 철학과 가치관을 형성하도록 이끄는 게 중요하다. 앞에서 소개한 '8학년까지 기다리자' 캠페인에 참여한 한 엄마는 딸에게 보낸 편지에서 "스마트폰을 선물하는 순간 너를 잃을 수도 있다는 게 가장 두려워"라고 썼다. 부모가 줄 수 있는 최고의 선물은 어린 시절을 부모와 함께 보낸 따뜻한 추억이다. 이처럼 아이에게 관계 측면으로 호소해 부모의 진심어린 마음을 전달하는 것도 좋은 방법이다. 어떤 엄마는 아들이 중학교를 졸업하기 전에 아이비리그 투어를 다녔다고 한다. 이 투어로 꿈이 생긴 아들은 스스로 스마트폰을 내려놓는 결단을 했다고 들었다. 부모와 자식의 끊임없이 대화하려는 노력과 정성이 아이 스스로 결단하도록 이끈 것이다.

스마트폰이 일상화된 세상에서 다른 방식으로 성장하면서 힘들었을 셋째 혜성이는 하버드 대학교에 지원할 때 스마트폰 없이 지냈던 시절의 이야기를 주제로 한 에세이를 제출했다. 나중에 받게 된 입학 허가서에는 에세이 속 스마트폰 이야기를 언급하며 깊은 인상을 받았다는 입학 처장의 손글씨 축하 카드가 들어 있었다.

236

2

단일성과 다양성을
모두 경험해야만
하는 이유

세상을 보는 눈이 뜨이게 한다

중학생 시기는 초등학생 때와 달리 여러 면에서 많은 변화가 생긴다. 첫째 혜민이의 경우 켄터키주 렉싱턴이라는 작은 도시에서 캘리포니아주 LA라는 큰 도시로 이사하면서 삶의 모든 것이 바뀌었다. 학교부터도 예전보다 훨씬 큰 규모에 렉싱턴과 달리 한국 학생도 많이 있었다. 그동안 배웠던 한국어도 시골에서는 써먹을 기회가 없었는데 LA에 오니 한국어만 써도 생활할 수 있겠다며 신기해했다. 같은 미국 안에서 이처럼 다른 환경을 마주하니 나도 무척 당황스러웠다. 어른도 느끼는 변화는 아이에게 더 크게 다가왔을 것이다. 켄터키주에서는 한국계 미국인을 거의 보지 못하고 살아서 자신을 이방인처럼 느꼈다는 혜민이는 학교와 교회에서 한국 아이들을 한꺼번에 만나게 되니 설레이면서도 한동안 혼란스러웠다고 했다. 다섯 살 때 미국에 온 아이가 처음 경험하는 한국인 공동체는 자신이 누구인지 깨닫게 되는 계기가 되었다.

둘째 혜은이가 중학생이 되면서 가장 크게 느낀 점을 꼽자면 타인종에 대한 인식이 생긴 것이다. 혜은이는 초등학생 때만 해도 인종이나 출신을 인식하지 못하고 그냥 다 자신과 똑같은 친구라고 생각했었다. 그러다 중학생이 되면서 친구들이 자신과 다른 다양한 배경을 갖고 있다는 것이 확연하게 느껴졌다고 했다. 혜민이가 한국인 공동체에서 느낀 단일성과 동시에 다양한 문화적 배경의 다양성에 눈뜬 시기도 중학생 때였다.

렉싱턴에서 태어나 두 살 때 LA에 온 셋째 혜성이의 중학생 시절은 언니들과 달랐다. LA에서 생활하면서 자연스럽게 미국 내 한인 커뮤니티에 속해 있었기에 언니들처럼 이방인이라는 느낌을 강하게 경험하지 않았다. 그런 배경에서 언니들보다 안정적 환경과 한인 공동체의 지지를 받으며 큰 변화와 어려움 없이 중학생이 되었다. 그런 혜성이도 특별히 크게 느꼈던 것은 학교 내에서 경험한 빈부 격차였다.

혜성이는 캘리포니아주 교육부 주관의 전과목 영재 프로그램인 매그넷을 운영하는 공립 초등학교를 다녔다. 캘리포니아주의 일반 공립 초등학교들의 학력평가지수(APR) 평균 점수는 1,000점 만점에 751점이었는데 혜성이가 다녔던 초등학교는 976점이나 되었을 만큼 학력 수준이 월등히 높은 영재 수준의 아이들이 대부분이었다. 이 학교는 쉽게 들어가기 힘든 유명 학교로 중간에 전학을 왔던 언니들은 다녀보지 못했다. 매그넷 프로그램은 아이들의 수준이 뒷받침되어야 함은 물론이고 가정의 재정적 지원과 부모의 교육 열의가 필요했기 때문이다.

반면 혜성이가 진학한 중학교는 보통 학급과 영재 학급이 혼합된 학교였다. 이 학교의 아이들은 대부분 남미에서 이민 온 히스패닉계 저소득층 가정을 배경으로 두고 있었다. 미국 공립 학교에서는 저소득층 아이들이 신청하면 점심을 무료로 제공하는데 이 학교는 신청을 받을 필요가 없었다. 신청 절차가 필요 없을 만큼 저소득층이 많았다는 뜻이다. 언니들 모두 이 중학교 출신이었는데 혜성이가 입학할 당시 이 지역에는 중산층이 다른 곳으로 많이 이주하면서 남미 출신 이민자들이 더욱 많아졌고 자연스레 아이들도 대부분 그들의 자녀들로 채워졌다. 혜성이는 이런 분위기의 중학교를 다니면서 초등학생 때와 달리 가정 형편이 어려워 부모의 돌봄을 받지 못하는 친구들을 많이 보게 되었고 가정마다 형편이 다르다는 것을 비로소 알게 되었다고 했다. 당시 우리 가정도 넉넉치 않은 형편이지만, 감사할 것이 많다는 것도 이때 느꼈다고도 했다. 혜성이는 이런 분위기에서 학교를 다니면서 이민자들의 경제적 어려움을 직접 볼 수 있었고 사회적 약자에 대해 관심을 갖기 시작했다.

단일성과 다양성을 경험하게 한다

아이들이 중학교를 다닐 즈음에는 정체성이 확립되고 다양성에 노출되면서 사회적, 경제적 구조를 어렴풋이 느끼고 경험하게 되는 중요한 시기이다. 나 자신에게서 출발해 타인을 발견하고 공동체 소속으로 삶의 영역이 확장되는 것이다. 이때 단일성과 다양성의 경험을 더 확장시키는 것이 필요하다.

단일성을 위해서는 또래 한국 아이들 공동체를 경험하게 하는 것이 필요했다. 자신과 같은 처지에 있는 아이들과 만나고 소통하면서 서로의 아픔과 어려움을 나눌 수 있었다. 다문화 사회의 소수자로서 알게 모르게 겪는 인종 차별이 분명 있을 것이기 때문이었다. 더 나아가 같은 경험을 했던 멘토를 만날 수 있다면 더욱 도움이 된다. 이렇게 단일성을 경험하면서 자신이 누구인지 알아가는 과정을 거칠 수 있다. 이처럼 중학생 시절에는 무엇보다 자기 자신을 찾는 과정을 적절히 경험하도록 부모가 도와야 한다.

단일성만큼 중요한 것은 다른 인종에 대해 이해하고 그들의 문화를 접하도록 돕는 것이었다. 아이가 집에 와 학교에서 있었던 일이나 친구들 이야기를 할 때면 부모는 '그 아이는 어디 사니?', '부모님은 무엇을 하신대?' 같은 질문을 던지며 의식하지 못한 사이 선입견과 차별이 쉽게 만들어지곤 한다. 부모가 무심코 한 말들은 알게 모르게 아이에게 영향을 준다. 이제 세상이 바뀌었다. 내 아이만 잘되는 것이 전부가 아니다. 다양한 문화와 경험을 가진 사람들과 친구가 되어야 하는 세상이다. 미국만큼 다양한 배경과 인종을 만날 수 있는 곳이 어디 있겠는가? 그 덕분에 세계 곳곳을 찾아다니지 않고도 얼마든지 다양성을 누리고 배울 수 있는 환경에 아이들을 노출 시키는 특권을 누릴 수 있었다.

부모의 선입견만 내려놓으면 아이는 다양성을 배우고 수용하면서 삶의 지경이 넓어질 수 있다. 또한 사회성이 없고 공부만 잘하는 아시안이라는 편견을 벗어날 수 있게 다양한 배경을 가진 아이들과 교제하고 소통하도록 올바른 매너를 가르치고 적절히 감정을 표현할 수 있도록 했다. 단일성과 다양성에 노출될수록 아이의 시야는 넓어지고 새로운 세상에 대한 기대가 커진다. 고등학교에 진학하기 전에 호기심을 심어주고 더 많이 도전할 수 있도록 하기 위해서는 세상을 경험할 바탕을 제공해 주는 것이 필요하다.

3.

사춘기라는
험한 산을
지혜롭게 넘는 법

사춘기를 계기로 한층 더 성장할 수 있다

아이가 초등학교 고학년이나 중학생이 될 무렵 부모가 마주하게 되는 큰 문제가 하나 있다. 바로 사춘기다. 많은 부모가 이전과는 전혀 다른 아이의 모습을 보면서 당황하곤 한다. 지금은 성인이 된 우리 세 아이들에게 중학생 때 겪었던 사춘기에 대해 물어보면 셋 모두 다른 경험과 관점을 이야기하곤 한다.

첫째 혜민이는 생리적, 신체적 변화가 기억에 남는다고 했다. 사춘기가 시작되던 중학교 입학 즈음, 때마침 대도시로 이사를 왔기에 생활의 변화와 신체적 변화가 맞물리게 되었다. 큰딸이라 그런지는 모르겠으나 혜민이는 모든 면에서 모범적이었고 한 번도 부모를 실망시킨 적 없는 듬직한 아이였다. 그렇기에 중학교 입학을 계기로 부모와 자식 간의 관계에 변화를 주기로 했다. 나는 혜민이에게 중학교 입학을 기점으로 벌이나 심한 꾸지람은 없을 것이고 보다 인격적인 관계에서 대화할 것이라고 선언했다. 사실 혜민이는 동생들보다 엄하게 대했다. 때로는 벌을 주기도 했고, 꾸지람도 들어야 했다. 그러나 중학생이 된 혜민이를 이제는 독립적인 주체로 존중하고 어른처럼 대하려고 노력했다.

혜민이는 사춘기에 접어들면서 신체적, 생리적 변화에 민감해졌다. 시골에 살 때와는 달리 외모에 좀 더 신경을 쓰고, 동성 친구와의 관계를 중요하게 생각하면서, 이성 친구에게도 관심을 보이는 듯했다. 혜민이가 초등학생 때와 달리 사춘기에 접어들면서 달라진 것 중 하나는 "너는 여자라서 안 돼", "여자는 조용히 있어야지" 같은 말을 쉽게 내뱉는 남자 아이들의 행동을 참지 못했다는 점이다. 여자를 비하하는 말을 서슴없이 하고 외모로 판단해 농담거리로 삼는 일도 많았다. 혜민이는 켄터키주 시골에 살 때 이런 유교적 생각을 한 사람들을 만나지 못했기에 그런 상황을 마주칠 때마다 화를 참을 수가 없었다고 했다. 여러 신체적, 감정적 변화를 겪는 시기였기에 이런 경험은 혜민이가 여성으로의 정체성과 능력에 대해 일찌감치 고민하게 만들었다. 그리고 보란 듯이 자신의 능력을 보여 주겠다고 다짐하게 했다. 사춘기의 변화와 경험이 도전하게 만든 셈이다.

사춘기라는 이유로 용납해서는 안 된다

둘째 혜은이는 세 아이 중 사춘기를 지나면서 가장 큰 감정 기복을 보였다. 섬세하면서 감수성이 풍부했던 혜은이는 어렸을 때부터 독립적이고 창의적이었기에 부모와 가장 많이 부딪친 아이였다. 흔히 둘째가 가지고 있다고들 말하는 특성이 고스란히 나타났다. 예를 들면 어린애 취급을 하면 곧바로 어른처럼 대해줄 것을 요구하곤 했다. 그리고 부모의 생각을 그대로 받아들인 적이 없던 혜은이는 늘 자신의 생각과 판단을 거쳐 수용하는 편이었다. 물론 나 또한 이기적인 감정과 객관적 근거가 없는 고집은 받아주지 않았다.

혜은이는 늘 늦게 잠들어 아침에 일찍 일어나지 못하는 올빼미형이다. 그러니 아침이 즐거울 리 없었다. 짜증을 내며 아침을 시작하면 결국 등교길 차 안에서도 짜증 내는 일이 잦았다. 이런 일들이 반복되자 사춘기 소녀의 반항이라 생각하면서 참고 넘어가야 하나 고민도 했다. 학교에 가는 아이의 마음을 아침부터 상하게 해서 좋을 게 무엇이겠냐는 마음도 있었다. 하지만 이런 일이 빈번해지면서 혜은이로 인해 식구들도 아침을 망치는 경우가 생기자 나는 과감하게 그런 날은 학교에 보내지 않기로 마음을 먹었다. 이유 없이 짜증을 내면서 학교에 가는 것보다 차라리 집에 있는 것이 낫겠다고 말하며 운전대를 돌려 집으로 돌아온 적도 있었다. 이건 일종의 벌이었는데, 혜은이는 누구보다 학교에 가는 것을 좋아했기 때문이다.

주위 분들에게 이런 이야기를 하면 어떻게 학교를 보내지 않을 수 있냐며 놀랐다. 하루 치 수업을 듣지 못하게 되어 혹시라도 성적에 영향을 주면 어떻게 하냐는 걱정을 하는 분도 있었다. 그렇지만 아이의 삶이 먼저인지 공부가 먼저인지를 생각하면 쉽게 답이 나온다. 학교 가는 것을 좋아하는 아이였기에 아침에 쓸데없이 짜증 내고 다른 사람의 기분을 망치는 행동을 고칠 수 있었다. 사춘기가 아이의 모든 문제를 덮을 수는 없다. 사춘기를 지나고 있으니 무조건 부모가 참아야 한다는 건 결코 좋은 해결책이 아니다.

아이의 성향에 맞춰 대응한다

사춘기는 아이 스스로 자신이 중요하다고 생각하는 것을 선택하고 가치관을 형성하는 시기다. 그렇게 되면 아이의 가치관과 부모나 다른 어른의 가치관 사이에 충돌이 생길 수도 있다. 아이들은 부모의 이율배반적 행동이나 거짓된 모습을 볼 때 반항하게 된다. 명심하자. 부모의 바른 삶이 자녀와의 갈등을 줄이는 열쇠가 된다.

부모를 신뢰하게 하고 친밀한 관계를 유지하려는 노력이 사춘기 갈등을 해결할 유일한 방법이다. 혜은이처럼 독립적인 아이에게는 억지로 대화를 시도하기보다 말을 줄이고 약간의 거리를 두는 것도 방법이다. 부모가 직접 개입하는 대신 멘토를 찾는 것도 방법이다. 혜은이의 경우 7학년을 마치고 여름에 참여한 캠프에서 만난 청년 상담가들로부터 상담과 조언을 받으면서 더욱 성장할 수 있었다고 했다. 청소년 시기에 적절한 멘토와 만나는 것은 부모보다 더 좋은 영향을 받는 계기가 될 수 있다.

내가 세 아이의 사춘기를 겪으면서 중요하게 생각하게 된 것은 아이마다 성향이 다르다는 사실을 잊지 않아야 한다는 점이다. 저마다 발달 속도는 물론이고 형성하게 되는 가치관도 다르다는 것을 깨달았다. 이렇게 아이마다 다른 만큼 부모의 대응도 달라야 한다. 어른 입장에서 뻔히 결과가 보인다고 해도 아이가 원하는 것을 무조건 반대하기보다 직접 경험해보도록 해서 그 결과를 손에 쥐어 보게 하는 것이 중요하다. 그 결과물이 부정적이고 실패한다고 할지라도 거기서 깨닫는 것을 통해 빠르게 딛고 일어서는 경험이 필요하다. 조금씩 아이에게 선택권을 주면서 자신이 원하는 결과를 얻기 위해 어떻게 해야 하는지 스스로 고민하고 최선의 방법을 찾게 해야 한다.

아이가 초등학생 때는 자유를 주다가 사춘기가 되면 엇나갈까 걱정되는 마음에 엄한 모습으로 돌변하는, 거꾸로 가는 훈육을 하는 경우도 있다. 그렇게 되면 결국 부모와 자녀 모두 혼란스러울 수밖에 없다. 아무리 힘든 시간이 닥쳐오더라도 여유를 가지고 유머를 잃지 않는 것이 중요하다. 아이를 향해 언제나 웃음을 보일 수 있는 사랑이 담긴 여유를 가져야 사춘기를 보내는 아이의 등대가 되어줄 수 있다.

4.

아이의
열정과 꿈을 지속시키는
다섯 가지 방법

아이의 숨은 가능성을 끌어내는 비밀

나는 마음속에 열정과 꿈이 꿈틀거리는 작은 거인을 만나면 저절로 흥겨워진다. 대체 어떻게 자랐길래 저렇게 빛이 날까 하는 생각이 든다. 이런 열정과 꿈을 품게 하는 동기는 과연 무엇일까? 그리고 부모는 그것을 어떻게 부여할 수 있을까?

그동안 만난 부모들로부터 "우리 아이가 도전 정신이 있으면 좋겠어요", "우리 아이가 조금만 더 적극적이라면 좋을 텐데요" 같은 고민을 많이 들었다. 이렇듯 모든 부모의 공통된 고민 중 하나는 바로 동기부여다. 모든 아이들에게는 거인이 될 자질이 이미 갖춰져 있다. 꿈을 가지고 삶의 열정을 불태울 동기만 생긴다면 그 꿈을 이룰 에너지는 저절로 만들어진다. 부모의 동기부여 목적이 단순히 공부를 잘하게 만들어 좋은 성적을 받게 한 뒤 명문 대학교에 보내겠다는 것만 아니라면 얼마든지 가능하다.

성적과 공부로 직결되는 동기부여가 아닌, 무언가를 사랑하게 만들어 열정을 갖는 동기를 마련해준다면 누구나 꿈을 이루는 거인이 될 수 있다. 그렇다면 어떻게 해야 할까? 우리 아이들의 경우 동기를 불어넣을 수 있었던 다섯 가지 방법이 있었다.

1. 자존감 높이기

우리 세 아이들은 공통점이 하나 있다. 바로 무엇이든 다 잘할 수 있는 사람이라는 자신감을 가지고 있었고 이에 대한 믿음 또한 확고했다는 점이다. 이렇듯 우리 아이들은 자신의 가치를 스스로 높게 평가했다. 만약 아이가 만사에 자신 없는 모습을 보인다면 다른 그 어떤 것보다 아이의 자존감을 높이는 것이 선행되어야 한다. 자존감을 높여줄 수 있는 가장 중요한 방법은 아이가 얼마나 소중한 사람인지 알려주는 것이다. 아이에게 이 세상에 단 하나의 존재이며 사랑받을 만한 충분한 가치가 있는 사람이라는 사실을 온전히 전달하면 된다. 자존감이 높은 아이는 무엇을 하든 긍정적인 열정을 보이게 되어 있다.

혜성이가 7학년일 때, 한번은 꼬리뼈를 다쳐 체육 시간에 운동을 하지 않도록 해달라는 의사의 소견서를 냈다. 처음에는 체육 선생님도 흔쾌히 받아들이셨지만, 문제는 한두 주가 아니라 몇 달 동안 운동하지 말라는 게 의사의 소견이었던 것이다. 혜성이는 그렇게 서너 달이 되자 체육 선생님이 자신을 의심하는 것처럼 느꼈다고 한다. 게으르다고 생각하는 것 같기도 하고 아프다는 핑계로 운동을 하지 않으려는 괘씸한 학생이라고 생각하시는 것 같다며 속상해했다.

몇 달 뒤, 치료가 끝나 드디어 체육 수업에 제대로 참여할 수 있게 되면서 혜성이는 선생님의 오해를 풀기 위해 매 시간 열심히 참여했다. 당시는 달리기 수업이 한창이었는데 그다지 성적이 좋지 못했다. 잘하는 모습을 선생님께 보이고 싶었던 혜성이는 아빠에게 도움을 청해 요령을 전수받기도 하면서 그동안 수업에 참여하지 못했던 것을 만회하기 위해 부지런히 노력했다. 시간이 지나 학기를 마칠 때쯤 혜성이는 학년 전체 학생 중 2등을 하게 되었다. 결국 아이의 진심과 노력이 선생님의 마음을 움직여 이제는 선생님이 자기를 무척 좋아한다며 만족했다. 이렇게 자신에 대한 긍정적 자존감이 있었기에 누가 시키지 않아도 그것을 증명하려고 노력했고 결국 열매를 맺은 것이다.

2. 실패의 경험

창의적인 생각을 많이 했던 혜은이는 글쓰기를 무척이나 좋아했다. 그러나 중학생 정도 나이의 아이는 자신의 재능이 어느 정도 수준인지 객관적으로 알기 어렵다. 그냥 좋아서, 재미있다는 이유로 무엇인가를 하는 나이이기 때문이다.

어느 날, 학교에서 돌아온 혜은이의 표정이 시무룩했다. 학교 도서관에서 에세이 대회를 열었는데 도서관 사서 선생님이 자신의 글만 에세이 모음집에 넣지 않았기 때문이었다. 혜은이의 말을 들어보니 열심히 써서 제출했는데 글이 뽑히지 않아 실망했고, 상을 받지 못했어도 제출된 모든 아이들의 글을 모아 책을 만들었는데 정말 이상한 건 그 어디에도 자기 글이 없었기 때문에 또 한 번 실망했던 것이다. 어떻게 된 일인지 궁금했던 혜은이는 용기를 내 도서관 사서 선생님께 물어보았더니 "copied"라는 단어가 적힌 자신의 원고를 돌려받았다고 했다. 그러면서 선생님이 "네가 쓴 건 이미 출판된 글을 베껴서 제출했다고 판단했단다"라고 말씀하시기에 아니라고 항변하였으나 믿지 않았다는 것이다.

나는 우선 마음이 상한 혜은이를 위로하면서 앞으로 어떻게 하면 좋을지 의논하기로 했다. 시간이 조금 지나자 기분이 나아진 것 같았다. 그러고는 이렇게 말하는 게 아닌가.

"엄마! 다시 생각해 보니까 내가 진짜 글을 잘 쓰긴 하나 봐. 이미 출판된 글로 오해할 만큼 잘 썼다는 뜻 아니야?"

혜은이는 자신의 글쓰기 실력이 뛰어난 것 같다며 스스로 자랑스러워했다. 한편으로는 억울한 일이기도 했지만, 다르게 생각하니 혜은이 말대로 정말 글 쓰는 일에 소질이 있다고 증명 받은 게 되었다. 이 일이 있고 난 후로는 글을 잘 쓴다는 칭찬이 공신력 있게 들렸고, 스스로도 믿을 수 있게 되었다고 했다. 실패의 경험이 결국 동기부여가 된 셈이다. 그렇게 혜은이는 글쓰기에 자신감을 가지게 되어 더 열심히 글을 쓸 수 있었다.

3. 열정을 부르는 재미

첫째 혜민이는 다섯 살 때부터 피아노를 쳤다. 물론 처음에는 아이가 원해서 시작한 건 아니었다. 피아노를 배우면 교회에서 반주를 할 수 있겠다는 내 욕심에 시작된 것이다. 아이가 어릴 때는 연습할 때 꼭 지켜봐야 했고 연습을 하기 싫어할 때는 억지로 피아노 앞에 앉혀야만 했다. 그러다 혜민이가 중학생이 되면서 태도가 달라졌다. 피아노 선생님의 말씀으로는 음악을 느끼기 시작했다고 한다. 당시 혜민이는 선생님이 소개해주는 예쁜 소리, 듣기 좋은 소리가 나는 곡들이 너무 좋았다고 했다. 그런 곡을 연주하고 싶어서 어려운 연주법을 배우는 것도 마다하지 않았다. 피아노에 재미를 느끼게 되면서 재미가 피아노 연주를 잘하고 싶다는 동기가 된 것이다.

셋째 혜성이도 재미 덕분에 동기가 부여된 일이 있었다. 한번은 학교에서 열린 과학 경시대회에서 상품으로 병아리를 받아 키우면서 병아리와 사랑에 빠졌다. 따뜻한 공간이 필요해 집 화장실 하나를 아예 병아리에게 내주었는데 냄새가 보통 심했던 게 아니었다. 혜성이는 병아리를 얼마나 좋아했는지 그 지독한 냄새조차 느끼지 못했다. 한동안 온 식구가 작은 병아리를 위해 냄새도, 시끄러운 소리도 참아 내야만 했다. 바깥에 닭장을 만들면서 냄새는 해결되었지만, 병아리 수발은 끝이 없었다. 정성껏 한 생명을 돌본 열정은 자신이 무엇을 좋아하는지 깨닫게 하기에 충분했다. 좋아서, 재미를 느껴서 하는 것은 사람을 열정적으로 만드는 동기가 된다.

4. 책임감과 격려

첫째 그리고 큰딸. 이 단어가 가진 무게처럼 혜민이에게는 늘 본의 아니게 책임감이 따라붙었다. 혜민이는 우리 부부로부터 첫째가 잘해야 동생들도 잘한다는 말을 들으면서 자랐다. 우리 부부가 일이 있어 바쁘면 동생들을 돌봐야 했다. 동생들을 향한 맏이의 책임감이 주어진 것이다. 나도 모르게 혜민이에게 많이 의지한 것도 사실이다.

혜민이가 5학년일 때는 이런 일도 있었다. 하루는 베이비시터 자격증 신청을 받는다는 광고를 본 혜민이가 서둘러 신청한 게 아닌가. 교육을 받고 자격증을 따면 동생들을 더 잘 돌볼 수 있다고 생각했던 것이다. 가족들은 자격증도 가진 언니라고 추켜세우며 책임감을 일깨웠더니 혜민이는 자연스레 집 밖에서도 좋은 행동으로 모범을 보여야겠다고 마음을 먹었다. 책임감이 바른 생활을 하게 만드는 동기가 된 것이다. 아이에게 버거웠을 수 있는 그 책임의 결과로 동생들도 언니를 롤 모델 삼아 잘 자라주었다. 때로 책임감은 부담일 수 있지만, 이것도 긍정적으로 생각하면 좋은 동기로 작용할 수 있다.

5. 생각보다 가까이 있는 롤 모델

셋째 혜성이가 중학교에 입학하게 되면서 처음으로 오픈하우스(open house) 행사에 참석했다. 오픈하우스는 학기가 본격적으로 시작되기 전에 각 과목을 담당하는 선생님이 수업 시간에 무엇을 어떻게 가르치고 어떤 프로젝트를 진행하는지 소개하는 학기 중 가장 큰 행사다. 부모님과 함께 학교 투어도 하면서 앞으로의 학교생활이 어떻게 진행될지 알 수 있어 유익했다. 영어와 역사를 가르치는 반에 들어갔을 때 선생님은 앞으로 배우게 될 내용을 설명하면서 샘플용 에세이를 보여주셨는데 이름이 낯익었다. 바로 첫째 혜민이었다. 당시 혜민이가 중학교를 졸업한 지 10년이 지났는데도 여전히 예시로 사용되고 있어서 놀라움과 기쁨을 감출 수 없었다. 선생님도 우리를 알아보시고 무척 반가워하셨다. 사실 그 누구보다 놀란 건 다름 아닌 혜성이었다. 매일 집에서 보는 언니지만 절로 존경심이 생기는지 언니를 자랑스러워했다. 자기도 언니처럼 열심히 해서 좋은 본이 되고 싶다는 열정을 갖게 된 듯했다. 이처럼 늘 가까이서 마주하는 가족을 통해서도 동기부여가 될 수 있다.

가까운 사람을 통한 동기부여는 학교에서 매일 만나는 선생님을 통해서도 가능하다.

혜민이의 경우 다른 과목은 별로 힘들이지 않고 재밌게 공부했다는데, 수학만큼은 노력이 많이 필요하다고 했다. 그러던 중 8학년 때 수학 선생님이 건넨 말을 계기로 수학에서도 자신감을 가질 수 있었다고 한다. 그 선생님은 혜민이가 수학을 잘한다고 칭찬하시면서 고등학교에 올라가면 도전이 필요한 어려운 수업을 선택해 들으라고 조언하셨다고 한다. (미국은 같은 학년이라도 수준에 따라 수업을 선택할 수 있다.) 혜민이는 선생님의 격려 덕분에 수학에 대한 두려움과 걱정을 극복할 수 있었다고 한다.

이렇게 앞에서 소개한 사례처럼 동기부여가 될 것들은 생각보다 가까이에 있다. 아이와 멀리 떨어져 있고 특별한 연이 있는 것도 아닌 유명인을 찾기보다 아이와 부모의 주변부터 둘러보자.

시작한 지 14년 된 우리 교회는 지역 내에서 활발한 청소년 활동으로 정평이 나 있다. 우리 부부가 교회를 개척할 때부터 지역 사회를 위한 교육에 중점을 두자고 생각했고 그 덕분에 교회 안에서 많은 인재가 탄생했다. 우리 세 아이들 이야기가 널리 알려져 있지만, 이외에도 여러 유명 사립 대학교나 캘리포니아 주립 대학교로 진학했다. 교회의 규모가 큰 것도 아니고, 역사가 오래된 것도 아닌데 어떻게 이런 일들이 가능했을까? 우리 교회의 아이들은 가까운 곳에서 롤 모델을 쉽게 만날 수 있었던 것이 가장 큰 이유가 아닐까 싶다. '매일 만나 밥 먹고, 예배드리고, 장난치던 선배들이 명문대에 들어가네! 그럼, 나도 갈 수 있겠는데!' 이런 생각을 하게 되기 때문이다.

목표를 이룬 사람을 가까이서 만나면서 자연스럽게 동기부여가 된다. 또한 나도 목표를 이룰 수 있겠다는 자신감도 가지기 마련이다. 그렇게 롤 모델과 접촉이 늘어나며 지속적으로 자극을 받고, 따라 하고 싶다는 욕구가 생기는 선순환이 완성된다. 부모라면 아이의 주변 환경을 섬세하게 살피면서 아이에게 긍정적 도전이 될 요소가 무엇인지, 롤 모델은 어디에 있는지 발견하는 것이 중요하다. 내 아이의 롤 모델은 생각보다 가까운 곳에 있다는 점을 명심하자.

5.

공부만 아는
우물 안 개구리로
만들지 말라

세상은 다양한 경험으로 가득하다

아이가 중학생이 되면 정규 교과 외의 활동에도 신경을 쓸 수밖에 없다. 중학생 학부모가 아니더라도 이른바 '선행'을 중요하게 생각하는 부모라면 아이가 초등학교 고학년만 되어도 무엇을 새로 시켜야 할지 고민하고 조급해한다. 내게 상담을 요청한 학부모 중에는 영재 테스트 결과를 들고 와서는 아이가 영재라는 사실이 확인되었다며 이제 무얼 어떻게 해야 하냐고 물었다. 그러면서 잘 가르친다는 학원이 있는 지역으로 이사해 토론, 코딩, 경시대회 등을 전문적으로 준비해야 하지 않겠냐고 했다. 기본적인 공부는 학교에서 할 것이고 그 외의 것들을 전문적으로 시켜보고 싶다는 게 그분의 생각이었다.

'과외 활동'이라고도 불리는 '정규 교과 이외 활동'은 학습과 관련된 교육 과정에 속한 활동이 아니라 공부와 무관한 교과 외 활동이라는 뜻이다. 공부와 무관한 활동을 하는데 꼭 학원이 필요할까? 돈을 많이 들일 필요도 없다. 이 활동은 학교 안 활동과 학교 밖 활동으로 나뉘는데 꼭 하나만 하라는 법도 없다. 꼭 선생님이 필요한 것도 아니다. 그렇다면 과외 활동은 도대체 왜 필요할까? 학업의 연장선은 아니지만, 아이의 성장에 도움이 되고 특히 주체성을 기르는 데 좋기 때문이다. 더군다나 중학생 시기는 다양한 활동을 마음껏 해볼 수 있는 마지막 시기이기도 하다.

우리 세 아이가 중학생 시기에 했던 과외 활동은 특별하다고는 말할 수 없는, 남들도 다 하는 평범한 것들이었다. 학교 안에서는 오케스트라, 도서관 주관의 독서 클럽, 리더십 프로그램 정도였다. 미국도 교육열이 높아지고 이른 시기부터 여러 가지 활동을 준비하는 추세를 보이면서 셋째 혜성이 때는 학교 안에서 할 수 있는 활동이 더 많아졌다. 그중에는 문학, 수학, 예술, 과학, 사회 분야에서 개인 또는 팀으로 각종 대회에 참가하는 '펜타슬론(Pentathlon)'이라는 클럽도 있었다. 학교 밖에서 하는 활동으로는 어려서부터 해왔던 피아노, 바이올린, 미술에 지역 사회에서 제공하는 무료 클래스 정도에 참여했다. 한번 시작한 것은 꾸준히 시켰던 덕분에 우리 아이들은 별다른 선택의 여지 없이 꾸준히 활동을 이어왔다. 그러면서 흥미를 느껴 계속한 것도 있었고 도저히 안 되겠다 싶은 것은 그만두기도 했다.

봉사도 훌륭한 스펙이 된다

다른 아이들과 달리 일찍부터 시작한 게 있다면 지역 사회를 위한 봉사였다. 이 활동은 우리 교회에서 주기적으로 진행하는 것이라 아이들도 필수로 참여했다.

한번은 지역 사회를 위한 청소년 합창단이 구성되면서 혜성이도 창단 멤버가 되었다. 사실 혜성이가 노래에 재능을 보이지 않았지만, 교회 사역을 돕기 위해 참여했다. 7학년 때 시작한 합창단 활동을 12학년 졸업할 때까지 하면서 놀라운 변화를 볼 수 있었다. 혜성이가 11학년 때쯤, 합창 연습을 위해 데려다주는 길에 하기 싫은 마음을 내색도 하지 못하고 있는 건 아닌가 싶어 문득 미안해졌다. 눈치를 보며 "오늘은 일찍 끝날 것 같아. 힘들어도 조금만 기운을 내보자!"라고 말했더니 생각지 못한 답이 돌아왔다. "아니야, 엄마. 난 지금 노래하는 게 좋아. 목소리로 하모니를 만드는 게 재미있어"라고 하는 게 아닌가. 교육을 받고 연습하는 과정에서 이렇게 마음이 변할 수 있구나 싶어 감사했다.

하루는 친구가 선물했다며 혜성이가 예쁜 머리핀을 가져왔다. 친구가 직접 만든 것을 학교에 가져와 판매한다고 했다. 또래가 선호하는 것에 맞추기 때문에 인기가 있고 잘 팔린다고도 했다. 그 친구는 정말 흥미로운 과외 활동을 주체적으로 한다는 생각에 신선한 충격을 받았다. 나는 혜성이도 좋은 자극을 받길 바라는 마음에 혹시 하고 싶은 게 무엇인지 진지하게 생각해볼 것을 권했다. 재미로, 좋아서 할 수 있는 것은 무엇이든 다 좋다고 하자 아이가 고민 끝에 선택한 것이 캘리그라피였다. 손으로 하는 것은 무엇이든 좋아하는 아이라 잘 어울린다 싶었다. 하지만 큰 문제가 있었다. 가르쳐줄 사람을 도통 찾을 수 없었다. 그렇지만 아이가 하고 싶다고 하는데 길을 터주는 것이 부모의 역할 아니던가. 결국 며칠을 수소문해 어렵사리 가르쳐줄 사람을 찾을 수 있었다. 때마침 함께 배우고 싶다는 다른 한국인을 찾아 모두 세 명이 함께 수업을 받게 되었다.

혜성이는 이후 10주 동안 정말 즐겁게 배웠다. 그렇게 기초를 익힌 뒤에는 유튜브를 보며 여러 스타일의 글씨도 섭렵했다. 또한 여름이 되면 수시로 열리는 특강도 찾아 수강하면서 새로운 기술도 늘려갔다. 아줌마들이 대부분인 곳에서 함께 수다를 떨어가며 캘리그라피를 배우는 중학생이 미국 내에 몇이나 될까? 전국 조직인 캘리그라피 협회에도 최연소 회원으로 등록하기까지 했다.

내가 남들과 다른 무언가를 갖고 있다는 건 중요한 자산이 된다. 이런 희소성은 아이를 독특하고 획일적이지 않은 아이로 만든다. 훗날 12학년이 되어 하버드에 조기 원서를 제출할 때 추가 서류로 캘리그라피를 하는 모습을 영상으로 만들어 제출했다. 하버드에 원서를 접수하는 수많은 학생 중 과연 몇 명이나 이런 차별화되는 취미 활동을 제출했을까? 아마도 거의 없을 것이다. 어쩌면 캘리그라피로는 혜성이가 유일하지 않았을까 싶다.

또 혜성이가 열정을 쏟았던 활동은 앞에서도 언급했던 장애 아동들을 위한 말 농장 봉사였다. 동물을 무척 사랑했던 혜성이에게는 구미가 당기는 과외 활동이 아닐 수 없었다. 좋아하는 동물을 가까이 볼 수 있고 좋은 일도 한다는 생각에 흔쾌히 시작했다. 더 중요한 역할을 하기 위해 지독한 냄새도 마다하지 않고 말똥을 치우는 것부터 시작해 7년 동안이나 봉사에 참여했다. 아이가 주체적으로 참여한 활동은 언젠가 다른 사람에게도 인정 받는 순간이 찾아온다.

6

자유로움 속에
마음껏 창조하는
아이로 키워라

곱게 큰 아이에게 고생을 선물하다

앞에서 우리 세 아이의 과외 활동을 보면 다른 아이들보다 은근히 많은 경험을 했다는 걸 알 수 있다. 그렇다면 어떤 활동이 아이의 성장에 가장 도움이 되었을까? 정답은 스스로 하는 자발적인 활동이었다. 주체가 되어 능동적으로 진행하는 과정에서 성장할 수 있고 결과 또한 좋다. 중학생 시기는 아이가 거인으로 성장하기 위한 가능성과 잠재력을 축적하는 시기다. 부모의 손에 이끌려 억지로 하는 활동으로는 성장할 수 없다. 좋아서, 의미를 부여해 하는 활동이 있다면 그것만으로도 거인의 가능성이 증명된 것이고 개발되는 중이라고 볼 수 있다. 울타리 안에서 마음껏 새로운 것을 만드는 능력을 갖추면 울타리 너머 험한 세상으로 나가더라도 창조적인 능력자로 살아갈 수 있다. 이 과정에서 가장 중요한 것이 바로 목표 설정이다. 나는 한인 이민 가정의 지원을 위한 비영리기관인 한미가정상담소가 주최한 '연방의회상 세미나'에 참석했을 때 자발적으로 목표를 정하는 것이 얼마나 중요한지 깊이 깨달았다.

당시 한미가정상담소는 지역 청소년들에게 연방의회상을 소개하고 지원하고 있었다. 이 세미나에서 소개된 한 학생은 활동적인 것을 좋아하지 않았고 체력도 약했지만 연방의회상을 계기로 전혀 다른 사람이 되었다고 했다. 연방의회상에 도전하면서 다양한 취미를 가지게 되었고, 고등학생이 되어서는 테니스도 시작했다고 한다. 이 덕분에 자신감을 가질 수 있었고 폭넓은 대인관계, 건강까지 얻게 되었다. 이 학생은 이런 말로 발표를 끝맺었다.

"무한한 가능성을 경험할 수 있었고, 목표를 정해 노력하면 무엇이든 할 수 있다는 자신감을 가지게 되었습니다."

1부에서 혜성이의 도전 사례로 소개했던 연방의회상은 13세부터 23세까지의 청소년을 위한 다양한 도전으로 구성된 프로그램이다. 이 프로그램은 1979년에 시작되어 40년 넘는 시간 동안 미국 청소년의 성장에 좋은 영향을 끼쳐 왔다. 사회봉사, 자기계발, 신체 단련, 탐험까지 네 영역에서 활동해야 하는데 주최측은 기본적인 틀만 제시할뿐, 모든 세부 활동은 참가자가 스스로 정해야 하고 목표 설정도 마찬가지다. 그리고 참가자는 활동 계획부터 목표 설정, 실천 내용, 이 프로그램을 통해 얻은 것은 무엇인지에 대해 에세이를 작성하도록 되어 있다. 각 영역을 24개월 이상 지속해야 금메달 수여 대상이 되는데 매년 5만 명 정도 도전하지만, 1%도 되지 않는 450명 정도만 금메달을 손에 넣는다고 한다.

나는 우리 집에서 가장 고생 없이 곱게 큰 혜성이에게 딱인 프로그램이라고 생각했다. 막내라서 늘 도와주는 사람이 있었고, 언니들처럼 앞에 나서서 무엇을 하기보다는 수동적인 성향이 강했기 때문에 더더욱 그렇게 생각했다. 일찌감치 도전을 시작하면 고등학생이 되기 전부터 주체적으로 활동하는 데 도움이 되리라 믿었다.

많은 아이들이 중학생 때부터 여러 과외 활동을 시작하지만, 계획 없이 이것저것 하다 보면 왜 그렇게 시간만 낭비했는지 후회하기 십상이다. 하지만 이 프로그램에 도전하면 목표 설정과 구체적인 계획을 실천해보고 자신의 관심 분야가 무엇인지 생각할 기회도 가질 수 있다.

도전과 성취로 훌쩍 성장한 막내

연방의회상에 도전하기로 결정한 뒤 400시간을 채워야 하는 사회봉사는 꾸준히 할 수 있도록 한국어 학교 보조, 말 농장 테라피 도우미, 캘리그라피 강의 등 혜성이의 특기를 살려 구성했다. 200시간을 채워야 하는 자기계발은 계속해서 코딩을 배우는 것으로 계획했다. 신체 단련 역시 200시간을 채워야 했는데 요가와 골프를 시작하기로 했다. 마지막 남은 탐험은 목표 설정부터 무척 어려웠고 혜성이가 특히 공을 많이 들였다. 주로 프로그램의 마지막 단계에서 수행하는 탐험은 4박 5일 동안 일상을 떠나 여행하며 새로운 경험을 쌓는 가장 자유롭고 창의적인 활동이다 보니 어떤 목표와 테마를 잡을지 여러 고민을 했다. 혜성이가 목표로 정한 것은 '대중교통을 이용한 LA 탐험'이었고 너무도 기특하게 탐험 과제까지 성공적으로 완수했다.

혜성이는 몇 년에 걸친 연방의회상 도전을 통해 정말 많이 성장했다. 물론 실패도 했고, 생각한 대로 진행되지 않아 계획을 수정하는 일도 있었다. 때로는 결과를 제대로 확인할 수 없어서 어쩔 수 없이 다시 시작한 경우도 있었지만, 결국 모든 활동을 마칠 수 있었다. 확인 서류와 에세이를 모아 워싱턴 D.C.로 보낼 때는 무척 감격스러웠다. 그렇게 몇 달이 지나, 심사 결과 금메달을 받게 되었다는 기쁜 소식을 들을 수 있었다!

금메달과 함께 받은 수상자 442명의 활동을 요약한 책자를 보니 950km를 로드트립한 아이, 캘리포니아주의 캠핑장을 순회한 아이, 캐나다로 가서 카약을 타고 탐험한 아이, 달라이 라마를 만나기 위해 히말라야에 방문한 아이 등 누구 하나 같은 주제와 목표가 없을 만큼 정말 다양했다. 창의력으로 가득한 책자를 보면서 이 아이들은 진정으로 자유를 누리며 새로운 것을 창조하는 능력자가 되고 있다는 생각을 했다.

7

부모와 아이
모두 만족스러운
방학의 비밀

잠시 공부를 놓게 한다

봄 학기가 끝나고 여름이 시작되면 아이들은 방학이라는 휴식 시간을 기대하며 설렘에 빠진다. 힘든 공부를 마치고 방학을 기다리는 것은 자연스러운 현상이다. 여름 방학을 공부로 채우고 싶다는 아이는 없을 것이다. 반면 부모는 방학 때 너무 많이 놀면 긴장이 풀어져 해이해질까 조바심을 내는 것도 사실이다. 방학에 대한 부모와 아이의 생각 차이가 너무 크면 충돌이 생길 수밖에 없다. 아무래도 부모는 방학 동안 더 자라고 성장하기를 바란다. 특별히 아이가 중학생이라면 여름 방학 때 부족한 공부를 보충하고 앞으로 진학할 고등학교를 미리 준비했으면 하는 바람을 가질 것이다. 부모의 이런 바람이 잘못된 것은 아니다. 그렇지만 방학을 학기 때와 똑같이 학업의 연장으로 생각해 공부로만 채운다면 아이들은 고등학교에 가기 전부터 답답함으로 지쳐버릴 것이다.

나도 방학이 다가오면 이 문제로 늘 고민했다. 어떤 여름 방학을 계획해야 좋을까? 방학을 기다리는 아이들의 심장을 더 뛰게 할 수 있는 것은 무엇일까? 교실이라는 한정된 공간에 갇혀 틀에 박힌 공부만 했던 아이들에게 여름 방학은 일상의 틀을 깨고 자유롭게 새로운 환경으로 뛰어드는 계기가 될 수 있다. 그렇게 해서 새로운 것에 대한 호기심을 갖고 전에 경험해보지 못한 활동을 통해 미처 몰랐던 새로운 자신을 발견할 수도 있기 때문이다. 부족한 과목을 보충하기 위해 공부를 시키는 것으로는 아이의 마음을 움직일 수 없다. 여름 활동으로 긍정적인 자극을 받게 된다면 하지 말라고 해도 아이는 스스로 공부할 것이다.

중학생 때부터 아이를 야생으로 보내 구르게 하고 스스로의 틀을 깨도록 하는 경험을 과감하게 제공한다면 의욕이 넘치는 아이로 자랄 수 있다. 이러한 중학생 때의 여름 활동이 고등학생이 되어서도 자연스럽게 연결된다면 자신만의 색깔로 채운 활동을 할 수 있다. 중학생 때부터 훈련하지 않고서는 고등학생이 되어서도 자발적인 여름 활동을 진행할 수 없다.

흔히 특별한 경험을 시키기 위해서는 많은 돈이 필요하다고 생각하는데 잘못된 생각이다. 아직 십 대인 아이들에게 얼마나 특별한 경험을 시킨다고 돈을 쓴다는 말인가. 그럴 필요는 전혀 없다. 공부가 아닌, 그 외의 활동은 모두 새로운 경험이 될 수 있다. 집을 떠나 부모 없이 생활해보는 것만으로도 충분한 일탈이 될 수 있다.

집을 떠나볼 기회를 준다

집과 부모를 떠나는 경험은 아이를 설레게 하기 충분하다. 공부에서 벗어나 자유롭게 부모의 도움 없이 자신만의 힘으로 생활해보는 것은 아이에게 의욕을 불어넣는다. 우리 세 아이가 처음으로 집을 떠나 캠프와 수련회를 떠나던 뒷모습은 지금도 생생하다. 아이들이 얼마나 좋아하던지 부모의 걱정은 신경도 쓰지 않는 모습이었다.

첫째 혜민이는 초등학교를 졸업하자마자 몇백 명이 모이는 감리교 연합 주관의 청소년 컨퍼런스에 참석했다. 당시 참석자 중 최연소였던 혜민이는 홀로 집을 떠나 생활하는 첫 번째 경험이었다. 훗날 혜민이에게 당시 기억에 대해 물으니 "엄마, 아빠 없이 혼자 떠난다는 게 그렇게 신날 수 없었다"고 답했다. 언니, 오빠들을 따라다니는 것도 재미있었고 말씀을 듣고 조별로 토론하는 것도 신났다고 회상했다. 컨퍼런스 마지막 날, 마무리하며 발표하는 시간이 있었는데 그 많은 학생이 모인 곳에서 최연소 참석자인 혜민이가 발표를 했다는 이야기를 들었다. 이 경험은 아이의 심장을 뛰게 했다. 앞으로 어떤 일에 흥미를 보일지 예측할 수 있는 사건이기도 했다.

둘째 혜은이와 셋째 혜성이도 언니와 비슷한 시기에 집을 떠나 밖에서 홀로 생활하는 것을 처음 경험했다. 이러한 아이들의 여름 활동은 고등학교와 대학교 입학 이후에도 이어졌다. 시간이 갈수록 더욱 먼 곳으로 떠났고, 새로운 경험을 좇아 다른 나라에도 가보게 되었다. 이렇게 일찌감치 아이들이 새로운 경험을 할 수 있는 환경으로 몰아넣은 이유는 그런 경험을 한 뒤 부쩍 성장하는 게 보였기 때문이다. 그러다 보니 다음 여름에는 무엇을 할지 함께 기대하게 됐다.

미국은 지역의 대학들이 중고등학생을 대상으로 여름 캠프를 해마다 연다. 우리 아이들도 이런 프로그램의 혜택을 톡톡히 보았다. 장학금 신청을 할 수 있고, 소득에 따라 참가비가 차등 부과되니 부담도 없었다. 우리 아이들은 캘리포니아 주립 대학교에서 초등학생을 대상으로 하는 'SAPESS(Summer Academic Program for Elementary School Students)'부터 중고등학생 대상인 'SAEP(Summer Academic Enrichment Program)'까지 꾸준히 참가했다. 이 캠프의 목적은 아이들의 인성 함양, 창의력 증진 그리고 용기를 불어넣는 데 있다. 아이들이 좋아하는 게 무엇인지, 어떤 분야에 관심을 갖고 있는지 처음부터 알기는 어렵다. 그렇기에 이런 캠프에서 제공하는 다양한 프로그램에 참여하면 아이의 취향과 관심 분야를 좀 더 확실히 확인할 수 있다. 그리고 실제로 선택한 프로그램을 마치면 아이 또한 자기가 무엇에 관심이 있는지, 어떤 걸 지루하게 느끼는지, 무엇을 더 배우고 싶은지 느끼게 된다. 중학교 때 하는 이런 시도는 고등학교에 가서 무엇을 해야 할지 몰라 방황하는 시간을 줄여준다.

셋째 혜성이는 조금 더 특별한 캠프에 참가할 기회가 있었다. 영재 프로그램이 있는 중학교에서는 SAT를 치르기 전에 준비하는 시험인 PSAT를 6학년 때부터 볼 수 있다. 혜성이가 이 시험에서 좋은 점수를 받자 존스홉킨스 대학교에서 운영하는 영재 교육 프로그램인 'CTY(Central for Talented Youth)'에 지원 자격이 되었고 여름 방학마다 이 캠프에 참가할 수 있었다. 6학년을 마친 후 여름 방학 때는 과학수사를 배우게 됐다. 가상의 범죄 현장에서 지문을 분석하고 증거물인 혈액 샘플을 분석하는 것은 물론 DNA 검사까지 해볼 수 있었다. 혜성이는 이 경험을 통해 과학, 특히 생물 분야에 관심을 가지기 시작했다. 8학년을 마친 후 여름 방학 때는 인간의 질병에 대해 배우면서 다양한 실험을 경험했다. 그중 가장 기억에 남는 것은 돼지 해부 실습이었다는데, 해부를 시작하기 위해 배를 가르는 순간이 가장 긴장됐다고 한다. 보통은 남학생들이 나서지만 같은 조의 남학생들이 모두 겁을 내자 결국 혜성이가 메스를 잡았다. 해부에 대해 거부감이 느껴지지 않았고 재미까지 느끼게 되면서 생물학 분야에 대한 관심을 재확인하는 소중한 시간이 되었다.

이처럼 방학 중 활동은 부모가 깊이 관여하는 것보다 아이가 부모의 품을 떠나 새로운 경험으로 채워야 주체적으로 세상을 탐험할 수 있게 된다. 우리 아이들은 이런 환경을 만들어 준 덕분인지 늘 미지의 경험에 주저하지 않을 뿐만 아니라 그런 경험을 하기 위해 미리 공부하고 계획했다. 중학생 때 하게 되는 방학 중 활동은 아이가 새로운 정체성을 확립하도록 돕고, 자신만의 특색을 보여주어야 하는 고등학생 때 든든한 바탕이 되었다.

배우고 성장해 베풀도록 키운다

미국에는 C5라는 청소년 프로그램이 있다. 조지아, 텍사스, 뉴잉글랜드, 남부 캘리포니아에서 운영되고 있는 이 프로그램은 선생님의 추천을 받은 중학생 중 잠재력을 바탕으로 소수만 선발해 리더십을 길러주고 지역 사회에 영향력을 끼칠 사람이 되도록 돕는 장학 프로그램이다. 이 프로그램은 기부자들의 후원으로 운영되어 선발된 아이들의 활동비가 전액 무료인데 특히 저소득층 학생 발굴에 중점을 둔다. 둘째 혜은이는 6학년 때 담임 선생님의 추천으로 C5 LA에 지원했는데, 사실 처음에는 어떤 프로그램인지도 몰랐다. 이후 어려운 절차를 거쳐 선발되고 보니 5년 과정으로 진행되는 장학 프로그램으로 선발되면 고등학교를 졸업할 때까지 활동할 수 있었다.

이 프로그램은 잠재력을 가진 저소득층 가정의 아이가 청소년기에 필요한 모든 것을 배우고 경험할 수 있도록 교육과 투자가 집약된, 그야말로 종합 선물 세트 같았다. 프로그램이 진행되는 5년 동안 카운슬러와 멘토들은 "너희는 리더이며, 특별한 사람"이라며 끊임없이 격려해 긍정적 마음을 갖도록 지도한다. 이 프로그램의 가장 가시적인 성과라면 선발된 아이들 대부분이 대학 진학에 성공한다는 점이다. 대학 진학률이 상당히 높은 한국 상황에서는 대학 진학이 특별하게 보이지 않을 수도 있지만, 전 세계에서 온 이민자가 사는 LA에는 저소득층이 무척 많아 대학을 경험한 사람이 한 명도 없는 가정이 많은 게 현실이다. 그렇다 보니 가족 중 처음 대학에 진학한 사람을 칭하는 '첫 대학생(The First Generation)'이라는 용어가 있을 정도다. 이런 분위기에서 성장한 아이는 설령 공부를 잘한다 해도 대학 진학에 대한 정보나 인식 부족으로 시도조차 하지 않은 채 포기하는 경우가 많다. 이 프로그램은 그런 일이 일어나지 않도록 하고 나아가 지역 공동체를 이끌 리더로 만든다.

방학 때는 집을 떠나 와이오밍주의 캠프장에서 한 달 동안 머무르게 되는데 삭막한 도시에서 자란 아이들은 학교에서 배울 수 없던 신세계를 경험하게 된다. 승마, 양궁, 암벽 등반, 래프팅 등 활동적이고 도전적인 활동은 아이들의 심장을 뛰게 만들고 무엇이든 할 수 있겠다는 자신감으로 채워준다. 이런 활동과 더불어 대학 입시와 관련한 정보는 물론이고 구체적인 안내도 받을 수 있었다. 캘리포니아주에 위치한 유명 대학교를 방문해 기숙사에서도 머무르면서 꿈을 심어주고 지속적으로 진학 상담도 해주었다.

이렇게 다양하고 풍성하게 채워진 프로그램은 한 아이 당 1~2만 달러는 족히 투입되는데 이렇게 선의의 지원 속에 성장한 아이들은 지역 사회를 위해 봉사하겠다는 마음이 절로 생길 수밖에 없다. 혜은이도 이 혜택을 받을 수 있어 감사한 마음에 누구보다 열심히 프로그램을 알리곤 했다.

혜은이의 C5 홍보 대상에는 셋째 혜성이도 있었다. 혜은이가 여름 캠프를 다녀와 실감 나는 체험담 보따리를 풀어놓자 혜성이는 자기도 꼭 C5에 가야겠다며 다짐을 했다. 혜은이 경험은 동생의 마음을 사로잡기에 충분했던 것이다. 하지만 C5 도전을 위해서는 한 가지 큰 결단이 필요했다.

당시 혜성이가 다녔던 초등학교는 영재 프로그램을 운영하는 학교였다. 그 학교 졸업생 대부분은 영재 프로그램을 운영하는 중학교에 진학했는데 그 학교에 가게 되면 C5 프로그램은 지원할 수 없었다. C5를 지원할 수 있는 중학교가 따로 있었기 때문이다. 친한 친구들과 함께 중학교를 다니자니 C5를 포기해야 했고, C5 프로그램을 선택하자니 저소득층이나 이민자가 많이 다니는, 다소 환경이 열악한 중학교를 선택해야 했다. 나는 결국 혜성이에게 선택권을 주기로 했다. 고민을 거듭하던 혜성이는 결국 C5를 선택했다. 예상했던 대로 혜성이의 친구들은 아쉽지만 단 한 명도 혜성이가 진학하게 된 중학교를 선택하지 않았다.

C5를 선택한 혜성이는 선생님 추천을 받기 위해 학교생활에 무척 충실했다. 공부도 열심히 했지만 평소 생활에서 모범이 되고자 애썼고 궂은일도 마다하지 않았다. 결국 혜성이의 노력과 진심이 결실을 보았고 언니를 따라 C5에 참가하게 되었다.

혜은이와 혜성이처럼 저소득층 학생이 C5 프로그램을 통해 교육을 받고 하버드 대학교에 진학했다는 소식은 많은 사람들을 놀라게 했고 화제가 되었다. 이 소식을 들은 한 재력가는 혜성이가 하버드의 학비를 어떻게 마련할 것인지, 보스턴까지 이동 비용은 어떻게 감당할 것인지 등 재정 문제와 관련한 사항을 궁금해하며 도움을 주고 싶어했다. 이 소식을 들은 혜성이와 C5 프로그램 관계자는 함께 C5를 이수한 아이 중 대학에 합격했는데도 형편이 더 어려워 곤란한 경우가 많다고 이야기했다. 그러자 혜성이 개인을 향했던 그 재력가의 관심은 프로그램 전체로 넓어져 500만 달러, 그러니까 50억 원이 넘는 돈을 C5 프로그램에 기부하는 결정으로 이어졌다. 그 덕분에 혜성이와 함께 C5 프로그램을 졸업한 아이들은 4,000달러에서 2만 달러까지 이전에는 없었던 장학금을 받을 수 있었다. 혜성이는 가정 소득에 따른 재정 보조 덕분에 학비 지원을 이미 받았던 터라 함께 보스턴을 다녀오는 데 사용할 경비만 장학금으로 받았다.

자신이 받은 혜택을 더 많은 사람에게 소개하려 부단히 애쓴 혜은이와 자신에게 온 기회를 독차지하지 않고 기꺼이 나누기로 결정한 혜성이의 귀한 마음이 더해져 만들어낸 성과였다. 아이들은 그렇게 C5를 통해 성장해 지역 사회로 돌려주는 거인으로 자라고 있었다.

PART 5

세상을 변화시키고
이끄는 리더로 키워라
: 고등학생 시기

첫째 혜민이 이야기 :
스스로 길을
개척해나간 아이

꿈을 향해 치밀한 전략과 전술을 세운다

　탈무드 속담에는 "물고기 한 마리를 잡아주면 하루를 살게 할 수 있지만, 물고기 잡는 방법을 가르치면 평생 먹고 살게 할 수 있다"는 말이 있다. 나는 혜민이에게는 물고기 잡는 방법을 가르쳐주었다. 아이가 어렸을 때부터 내가 누구인지, 어떻게 꿈을 찾는지, 무엇을 해야 하는지 같은 질문을 던지며 함께 고민했다. 고등학생이 된 혜민이는 이제 물고기를 낚아 본인의 것으로 만드는 일만 남아 있었다.

　중학생일 때 자신의 가능성과 잠재력을 키운 혜민이는 고등학생이 되면서 그 가능성과 잠재력을 구체화하는 작업을 시작했다. 꿈을 이루기 위한 구체적 계획이 필요했기 때문이다. 혜민이는 대학에서 국제학을 전공해 졸업 후 UN 같은 국제 기구에 들어가 분쟁

현장에서 일하고 싶다는 꿈을 밝혔다. 이렇게 세운 목표를 이루기 위해서는 중학생 때와 달리 철저한 전략과 전술이 필요했다. 당시 나는 대학 입시를 처음 치러보는 엄마였다. 미국 문화도 서툰데 대학 진학과 관련한 정보와 노하우는 전혀 가지고 있지 않은 거나 다름없었다. 게다가 개척한 교회의 사역에 몰두할 때여서 혜민이는 부모의 도움을 기대하기 어렵다는 것을 누구보다 잘 알았을 것이다.

혜민이는 자신의 꿈과 목표를 이루기 위해 무엇이든 스스로 해야 한다는 생각을 했던 것 같다. 고등학교에 들어가는 과정의 첫 과제는 학교를 정하는 문제였다. 혜민이는 본인이 갈 수 있는 학교 목록을 정한 뒤 각 학교 웹사이트에 들어가 최대한 정보를 확보했다. 나는 학교 소개 행사에 최대한 데려다주고, 학교 관계자의 설명도 듣고, 궁금한 것도 물으면서 학교에 대해 알아가기 시작했다. 그렇게 어느 정도 조사가 끝나자 혜민이는 우리 부부에게 가고 싶은 학교에 대해 브리핑을 했다. 혜민이는 인문학을 강조하는 매그넷 프로그램을 운영하는 클리브랜드 고등학교를 원한다며 배우고 싶은 공부를 할 수 있는 프로그램이라고 설명했다. 다른 여러 선택지도 있었지만, 친구 따라 강남 가는 것도 아니고 공부 커리큘럼을 보고 가고 싶다고 하니 반대할 이유가 없었다.

사실 주변 학부모에게 그 학교에 대해 물으니 "선생님들이 너무 자유분방해요", "철학 수업 때문에 신앙에 안 좋은 영향을 받겠더라고요", "수업이 너무 어려워 좋은 점수를 받기 힘들대요" 같은 부정적 평가만 들었던 터였다. 그렇더라도 선생님이 자유분방하다는 것은 학문의 자유가 보장되어 있다는 것으로 들렸고, 철학 수업에 흔들릴 신앙 수준이라면 집을 떠나 대학에 가기 전 부모 밑에 있을 때 흔들리는 게 낫지 않을까 싶었고, 수업이 어렵다고 미리 포기하는 건 아니라는 결론을 내렸다. 풍문으로 떠도는 이야기보다 아이 스스로 알아낸 자료가 훨씬 더 설득력이 있다고 믿었다. 그렇게 흔쾌히 혜민이의 의견을 존중해 클리브랜드 고등학교를 선택하게 되었다. 나중에서야 깨달았지만, 이 결정은 정말로 아이의 인생을 바꿀 중요한 결정이었다.

어떤 고등학교를 선택하느냐는 진학할 대학이 달라질 수 있는 가장 중요한 문제다. 정말 신중하게 아이에게 맞는 학교를 골라야 했다. 그러기 위해서는 아이의 성향과 관심을 파악하는 것이 첫 번째였다.

자기 관리는 누가 대신해주지 않는다

혜민이의 고등학교 생활은 활기가 넘치고 재미있어 보였다. 학교를 좋아하고 선생님을 잘 따르니 성적도 자연스럽게 잘 나왔다.

목표한 대학에 들어가기 위해서는 성적 말고도 교내 활동도 알아서 찾아야 했다. 토론 클럽, 학생 자치회, 학교 신문사, 아시안 클럽 등 학내 활동에 오케스트라, 교회 청소년 활동, 홈리스 아동 지도 등 다양한 외부 활동도 소화했다. 이것만으로도 바빴을 텐데 운전까지 배워 동생들을 태우고 등하교도 알아서 했다. 거기에 한 주에 두 번씩 태권도 도장에서 초등학생을 가르치는 아르바이트로 돈도 벌었다.

혜민이는 이 많은 활동을 하면서도 늘 밤 10시에서 10시 반 사이가 되면 어김없이 잠자리에 들었다. 어떻게 가능한지 나도 궁금했다. 알고 보니 혜민이는 시간 관리의 고수였다. 자기는 중학생 때 배운 건 한정된 시간을 쪼개고, 관리하고, 공부하는 방법이라고 말했다. 한마디로 자기 관리법을 깨우친 것이다.

다음은 혜민이가 실천했던 시간 관리법으로 이것을 실천한 덕분에 목표를 달성할 때 큰 도움을 받았다고 했다.

◦ 중요한 일정은 잘 보이게 표시한다(시험, 프로젝트 마감, 과목별 과제 등).
◦ 중요한 일정을 중심으로 시간 계획을 세운다(영어 중간 고사가 5일이면 4일에는 전체 복습과 모의 시험을, 3일에는 8~10단원 복습, 2일에는 7~9단원 복습을 하는 방식으로 적절히 분산한다).

◦ 시험공부 양과 범위 파악을 빨리 끝내 분배한다. 단, 공부 외 다른 활동을 고려해 공부 시간을 조율한다(피아노 연습이 필요하다면 연습 전날 공부할 양을 늘리고, 피아노 연습을 하는 날은 공부 양을 줄여 시간을 확보한다).

◦ 벼락치기는 금물이다(혜민이는 지금도 이 원칙을 고수하고 있다).

◦ 매일의 정해진 스케줄은 꼭 완료한다.

◦ 돌발 상황이 벌어져도 계획한 시간을 지킨다(간혹 부모님이나 친구들이 다른 활동을 제안해도 할 일을 못 했다면 과감하게 포기한다).

혜민이는 중학생 때 일찌감치 원하는 전공을 조사하면서 목표 대학도 찾아보았는데 그 학교들의 입학률이 10%도 채 되지 않아 대학 입학이 이렇게 힘들다는 현실에 충격을 받았다고 한다. 당시 하버드는 생각하지 못했고 대신 조지타운, 윌리엄스, 앰허스트, 스와스모어 대학교에 관심을 갖고 있었는데도 예상보다 낮은 합격률에 놀란 것이다. 대신 그 덕분에 대학 진학과 관련한 현실 판단을 빨리 할 수 있었다. 고등학생이 되어 선배들이 진학한 대학을 알아보니 사립 대학교는 거의 없었다며 그만큼 문이 좁다는 것을 더욱 실감했다고 했다. 실제로 혜민이가 하버드에 들어간 건 클리브랜드 고등학교에서는 6년 만의 일이었다. 이처럼 아이가 스스로 현실을 빨리 인식할수록 대학 진학을 위한 계획과 전략을 미리, 좀 더 구체적으로 세울 수 있게 된다.

혜민이처럼 공립 학교에 다니는 아이들은 카운슬러와 한 학기에 한 번씩 정기 상담을 했다. 그 외에는 필요할 때 신청이 필요했다. 사실 혜민이는 상담을 하고 나면 늘 아쉬워했다. 성적이 좋고 선생님 사이에서 평판도 좋으면서 학업 외 활동도 잘하고 있으니 늘 괜찮다고, 잘하고 있다고 말씀해주신다는 게 그 이유였다. 카운슬러 입장에서야 기본적인 것을 잘하고 있으니 문제가 없다고 생각하셨지만 자신은 이 정도로 충분한지 늘 의심했다고 했다. 선배들의 사립 대학교 진학률이 높지 않고, 상위권 대학의 낮은 합격률을 이미 알고 있던 터라 원하는 학교에 진학하기에 부족한 점이 분명 존재할 거라고 생각했기 때문이다. 공립 학교의 상담 선생님은 많은 학생을 담당하기에 기본적 수준의 진학 지도를 할 수 있을 뿐, 개인의 목표와 상황까지 맞춰 지도하는 것은 한계가 있었다. 곁에서 지켜보는 나로서는 어린 나이임에도 빠르게 알아차리고 원하는 대학을 가기 위해 더 갖춰야 할 것을 찾으려는 모습이 기특하면서도 안쓰러웠다. 그럼에도 나는 혜민이에게 큰 도움이 되지는 못했던 게 사실이다. 대신 고민을 들어주고 대화하면서 지금처럼 열심히 하다 보면 분명 좋은 결과가 있을 거라고 격려했다.

혜민이는 고학년이 될수록 더욱 열심히 필요한 부분을 찾으면서 학교 내에서든, 밖에서든 할 수 있는 것들을 하나씩 해냈다. 결과적으로 혜민이의 철저한 시간 관리, 자기 관리, 대학 진학에 대한 빠른 현실 인식, 학교 안팎에서 할 수 있는 활동을 계획하고 실천했던 것이 목표를 달성한 비결이었다.

리더십을 펼칠 기회를 찾는다

혜민이의 리더십은 고등학교에 들어가서 빛을 발했다. 어려서부터 다른 사람과 어울리는 것을 좋아하고 대화를 즐겼던 혜민이였지만, 학교에서 어떻게 해야 리더십을 키울 수 있을지 고민이 많았다. 리더라는 것이 되고 싶다고 될 수 있는 것은 아니기에 결국 혜민이에게 맡길 수밖에 없었다. 다행히 예상했던 대로 혜민이는 친구들과 잘 지냈다. 중학생 때부터 여러 인종의 친구들과 어울려 잘 지냈던 것이 고등학교에서도 도움이 되었다. 매그닛 프로그램에 관심을 보이고 배우는 것에 흥미를 가지니 선생님들과도 자연스럽게 가까워졌다.

원했던 토론 클럽에 들어간 후 다른 사람 앞에 나서서 이야기하는 능력이 날로 발전했고 논리적 설득과 문제 해결 능력도 키워갔다. 이 클럽에서의 활동은 리더가 되기 위한 기본 자질을 갖추게 했고 새로운 것에 도전하는 용기도 주었다. 11학년 때는 클럽의 회장이 되면서 학교 대표로 팀을 꾸려 대회에 출전도 하면서 더 큰 책임감을 갖게 되었다. 혜민이는 그렇게 학교생활에 충실하면서 리더십을 차근차근 발전시키고 있었다.

12학년이 되자 이제까지 다져온 리더십이 학교를 위해 발휘될 기회가 찾아왔다. 당시 학교에는 '나이츠 앤드 레이디'(Knights & Ladies)라는 학생 봉사 자치 그룹이 있었는데 12학년 학생 중 일정 수준 이상의 성적이 되면 인터뷰를 통해 가입할 수 있었다. 이 그룹의 회원이 된다는 것은 학교를 대표하는 것과 마찬가지여서 자부심을 가질 만했다. 이렇게 어려운 과정을 통해 구성된 아이들은 추천과 투표를 통해 자신들의 리더를 선출한다. 혜민이의 경우 동양인인 데다 여자였기에 결코 유리한 조건이 아니었다. 그렇지만 그동안 학교생활을 통해 아이들 사이에서 인정을 받고 있던 혜민이는 그룹의 회장으로 추천을 받았고, 투표를 거쳐 결국 회장이 되었다. 회장이 된 혜민이는 아이들과 선생님들의 기대에 부응하기 위해 학교의 크고 작은 행사에서 열심을 다해 봉사하면서 학교 이미지에 누가 되지 않게 리더십을 펼쳐나갔다.

고등학생 때 리더십을 발휘하는 것은 대학이 원하는 자질 중 하나이다 보니 부모라면 아이가 학교에서 자리 하나쯤 가져야 좋은 대학에 진학할 수 있다고 생각하고는 한다. 리더십이라고 하면 흔히 어떤 조직의 회장 같은 직책을 떠올리기 때문이다. 사실 학생회나 클럽 등에서 열심히 활동을 하다 보면 자연스레 회장 같은 리더십을 가질 수도 있다. 그렇지만 직책뿐인 리더십은 인정을 받지 못한다. 형식적인 리더십은 영향력을 줄 수 없고, 배울 수 있는 것도 없다. 그렇기에 각 대학에서는 실질적으로 영향을 끼치는 리더였는지, 아니면 자리만 차지했던 리더였는지 검증하기 위해 많은 노력을 기울인다. 돌아보면 하버드 대학교에서는 혜민이의 리더십을 높이 평가하고 진정성을 알아보았기에 합격이라는 선물을 주었다고 생각한다.

사회의 일원으로 살아갈 연습을 한다

혜민이가 10학년을 마칠 때쯤 한 가지 큰 고민거리가 생겼다. 자신이 목표로 한 전공을 하기 위해서 다가오는 여름 방학에 인턴십을 꼭 하고 싶다며 도와달라고 했기 때문이다. 학교의 상담실을 수시로 드나들면서 혹시라도 인턴십 기회가 있는지 빠짐없이 점검해야 했고, 선생님의 자문도 구해야 했다. 미국에서는 보통 부모의 인맥을 최대한 동원해 인턴십 자리를 찾곤 한다. 친구, 지인, 심지어 할아버지와 할머니의 인맥까지도 풀 가동한다. 나 같은 이민자는 인맥이 빈약하고 그나마 그 인맥도 한국인으로 제한되어 있기에 너무 힘들었다. 더군다나 인턴십은 관심 분야나 미래 계획에 맞춰야 하기에 더욱 어려웠다. 국제학을 전공할 계획을 가졌던 혜민이는 정치인 사무실, 정부 기관, 사회단체 쪽에서 인턴십 경험을 원했지만 관련 인맥이 전무한 고등학생에게 기회는 오지 않았다. 부모로서 제대로 도와줄 수 없다는 생각에 너무 안타까웠다. 그러던 어느 날, 혜민이가 흥분한 목소리로 나를 찾았다.

"엄마, 인턴십 자리를 찾았어. 내가 찾던, 나에게 꼭 맞는 인턴십이야!"

혜민이는 이렇게 말하며 뛸 듯이 기뻐했다. 자세히 이야기를 들어보니 UCLA의 IDEA(UCLA's Institute for Democracy, Education, and Access)라는 기관에서 고등학생 대상 여름 세미나를 위해 청소년 리서치를 할 인턴십으로 고등학생 30명을 선발하는 것이었다. 이 기관은 교육에 만연한 인종 및 사회적 계급 불평등을 연구하고 해결 방안을 고민하는 곳으로 혜민이는 공고를 보는 순간 나를 위한 기회라는 확신을 가졌다고 했다. 인턴십 활동으로 리서치할 주제는 '고등학생이 학교 안팎에서 정치적 의견을 표출할 기회에 대한 연구'였다. 학생 인턴십 활동을 통해 정리된 결과는 관련 분야의 저널에 발표되는 것은 물론이고 CNN, NPR을 포함한 매체에서도 다룬다고도 했다. 인턴십 활동의 결과물이 정치권에 전달되어 반영되고, 도시를 바꿀 수도 있다는 것을 가까이서 경험할 수 있는 큰 기회였기에 혜민이가 이른바 대어를 낚았다는 생각에 나도 너무 기뻤다.

인턴십에 최종 선발된 혜민이는 여름 방학 때 5주 동안은 매일 UCLA로 출근해 주제에 대해 연구하고 강의도 들으면서 LA의 청소년들, 시청과 경찰 관계자, 교육국 당담자 등을 만나 직접 인터뷰도 진행했다. 여름 방학 이후에도 이 프로그램은 1년 동안 계속 진행되었고 LA 시장을 비롯해 정치인, 교수, 교육 전문가, 교육국 임원, 학부모 등이 참석하는 연구 결과 발표 프레젠테이션 자리에도 설 수 있었다. 혜민이는 그 자리에서 열악한 주거와 교육 환경, 각종 범죄와 마약에 노출된 어려운 환경에서 살아가던 또래를 인터뷰한 내용을 발표했다. 혜민이는 눈물을 글썽거리기도 하면서 마치 자신의 아픔을 말하듯 그 아이들의 경험을 대변했고, 기대와 소망의 목소리를 전했다. "그들에게도 기회를 주어야 합니다. 그 기회가 그들의 삶과 미래를 바꿀 수 있습니다"라고 호소하며 마무리한 발표는 감동 그 자체였다. 시장을 비롯해 프레젠테이션에 참석한 사람들은 대부분 조용히 흐느끼고 있었다.

혜민이는 이 인턴십 덕분에 정치학에 더욱 깊이 관심을 갖게 되었고 사회 문제를 예민하고 깊게 바라보는 안목을 갖게 되었다. 이처럼 방학을 이용해 참가하는 다양한 프로그램은 아이들에게 큰 영향을 준다. 부모는 아이의 미래에 필요하고 유익한 프로그램을 찾기 위해 관심을 갖고 노력해야 한다.

나의 미래는 스스로 개척한다

대학교에 지원하고 성인이 되어 새로운 세계로 나아가는 것은 아이들에게 낯설고 막연하게 다가오기 마련이다. 먼저 경험한 사람이 가까이에 있다면 훨씬 나은 상태에서 시작할 수 있지만 혜민이는 오롯이 혼자 해야 했다. 우리 부부도 미국에서 학부 생활을 한 게 아니었고 이곳의 시스템을 모르니 대체 어디서부터 시작하고 어떻게 도와야 할지 막막하기만 했다. 사실 처음에는 아이의 학교에서 알아서 원서를 넣도록 해줄 거라 생각했다. 하지만 미국에는 대학교가 워낙 많은 데다 학생들이 원하는 것도 다양하다 보니 학교에서도 구체적으로 도움을 요청하는 학생이 찾아오면 진학 정보를 제공하고 조언하는 방식으로 운영했다. 당시만 해도 나는 미국에 그렇게 많은 대학교가 있는 줄도 몰랐다. 결국 학생의 노력 정도와 적극성에 따라 정보를 얻을 수도, 모르고 지나갈 수도 있었다. 설사 모르고 지나갔더라도 점검해주고 열심을 내도록 강요하지는 않는다. 전적으로 학생의 의지에 달린 일이다.

나처럼 학교에서 일일이 가르쳐주고 챙겨줄 것이라고 생각하면

낭패를 당하게 된다. 아이가 모범생이고 공부도 잘하니 선생님이 알아서 해줄 것이라고 기다려서도 안 된다. 사실 미국 공립 고등학교의 주 목표는 학생을 잘 졸업시켜 성실한 시민으로 만드는 것이다. 자녀가 공립 학교를 다닌다면 대학 진학을 학교에서 잘 지도해 줄 거라고 믿고 있으면 안 된다. 미국에서 대학에 진학하는 문제는 전적으로 학생 개인의 선택이고 결정이다. 본인 스스로 알고 찾고 두드려야 길이 열린다. 고맙게도 혜민이는 어느 대학에 어떻게 지원해야 할지 스스로 노력하면서 대학이라는 물고기를 낚기 위해 부단히 노력했다.

관심 분야가 정해지면 그에 맞춰 해야 할 활동을 찾기 쉬워지고 전체적인 윤곽이 빠르게 잡힌다. 자신이 하고 싶은 관심 분야를 일찌감치 정했던 혜민이는 11학년을 마친 여름부터 그 분야에 맞는 대학교들을 분석하고 지원하려는 대학교의 목록을 뽑았다. 사립 대학교 13곳, 주립 대학교 3곳이었다. 지원서는 주로 사립 대학교 지원 시 사용하는 공통 지원서(Common Application)와 UC(University of California) 지원서를 동시에 준비했다. 공통 지원서에는 기본 인적사항, 가족, 성적, 활동, 에세이 등의 항목에 경우에 따라 이력서를 첨부한다. 여기에 더해 연방 학자금 보조 신청서(FAFSA)와 사립 대학교에서 요구하는 학비 보조 신청서(CSS Profile)도 학생이 제출해야 한다. 대학마다 요구하는 에세이도 2~3개 정도씩 되었는데 모두 합하면 못해도 20~30개의 에세이를 준비해야 했다. 각 학교에 대한 정보와 조사 없이는 에세이를 잘 쓸 수 없는 데다 첫 입시이다 보니 전문가의 도움을 받아야 하나 걱정했지만 기특하게도 혜민이는 직접 알아보면서 잘 해냈다.

이렇게 혜민이가 고생한 끝에 합격한 곳은 하버드, 브라운, 앰허스트, 윌리엄스, 노스웨스턴, 스와스모어, 스크립스, 포모나, UC버클리, UCLA, UCSD였고 웨이팅 리스트에 오른 대학교는 프린스턴, 컬럼비아, 예일 대학교였다. 스탠퍼드, 펜실베이니아 대학교는 아쉽게 불합격했다. 다행히 지원한 대부분의 대학교에서 합격 통지를 받자 각 대학교에서는 러브콜을 보내기 시작했다.

입시를 치르며 이런 것들을 배웠다

혜민이와 첫 대학 입시를 준비하면서 나 또한 다양한 대학교를 알게 되었고 지원 과정도 익힐 수 있었다. 첫째와의 이 소중한 경험 덕분에 동생들도 복잡하고 많은 일들을 스스로 잘 해낼 수 있었다. 혜민이의 대학교 진학 과정을 곁에서 보면서 몇 가지 느낀 것이 있다. 첫째, 대학교에서는 학생들의 지원서를 통해 이 학교에 맞는 사람인지 신중하게 검토하고 찾는다는 점이다. 둘째, 진심을 담은 지원서가 통했다는 점이다. 사실 혜민이가 제출한 원서는 멋있고 잘 다듬어진 것은 아니었지만 그동안의 부단한 노력의 흔적이 보이는 진정성 있는 사람으로 보였을 것이다. 선생님들의 추천서가 이러한 사실을 뒷받침해주며 큰 역할을 했을 것이라고 믿는다. 셋째, 입시가 점점 어려워지면서 조기 전형(Early Admission)의 활용이 중요하다는 것을 깨달았다. 혜민이의 동생들은 언니의 경험을 바탕으로 모두 조기 전형에서 합격했기에 많은 학교에 지원하지 않았다. 하지만 혜민이가 입시를 준비할 당시 하버드는 조기 전형을 실시하지 않았다. 만약 당시 하버드가 조기 전형을 실시하고 있었다면 감히 지원할 용기를 내지 못했을 것이고, 아마 다른 학교의 조기 전형에 지원해 합격하지 않았을까 싶다. 그랬다면 하버드에 합격하는 기쁨을 누려볼 기회조차 가지지 못했을 것이고 첫째의 합격에 용기를 얻은 동생들의 하버드 도전과 성공도 보지 못했을지도 모른다.

입시와 관련해 또 한 가지 중요한 것은 전공과 관련한 것이다. 대학에서 전공을 정하면 그 전공으로 졸업해야 하는 것으로 알고 있는 분들이 생각보다 많다. 대학 입학 전에 생각한 전공이 생각한 것과는 다르거나 공부하다 보니 적성과 맞지 않을 수도 있다. 만약 그렇다면 전과를 하면 된다. 미국의 대학교는 전과를 쉽게 할 수 있고 어떤 대학은 2, 3학년 때 전공을 결정하기도 한다. 하버드의 경우에도 처음부터 전공을 정하는 것이 아니라 관심 분야를 생각하고 들어가 2학년 때 전공을 정한다. 전공을 여러 번 바꿀 수도 있다고 한다. 그럼에도 학교는 지원할 때부터 관심 전공을 표명하는 학생을 선호한다. 훗날 바꾸게 될지라도 자신이 좋아하는 전공을 찾기 위해 들인 노력과 열정을 높이 사는 것이다.

때로는 전공이나 관심 분야가 무엇인지 확실치 않아 결정을 미루다 시간을 낭비하게 되는 경우도 생긴다. 둘째 혜은이는 한때 자신이 무얼 해야 할지 모르겠다고 고민했다. 첫째 혜민이 때의 경험으로 요령이 생긴 나는 혜은이가 글쓰는 것을 좋아하니 일단 저널리즘으로 정하고 다른 관심 분야가 생기면 전과할 것을 조언했다. 처음의 전공 선택이 돌이킬 수 없는 선택이 될 것이라는 압박에서 벗어난 혜은이는 한결 마음이 편해졌다고 했다. 가능성을 열어두고 생각하니 훨씬 가벼운 마음으로 관심 분야를 탐색할 수 있었기 때문이다. 실제로 혜은이는 후에 사회학으로 졸업했다.

따뜻한 마음과 열정이 세상을 바꾼다

혜민이의 가슴을 뛰게 했고, 마음을 따뜻하게 만든 결정적 경험은 멕시코에서 있었다. 멕시코 역사를 보면 스페인이 점령할 당시 전쟁을 피해 산속으로 숨어들어 간 원주민들이 있었다. 그들은 여전히 스페인어를 쓰지 않고 종족 언어를 사용한다. 병원이나 조산원에서 태어날 경우에만 시민으로 인정받을 수 있는 멕시코에서 이들은 국민으로서 받을 수 있는 권리와 교육, 의료 등의 혜택을 받지 못한다. 멕시코의 농장주들은 값싼 노동력을 얻기 위해 집단 농장을 짓고 그들을 이주시켰는데 이 집단 농장을 캄포라고 부른다.

이 캄포의 주거 환경이 얼마나 열악한지 모른다. 부엌이 딸린 예닐곱 평 정도 되는 작은 흙바닥 공간에서 온 식구가 생활한다. 어린이들 절반 정도는 신발도 없이 지내고, 더 어린 아이들은 옷이 없어 발가벗고 지낸다. 게다가 여자 아이들은 겨우 열서너 살 정도가 되면 출산을 하는데 아버지가 누구인지 모르는 경우가 허다해 양육마저 책임질 수밖에 없다. 생활 환경이 이렇다 보니 평균 수명은 40세 중반에 불과하다. 어른들이 농장에서 일하는 낮이면 4살 아이가 동생을 돌볼 정도로 아이들이 방치된 이곳에 선교 센터가 들어가 전도하며 스페인어를 가르치는 교육 사업을 진행했다. 우리 아이들도 여름이면 이곳을 찾아 성경학교를 열고 의료 봉사를 하곤 했다.

혜민이가 이곳에 처음 갔을 때 그 경험이 얼마나 강렬했던지 지금도 그때를 떠올리면 눈물을 보인다. 첫 선교를 마치고 돌아와 자기 침대를 보며 한동안 울었다는 혜민이는 자신의 환경에 감사하게 되면서도 세상이 불공평하다는 생각도 했다고 한다. 며칠 동안의 선교는 잠깐 도움은 되었겠지만, 수술이 필요한 사람에게 반창고를 붙이는 정도일 뿐이라 생각하니 미안한 마음도 컸던 것 같다. 혜민이는 아이들이 그곳에서 태어났다는 이유만으로 겪어야 하는 일들이 너무도 불합리하게 느껴져 더 나은 환경을 누리는 자신 같은 사람들이 세상의 불공평을 줄이기 위해 노력해야 한다는 사명을 갖게 되었다고 한다. 일주일이라는 짧은 시간이었지만, 고약한 냄새가 나고 머리에는 이가 바글거리던 아이를 안아주었던 경험이 가슴을 뛰게 했고 자신의 사명이 무엇인지 깨닫게 한 것이다.

아이가 청소년 시기를 보낼 때 이러한 경험을 하는 것은 열정을 갖게 한다. 혜민이는 여름마다 캄포를 경험하면서 앞으로 이들을 위한 더 큰 그림을 그려야 한다고 생각하게 되었고 미래의 목표를 더욱 굳게 다질 수 있었다. 순수하고 따뜻한 마음을 일깨우고 나와 다른 환경에서 살아가는 이들을 만나면서 다양성을 받아들이고 세상을 위해 무엇을 해야 의미 있는 인생을 살 수 있는지 고민하게 되는 것이다.

둘째 혜은이 이야기 :
글쓰기를 사랑한
독특한 아이

글쓰기는 공부의 꽃이다

세 딸이 하버드에 입학해 한창 공부에 열중하고 있을 때 우리 부부를 만나는 사람들은 "따님들이 하버드에서 공부하기 어렵다고 하지는 않나요?"라며 잘 생활하는지 궁금해했다. 사실 우리도 똑같은 걱정을 했다. 유명 사립 학교 출신도 많을 것이고 세계 곳곳에서 나라를 대표할 인재도 많이 있을, 내로라하는 인물만 모인다는 학교에서 과연 잘 따라갈 수 있을까 싶었던 것이다. 이 때문에 아이들과 연락이 닿을 때마다 공부는 어떤지, 잘 따라갈 수 있겠는지 묻게 되었다. 그럴 때마다 세 아이들은 걱정하지 말라며 자신들이 쓴 에세이가 교수님으로부터 좋은 평가를 받았다고 말하곤 했다.

흔히 하버드의 전통이라 불리는 논증적 글쓰기(Expository Writing) 수업은 모든 하버드 학생이 이수해야 한다. 고등학교에서 매번 A를 놓치지 않던 학생들이 B나 C를 받고는 충격을 받는다는 이 어려운 수업에서 우리 세 아이들은 A를 받고는 자랑스러워했다. 한 번은 글쓰기 과제를 자리에 앉은 즉시 써내려가는 모습을 본 유명 사립 학교 출신의 친구가 "너는 어느 고등학교를 나왔길래 그렇게 바로 글을 쓸 수 있어?"라고 물었다고 했다. 이런 이야기를 들으면 잘 가르쳐준 아이들의 고등학교 선생님들께 감사할 따름이다.

우리 세 아이가 졸업한 클리브랜드 고등학교에서 제공하는 여러 프로그램 중에는 앞에서도 언급했던 인문학 매그넷 과정이 포함되어 있다. 이 프로그램에서는 학생들에게 분기별로 공부 주제를 선정해주는데 한 과목만 다루지 않고 여러 과목을 아울러서 다른 시각에서 다양하게 배울 수 있다. 특별히 지정된 교과서가 없는 이 프로그램은 선생님들이 직접 자료를 조사하고 정리해 교재를 만들기도 한다. 이처럼 특화된 방식으로 수업을 진행하면 자기 주도 학습 능력을 키울 수 있다. 학문의 자유를 중시하는 전통을 가진 이 학교에서는 학생이 스스로 공부하도록 해 자연스럽게 인문학적 사고의 틀을 갖추도록 이끈다. 그렇게 성장한 아이들이 12학년 쯤 되면 50쪽 정도 분량의 에세이 책은 거뜬히 만들어낼 글쓰기 능력을 갖추고는 한다.

책을 사랑했던 우리 세 아이들은 고등학생 때 경험한 매그넷 프로그램으로 책을 읽으며 생각하고 동시에 그 생각을 글로 쓰는 훈련이 되어 방법을 깨우쳤기에 앉자마자 글을 써내려갈 수 있었던 것이다. 특히 어려서부터 글쓰기를 좋아했던 둘째 혜은이는 매 학기 새로운 주제로 연구하고, 글쓰고, 발표하는 자유로운 고등학교의 분위기를 물 만난 물고기처럼 즐겼다. 그렇게 좋아서 하는 공부였으니 성적이 나쁠 수가 없었다. 생각을 글로 표현하는 것은 가장 좋은 공부법이다. 무형의 지식을 논리적 글로 표현할 수 있다는 건 충분히 공부가 된 것이기 때문이다. 그렇기에 글쓰기는 공부의 절정에 있다고 할 수 있고 공부의 꽃이라고도 표현할 수 있다. 그렇게 혜은이의 고등학교 공부는 글쓰기로 시작에서 글쓰는 것으로 끝났다고 해도 과언이 아니다.

나만의 재능이 기회의 문을 열어준다

혜은이도 여름에 할 인턴십 때문에 고민을 많이 했다. 학교는 물론이고, 주변에서, 인터넷에서까지 찾아봐도 꼭 맞는 인턴십을 찾을 수 없었다. 그래서 생각해낸 것이 바로 이력서를 정성들여 만들어 인근 대학교의 정치학, 사회학 교수님들에게 보내는 것이었다. 사실 교수님들 입장에서 고등학생을 인턴으로 쓰기에는 무리가 있을 수 있다. 대학교 내에도 훌륭한 학생들이 있을 텐데 어린 고등학생이 연구에 큰 도움이 될 리가 없기 때문이다. 그렇더라도 열릴 때까지 문을 두드리겠다는 의지를 다졌다.

각 대학교 교수님들의 목록을 만들어보니 50명 정도 되었다. 그분들께 같은 내용으로 이메일을 보내지 않고 각 교수님에 대해 조사해 조금이라도 더 관심을 가질 수 있도록 이메일을 쓰고 이력서를 첨부했다. 이메일을 통해 상대방에 대한 관심을 성의 있게 보여주고 예의를 갖춰 원하는 바를 전달하도록 노력했다. 어쩌면 당연하게도 대부분의 교수님은 답장이 없었다. 답장을 보내주신 교수님도 지금은 인턴을 쓸 계획이 없으나 훗날 기회가 생기면 연락하겠다는 분, 아직 고등학생이니 SAT 공부와 성적 관리에 충실할 것을 조언한 분도 계셨다. 첨부한 이력서에 SAT 성적, 내신 성적, 학교 석차까지도 적혀 있었지만, 아마도 읽어 보지 않으신 것 같았다. 그렇지만 정성이 다 헛되진 않았다. UCLA 정치학과의 한 교수님께서 인터뷰를 하겠다고 답장이 온 것이다. 결국 혜은이는 인터뷰를 통과해 그 교수님의 연구를 돕는 인턴십을 할 수 있었다. 인턴십 기회도 결국 글쓰기 덕분에 얻게된 것이다.

여름 활동을 지원할 때도 글쓰기 덕을 보았다. 혜은이는 저널리즘에 관심을 가졌기에 그와 관련된 여름 프로그램들에 지원했다. 유명 프로그램에 우선적으로 지원했고 인근 대학교에서 여는 워크숍도 여러 곳 지원했다. 모두 합쳐 10곳 가까이 되었는데 유명 저널리즘 프로그램은 모든 비용이 무료다 보니 경쟁이 무척 치열했다. 각 프로그램마다 자기소개서와 함께 2~3개의 에세이를 제출해야 했다. 프로그램마다 특색이 다르기 때문에 잘 분석해서 맞는 에세이를 준비하다 보니 20~30개의 크고 작은 에세이는 물론이고 이력서를 꾸준히 업데이트하는 것도 소홀히 할 수 없었다. 게다가 재정 지원을 신청해야 할 경우에는 관련 서류와 글도 추가되었다. 결과적으로 지원서부터 시작해, 이력서, 에세이, 재정 지원 신청 등 모든 것이 글쓰기였다. 이렇게 여름 프로그램을 지원하는 과정을 통해 경쟁 사회에서 어떻게 다른 사람과 소통해야 하는지, 자신의 장점을 효과적으로 어필할 수 있는 방법 등을 배울 수 있었다.

글쓰기를 통해 쌓인 여러 활동과 결과물 덕분에 얻게 된 또 다른 기회는 장학금이었다. 언니의 영향을 받은 혜은이도 장학재단의 도움을 많이 받았다. 재정적 지원도 중요하지만 함께 제공되는 다양한 인턴십 기회나 멘토링도 무척 유용하다. 무엇보다 전국의 장학생과 교류할 수 있는 네트워킹은 큰 자산이 된다. 미국은 크고 작은 장학금 기회가 많이 있다. 여러 장학재단에서 미래 가능성과 잠재력이 있는 학생들에게 기회를 주어 인재로 키우려 하기 때문이다. 역사가 오래된 장학재단일수록 선발과 관련한 전문성과 노하우를 많이 가지고 있다. 자격을 갖춘 경쟁자는 무수히 많기에 선발되기 위해서는 기본적인 자격 요건을 충족하는 것은 물론이고 성실히 지원하는 노력이 필요하다. 장학금을 신청할 때 가장 중요한 것은 자신에게 투자했을 때 미래를 기대할 수 있다는 확신을 줄 수 있는 에세이를 작성하는 것이다. 이처럼 장학금을 받는 것도 글쓰기에서부터 시작한다.

천재라도 노력은 이길 수 없다

글쓰기에 자신감이 붙은 혜은이는 다양한 에세이 대회에 도전하기 시작했다. 어떤 대회가 있는지 정보를 수집하고 도전할 만한 대회를 골라 준비했다. 꾸준히 대회에 참가하면서 매년 전국 규모의 대회에서 상을 받게 되었고 그렇게 증명된 글쓰는 실력은 또 다른 기회의 문을 열어주었다. 혜은이가 11학년 때, 저널리즘 선생님의 추천을 받아 참가한 에세이 대회에서 캘리포니아주 대표로 선정되는 영광을 차지했다. 각 주마다 1명씩, 그리고 워싱턴 D.C.의 1명을 더해 모두 51명이 선정되면 상금 1,000달러와 함께 여름 방학 때 주 대표로 저널리즘 컨퍼런스에 참석할 자격도 주어졌다.

사실 나는 혜은이가 접수를 할 때까지 이 대회가 어떤 대회인지도 몰랐다. 제출 마감일, 갑자기 혜은이가 다급하게 나를 찾으며

"이 소포를 오늘 꼭 보내야 해. 지금 글을 마지막으로 살펴보고 있는데… 시간을 맞출 수 있을지 모르겠어"라며 걱정하고 있었다. 발송 마감일 날짜가 찍힌 것까지 인정한다는 규정이 있어 부랴부랴 우체국에 도착했지만, 벌써 오후 5시가 되어서 문이 닫혀 있었다. 안타까운 마음에 근처를 서성이고 있던 중 집배원 한 분을 발견했다. 그분께 이것도 받아주실 수 있냐고 물었더니 흔쾌히 받아주셨다. 혹시 오늘 날짜가 찍힐 수 있냐고도 물었더니 당연히 그렇다고 하는 게 아닌가! 그렇게 소포를 건네고 나니 안도의 한숨과 함께 감사한 마음이 들었다. 이렇게 극적으로 발송할 수 있었기에 좋은 결과까지 거두어 너무나 감격스러웠다. 그때 문득 이 대회를 'Free Spirit'이라고 부른다는 게 생각났다. 자유를 누리면서 마음껏 상상하며 창조하는 기쁨을 누렸던 혜은이에게 꼭 맞는 상이라고 생각했다.

글쓰기의 중요성은 강조하고 강조해도 지나치지 않는다고 생각한다. 공부의 기초가 되고 꽃을 피우게 하는 글쓰기 역량은 공부에 영향을 주는 데 그치지 않는다. 첫째 혜민이가 혼자서 16곳이나 되는 대학교에 지원서를 제출할 수 있었던 것도 글쓰기 덕분이었다. 대학교 지원서라는 것도 결국은 자신이 누구인지 설명하고, 이 학교에 필요한 인재라는 것을 글로 설득하는 작업이기 때문이다. 혹 아이가 배움에 대한 의욕이 강하지 않다고 생각한다거나, 해야 할 공부를 못 한다든지, 미루는 습관 때문에 과제를 정해진 시간에 제출하지 못하더라도 게으르다거나 공부를 싫어하는 아이라고 쉽게 단정 짓지 않아야 한다. 어쩌면 글 쓰는 방법을 모르거나 어렵게 느끼는 것은 아닌지 살펴보면 좋겠다.

혜은이가 어려서부터 글쓰는 것에 흥미를 느끼고 관심을 가졌던 것은 사실이지만, 천재적인 재능을 가졌다고는 생각하지 않는다. 단지 자신의 능력을 최대한 끌어올리기 위해 놀라울 정도로 노력했기에 큰 성과를 거둘 수 있었다. 혜은이는 글을 쓰는 것은 누구나 할 수 있는 일이고, 노력한다면 얼마든지 잘 쓸 수 있게 된다는 것을 몸소 보여주었다.

남들과 다른 인생 스토리를 완성한다

한번은 혜은이가 보고 싶은 공연이 있다고 꼭 데려다 달라며 며칠 전부터 신신당부했다. 해야 할 공부도 많고 여러 활동으로 시간도 부족할 텐데 그럴 시간에 모자란 잠이라도 잘 것이지 무슨 공연일까 싶었다. 공연 당일, 산타모니카에 위치한 소극장에 도착했다. 밤 8시 공연이다 보니 아이만 놓고 나올 수 없어 함께 공연을 보기로 했다. 무슨 공연인지 극장 입구부터 줄이 길게 늘어서 있었다. 가만 보니 나만 빼면 모두 젊은 사람들만 있었다. 더욱 이상한 것은 아시아인도 우리 빼고는 한 명도 없었고, 백인 몇 사람을 제외하면 나머지는 흑인과 남미 사람들이었다. 내가 이 곳에 서 있는 자체가 어색했지만, 공연을 볼 생각에 흥분한 혜은이 때문에 참고 있었다.

무대와 관객석이 나뉘지 않았던 공연장에는 누가 시키지 않았는데도 알아서 원을 그리며 앉았다. 우리도 조용히 한구석에 앉았다. 사람들의 시선을 느낄 수 있었지만 혜은이는 개의치 않는 것 같았다. 모든 조명이 꺼지고 무대 중앙에 스포트라이트가 비치자 드디어 공연자가 등장했다. 그는 시를 음율에 맞추어 낭송했다. 내 귀에는 마치 노래처럼 들렸다. 한 소절 한 소절 낭송할 때마다 청중들은 함께 반응했다. 마치 시 낭송자와 청중이 함께 공연을 하는 것 같았다. 손가락 튕기는 소리와 청중들의 "Yes! That is right! Speak!" 정도의 추임새가 이어졌다. 시로 낭독되는 아픔을 나만 공유하지 못하고 있었고 혜은이는 그 시인과 하나가 된 듯 추임새를 하면서 깊이 빠져들었다. 집에 돌아 오는 길에 공연에 대한 혜은이의 설명을 듣고 나니 청중들의 심정을 뒤늦게 이해할 수 있었다.

이 공연은 혜은이가 좋아했던 취미 생활로 '스포큰 워드 포에트리(Spoken Word Poetry)'였다. 혜은이는 중학생 때 C5 프로그램을 통해 공연 영상을 보게 되면서 관심을 갖기 시작했고 이후 유튜브나 비디오를 보면서 즐기기 시작했다고 한다. 스포큰 워드 포에트리는 시 문학의 한 장르로 구전 전통과 공연이 함께 어우러지는 것이 특별한 점이다. 특성상 랩, 힙합, 스토리텔링, 재즈, 록 같은 음악적 요소도 가미된다. 일반적인 시와 달리 스포큰 워드 포에트리는 시인의 생각과 감정을 라이브 무대처럼 공연을 통해 보여지면서 관객의 반응을 불러 일으킨다. 마치 한국의 판소리처럼 듣는 청중이 함께 감정을 공유하고 아픔을 달래면서 공연에 하나가 되어 '한'을 뿜어내는 것처럼 말이다. 원래 스포큰 워드 포에트리도 1970년대 뉴욕 흑인 커뮤니티 클럽에서 시작했다고 한다. 공연에서는 사회 정의, 고발, 풍자 등이 시에 표현되고 같은 생각을 공유한 사람들과 한풀이를 한다.

혜은이가 시 쓰는 것을 좋아하고 스포큰 워드 포에트리도 좋아하게 되면서 자기만의 취미가 생긴 것이다. 학교에서도 기회가 생겨 자신이 쓴 시로 공연을 할 수 있었는데 친구들도 좋아했다고 한다. 선생님들도 격려해주시면서 더욱 열정을 갖게 되었다. 그 열정을 이어가 LA에 있는 'Street Poets'에 회원으로도 등록하게 되었다. 혜은이는 그곳에서 스포큰 워드 포에트리를 좋아하는 사람들과 자신의 창조적 아이디어를 공유하고 공동체를 즐겼다.

혜은이는 스포큰 워드 포에트리 공연을 보고, 즐기고, 따라하고, 자신만의 시로 공연하면서 너무 재미있다고 했다. 기성 주류 문화

와 대비되는 서브컬쳐를 경험할 수 있다는 점이 가장 흥미롭다고
도 했다. 또한 같은 생각을 공유할 수 있는 사람들과 희망과 신념
을 표현하는 자유가 있다는 것이 행복하고 좋다고도 했다. 혜은이
에게는 사춘기를 지내면서 갖게 되는 불안, 두려움, 한국계 미국인
으로서의 정체성에 대해 생각하고 정리하는 과정을 시로 쓰고 말
로 표현하는 과정이 의미 있는 시간이었다.

 스포큰 워드 포에트리라는 독특한 취미는 혜은이가 누구인지 잘
보여주는 것이었다. 대학교에서는 입학 원서에 적혀 있는 성적, 대
내외 활동, 수상 경력도 중요하겠지만 서류에서 드러나지 않는 인
성, 열정 또는 이 학생이 어떤 사람인지를 알고 싶어한다. 문학의
대한 열정과 독특한 취미를 표현한 혜은이의 에세이는 읽는 사람
에게 직접 만나본 것 같은 경험을 하게 했다. 하버드뿐만 아니라
예일 대학교에는 스포큰 워드 포에트리 작품을 에세이 대신 제출
하기도 했다. 이 덕분인지 예일에서도 합격 연락을 받을 수 있었
다. 생각해보면 정말 독특한 취미 생활이었다. 아시아인이면서 여
자인 고등학생 아이가 흑인들이 즐기는 서브컬쳐를 함께 공유하고
즐긴다는 것이 혜은이를 평범한 아시아인 소녀와 구분짓게 만드는
일이었던 것이다.

도전 정신과 책임감을 보여준다

혜은이의 학교 내 활동 중 가장 공을 들이고 열심히 한 것은 신문을 만드는 일이었다. 학생만 3,000명이 되었던 클리브랜드 고등학교는 교직원과 학부모까지 포함하면 꽤 큰 커뮤니티다. 크고 작은 학내 이슈, 매 학기의 공부 주제별 행사, 사회적 이슈를 학생의 목소리로 담는 신문반은 그 영향력이 크다. 혜은이는 10학년부터 저널리즘에 대한 관심을 가져 글과 생각이 활자화되는 신문을 만드는 것을 배우는 데 열심이었다. 10학년을 마친 혜은이는 여름 방학 때 2주 동안 캘리포니아 학교 신문 연합 저널리즘 워크숍(California Scholastic Press Association High School Journalism Workshop)에 참가해 35개 과제를 수행하면서 신문에 대한 이해를 좀 더 높일 수 있었다. 이 워크숍은 60년 넘는 역사를 가진 영향력 있는 프로그램으로 23개 학교의 학생들이 참석했다. 이 워크숍을 통해 좀 더 구체적이고 전문적 지식을 갖추게 된 혜은이는 자신이 배운 것을 학교 신문반 활동에 쏟아부었다. 이런 열정이 친구들과 선생님에게도 전달되었는지 11학년을 마치면서 신문 발행을 책임지는 편집장이라는 리더십 자리도 가질 수 있었다. 발행 며칠 전부터는 마감하느라 늦게까지 신문반을 떠나지 못하는 날이 많았다. 혜은이는 이런 과정을 통해 글의 대한 책임과 맡은 일을 완수하는 책임감을 배울 수 있었다.

한번은 밸런타인데이 특집으로 한 친구가 성차별 이슈를 기사로 다루었는데 담당 선생님을 거쳐 학교 행정 담당자들이 심의하는 과정에서 급진적이라는 지적을 받았다고 한다. 혜은이는 편집장으로서 학생 기자들의 급진적 성향과 교장 선생님의 우려 사이에서 양쪽 입장을 잘 조율해 신문이 발행될 수 있도록 열심히 선생님들을 찾아갔다. 기사를 수정하는 조건으로 신문 발행이 결정되어 배포만 남은 상황이었지만, 수정된 기사가 학교의 기대에 미치지 못해 만들어진 신문을 폐기하는 상황이 되고 말았다. 그 달의 신문이 발행되지 못하게 되자 혜은이는 동분서주하면서 선생님들을 만나 설득했고, 기사를 조금 더 수정하겠다는 약속을 해 겨우 신문 발행 허가를 받아냈다. 하지만 또 다른 문제가 생겼다. 이미 예산을 소진했기에 다시 발행할 예산이 없었던 것이다. 뜻이 있는 곳에 길이 있다고 했던가. 이 말처럼 신문 발행을 위해 애쓰는 모습에 감동한 행정 담당자 중 한 분이 사비를 들여 결국 신문을 발행할 수 있었다. 포기하지 않고 며칠을 뛰어다니며 애썼던 혜은이는 이 일을 통해 많은 것을 배울 수 있었다. 이 일과 함께 혜은이의 신문반 활동은 계속되었고 덕분에 많은 선생님과 카운슬러의 두터운 신임을 받을 수 있었다.

대학에 제출하는 지원서를 준비할 때 어떻게 할 수 없는 불가항

력적 부분이 있는데 그것은 학과목 선생님들과 담당 카운슬러의 추천서가 포함된 리포트다. 어떤 내용으로 추천서를 써주시든 그건 그분들의 고유 권한이다. 추천서는 학생의 활동에 대한 열정, 성취를 제 3자의 눈으로 확인하는 절차라고 할 수 있다. 특히 카운슬러의 추천서는 전체 학급 안에서의 학생을 평가하는데 지원서에 나타나지 않는 부분을 언급해줌으로써 학생이 해낸 성과의 대변자 역할을 해준다.

혜은이가 하버드에 합격한 후 다른 장학금 지원을 위해 카운슬러에게 추천서를 부탁할 일이 있었다. 그 분은 하버드 지원 시 사용한 추천서를 제출하면 된다며 전달해줘 우연찮게 추천서의 내용을 볼 수 있었다. 그 추천서는 혜은이가 신문반에서 활동하며 보여준 저널리즘에 대한 열정이 중심이었다. 특히 사회 정의에 대한 열정과 신문을 만들면서 보여준 뛰어난 리더십이 언급되어 있었다. 배움의 대한 호기심과 글쓰기에 대한 열정 또한 잘 표현해주셨다. 혜은이가 신문반에서 활동할 당시는 LA 교육국 예산이 삭감되면서 담당 선생님을 고용하지 못해 신문반의 기초반과 고급반이 묶여 운영되어야 했다. 불가피하게 고급반 학생들은 신문 제작을 하면서 초급반 아이들을 가르치는 것까지 떠맡게 되었는데 추천서에는 혜은이가 30명을 가르치면서 신문 편집도 해냈다고 적혀 있었다. "솔직히 말해 학교가 혜은이에게 급여를 주었어야 했다"고까지 표현해주셨다. 정말 구체적이고 실감 나는 평가였다. 그 추천서는 혜은이를 성숙하고, 도전적이고, 책임감을 가진 학생으로 대변하고 있었다.

혜은이는 고등학교 4년 동안 저널리즘에 대한 사랑과 학교에 대한 열정으로 시간 가는 줄 모르고 열심히 달렸다. 그랬던 혜은이는 자신에게 가장 큰 영향을 준 학교 커뮤니티에 사랑과 봉사로 다시 영향력을 흘려보낸 보람된 시간이었다고 말했다. 나는 그동안 혜은이가 쓴 글, 기사, 에세이, 시 등을 차곡차곡 모았다. 혜은이는 엄마인 나에게도 글쓰기를 강력하게 권유했고 글 쓰는 것을 좋아했던 딸 덕분에 나도 이렇게 책을 쓰게 되었다.

인생의 롤 모델을 만나다

한번은 하버드 졸업식을 앞둔 혜은이가 무척 흥분된 목소리로 전화를 걸어왔다.

"엄마, 글쎄 이번 졸업식 때 초대 연설자로 누가 오는 줄 알아? 정치인 존 루이스(John Lewis)가 온대요. 너무 신기해요. 나랑 정말 인연이 많은가 봐요."

존 루이스와 혜은이의 만남은 두 번째였는데 흥분할 만도 했다.

민권 운동가이며 33년 동안 조지아주 연방 하원 의원을 지낸 존 루이스는 1960년대에 학생 비폭력 조정 위원회(SNCC) 의장을 역임하면서 1965년에는 앨라배마주에서 마틴 루서 킹 목사와 함께 투표권 행진을 주도하기도 했다. 시민운동을 하는 동안 분리와 차별을 종식시키기 위해 힘쓴, 흑인 인권 운동에서 중요한 역할을 한 사람이기도 하다. 버락 오바마 전 대통령이 "미국 의회의 살아 있는 양심"이라고 칭송하기도 한 그는 많은 정치인들에게도 존경을 받았다.

혜은이는 11학년 수업 시간에 사회 정의에 대해 배우던 중 〈프리덤 라이더스(Freedom Riders)〉라는 다큐멘터리를 보게 되면서 미국 역사 속 시민운동을 알게 되었고 정치에 관심을 갖게 되었다. 특히 '프리덤 라이더' 중 한 명인 존 루이스에 대해 배우면서 그의 희생과 봉사의 삶에 감명을 받았고 자신의 정치적 롤 모델로 여기게 되었고 혜은이는 자신의 정치적 생각에 대한 질문을 갖게 되었다. 11학년이 끝나고 그해 여름, 드디어 정치적 롤 모델이며 영웅인 그를 만날 기회가 왔다. 워싱턴 D.C.에서 열린 알 누하스 자유 및 저널리즘 컨퍼런스(AL Neuharth Free Spirit and Journalism Conference)에 캘리포니아 대표로 참석하게 되면서 연설자로 초청된 존 루이스를 직접 보고 만나게 된 것이다. 혜은이는 그 자리에서 각 주 대표들과 함께 화면이 아닌 실제 모습을 코앞에서 보며 시민운동 당시의 활동을 생생하게 들을 수 있었다. 연설 후 질의응답 시간을 혜은이가 놓칠 리 없었다. 혜은이는 손을 번쩍 들고 "당신은 어떻게 시민운동가에서 정치인이 될 수 있었나요? 당신의 신념과 가치를 다른 사람에게 어떻게 전할 수 있었나요?"라고 물었다. 이 질문에 대한 그의 답은 "시민운동가였을 때나 정치인인 지금 나는 같은 사람입니다. 내 마음속에서는 아직도 똑같이 정의로운 분노(righteous anger)가 있기 때문에 어떤 일을 하든 나는 똑같습니다"였다.

혜은이는 연설이 끝난 후 존 루이스와 주고받은 말들과 그의 명함을 소중히 간직했다. 혜은이는 미래에 그를 이어 받아 정의로운 분노를 되새기며 새로운 시대의 변화를 위한 촉매가 되길 원한다는 다짐을 했다. 이러한 다짐은 하버드에 지원할 때 제출한 추가 에세이의 주제가 되었다. 수업 중 사회 정의를 배우며 알게 된 영웅을 직접 만났던 일은 어린 학생에게 큰 영향을 준 중요한 사건이었다.

해외 경험으로 세계관을 넓히다

2011년 여름은 고등학생이던 혜은이가 가장 바쁘게 보낸 시간이었다. CSAP 저널리즘 워크숍이 2주 동안 있었고, 10곳의 C5 LA 칼리지 투어, 오케스트라 여름 캠프, 멕시코 선교, 그리고 국제 청소년 미디어 서밋(International Youth Media Summit)까지 이후 2주 동안 참석하느라 정신없이 보냈다. CSAP 저널리즘 워크숍을 마친 혜은이는 집이 아니라 곧바로 LA 공항으로 향했다. 독일행 비행기를 타야 했기 때문이다. 최종 목적지가 독일은 아니었고 그곳에서 비행기를 갈아타 세르비아의 수도 베오그라드에서 열리는 국제 청소년 미디어 교류 클럽(Teen International Media Exchange Club, TIME club)의 행사에 참석하는 일정이 기다리고 있었기 때문이다.

혜은이가 고등학교에서 주로 활동한 클럽은 국제적 이슈와 관련된 곳들이었다. 미디어를 통한 글로벌 청소년 교류와 국제 이슈 영상을 제작했던 국제 청소년 미디어 서밋, 인권에 대해 배우고 토론하며 권리 보호 편지 쓰기 캠페인에 참여했던 앰네스티 국제 클럽(Amnesty International Club), 각국을 대표해 연구하고 컨퍼런스에서 토의했던 모의 UN 총회(Model UN) 등이다. 혜은이에게는 이러한 활동을 통해 미국에 국한되지 않고 더 넓은 시각에서 사회적 이슈를 바라보고 관심을 갖는 계기가 마련되었다. 지금 우리는 국제적 이슈가 나의 삶에 직접적으로 영향을 주는 시대에 살고 있다. 그 어느 때보다 글로벌 비전이 필요한 시기이기에 다양한 경험을 쌓고 각국 학생을 만나 문화 교류를 하면서 국제적 역량을 키우는 것이 중요하다. 더 큰 세계를 경험할 기회가 주어진다면 자신의 미래를 위해 용기를 낼 것을 권한다.

혜은이도 좋은 기회를 얻을 수 있었다. 학기 동안 TIME 클럽에 참여해 영상을 통해 국제 이슈에 대해 토론해오다 매년 열리는 캠프에 참가할 기회를 얻게 된 것이다. 혜은이는 캠프 참가비와 숙박비는 장학금 혜택을 받았고, 항공편만 해결하면 되니 허락해달라고 했다. 우리 부부는 걱정이 앞서 쉽게 결정하지 못했지만, 캠프 참가를 앞두고 들떠 있는 혜은이를 말릴 수는 없었다. 유럽 남동부 세르비아라는 생소한 나라에서 2주 동안 열리는 캠프에 클리브랜드 고등학교에서는 선생님 한 분과 혜은이가 참가하게 되었다. 위험해 보이는 낯선 남동부 유럽에 부모 없이 혜은이만 보낸다는 게 썩 내키지는 않았다. 더군다나 함께 참석하기로 되어 있던 선생님과는 따로 떠나야 했지만, 혜은이는 주저하지 않고 혼자 가겠다며 용기를 냈다.

그렇게 용기를 낸 혜은이였지만, 홀로 비행기를 타고 가는 동안 긴장해 마음을 졸였다고 했다. 그도 그럴 것이 16살 소녀가 난생 처음 부모도 없이 해외여행을 혼자 한다는 것은 그리 만만치 않은 도전이었다. 혜은이는 대학 입학 때까지 스마트폰이 없었기에 필요할 때 인터넷 검색을 할 수도, 통역이 되는 것도, 국제전화를 마음대로 쓸 수도 없는 상태로 유럽까지 혼자 가야 했기 때문이다. 독일까지는 잘 도착했지만 환승에 주어진 1시간 내에 세르비아행 비행기를 갈아타야 했을 때는 독일어를 못 하니 탑승구를 찾는 게 힘들었다고 한다. 세르비아에 도착해서도 마중 나오기로 한 사람이 도착하지 않아 진땀을 흘리면서 기다리기도 했다. 그 순간에 혜은이는 아는 사람 한 명도 없는 여기서는 스스로 살아 남아야 한다는 생각을 했다고 한다.

그렇게 도착한 베오그라드에는 프랑스, 그리스, 터키, 독일, 캐나다, 필리핀, 일본, 폴란드, 네덜란드, 미국 등에서 온 80여 명의 청소년과 미디어 제작자들이 모였다. 이들은 한데 섞여 다시 팀으로 나뉘어 국제 이슈인 기아, 인종 차별, 성차별, 환경오염, 교육 등의 문제를 연구하고 제작한 영상을 발표했다. 혜은이는 이런 과정에서 자연스럽게 각 나라의 문화와 전통, 언어를 배우고 다양성을 받아들일 수 있었다.

혜은이는 이 캠프에서 동유럽에 산다는 친구 한 명과 친해졌는데 그 친구는 떠돌며 사는 유랑민 출신으로 살면서 받는 차별이 많다는 점이 고민이었다. 성실하지 않고, 사기꾼이나 도둑이 많다는 선입견 속에 산다는 것이다. 미래를 꿈꿀 수 없기에 공부할 이유를 잘 느끼지 못한다는 이야기를 들으면서 각 민족마다 다양한 상황에 놓여 있다는 것을 알았다고 했다. 그곳에는 세르비아와 크로아티아에서 온 아이들도 있었는데 전쟁을 치른 역사로 인해 서로 서먹서먹한 모습을 보며 세계 곳곳에서 벌어지고 있는 갈등을 느꼈다고도 했다. 베오그라드에 남아 있는 전쟁의 흔적을 목격하면서 세르비아라는 생소했던 나라의 역사도 알게 되었던 것도 혜은이에게는 신기한 경험이었다.

혜은이는 다양한 나라, 언어, 문화, 역사, 교육 환경도 모두 다른 사람들이 모인 이 캠프에서 공통되는 한 가지를 발견했다고 했다. 그것은 바로 자신이 속한 공동체를 변화시키고, 세계를 바꾸기 원하는 이들이 다른 곳에도 존재했다는 사실이다. 이 캠프에 참석하기 전에는 혼자만의 생각이고 고민이라고 느꼈지만 다른 나라의 또래들도 같은 생각과 고민을 하면서 노력한다는 것을 발견한 것이다. 지금 이 순간에도 전 세계에서 많은 사람들이 더 나은 공동체를 위해 노력한다는 것을 알고 나니 희망과 함께 여럿이 같이 하면 할 수 있겠구나, 세상을 바꿀 수 있겠구나 하는 생각에 깊은 감동을 받았다고 한다.

세르비아를 다녀온 혜은이는 생각이 더 넓어졌고, 다른 사람에 대한 이해력과 포용력이 좋아졌다. 무엇보다 발견하고 감동을 받은 교훈을 공동체와 나누기 위해 애쓰는 사람이 되고 있었다.

셋째 혜성이 이야기 :
말보다 손과 발이
빠른 아이

꼭 필요한 사람으로 성장하다

　셋째 딸은 선도 안 보고 데려 간다는 옛말이 있다. 왜 그런 말이 존재하는지 몰랐다가 혜성이를 키우면서 맞는 말이라는 생각을 했다. 혜성이는 내가 부엌에서 일을 하거나 요리를 하면 언제 왔는지 조용히 와서 함께 돕곤 했다. 한국에서 할아버지, 할머니가 오시면 미국 생활에 서투른 두 분을 졸졸 따라다니면서 시중을 들었다. 마치 두 분의 마음을 읽기라도 하듯 시킨 것도 아닌데 필요한 것들을 얼른 대령했다. 말을 먼저 하거나 나서지도 않는다. 그렇다고 따라하기만 하는 소극적 아이도 아니다. 늘 주변 상황을 빨리 인식하고 말보다 손과 발이 먼저 움직였다. 그렇게 조용하지만 늘 일하고 있던 아이다.

첫째 혜민이와 10년, 둘째 혜은이와 6년 터울인 늦둥이 혜성이는 두 아이들이 강아지를 키우고 싶다며 노래를 부를 때 생겼다. 강아지 대신 동생을 본 아이들은 마치 자기 자식 마냥 예뻐하면서 돌보았다. 이렇게 온 가족의 사랑을 받고 자란 혜성이였지만, 버릇없이 행동하거나 사랑 받는 것에만 익숙한 아이는 아니었다. 다른 사람을 배려하는 태도는 습관으로 자리를 잡았고 따뜻한 성품의 아이로 자라주었다.

두 언니가 하버드에 가고 나니 많은 사람들은 "막내가 스트레스를 많이 받겠어요. 언니들을 따라 하려고 힘들 것 같아요"라며 혜성이를 걱정했다. 그러면서 하버드에 대한 압박을 받는 건 아닌지 묻고 살펴주었다. 하지만 정작 혜성이는 사람들이 왜 그런 걱정을 하는지 모르겠지만, 자신은 지금 너무 행복하고 언니들이 자랑스럽다고 말했다. 그 말을 들으며 자존감이 튼튼하고 심지가 깊은 아이라는 생각이 들면서 크게 걱정하지 않게 되었다.

혜성이는 무엇을 하든 솔선수범하며 언니들 덕분에 모든 활동을 일찍 시작했다. 중학교에 들어가면서 시작한 말 농장 봉사는 12학년까지 7년 동안 1,000시간 넘게 계속했다. 교회에서 했던 청소년 합창단과 주말 한국 학교 보조 교사, 캘리그라피를 배우고 가르치는 것도 6년을 지속했다. 언니들이 했던 C5 프로그램도 5년 동안 잘 해냈다. 학교 신문반, 아시안 클럽, WiSTEM(여자 스템) 클럽, 코드버디 봉사, PALS 유스센터 봉사 등 고등학교에 가면서 시작한 모든 활동과 봉사도 3~4년간 꾸준히 참여했다. 어느 것 하나 잠깐 하다가 만 것이 없다. 이 모든 활동은 대학교 지원서에 빠짐 없이 채워졌다. 미국에서는 대학도 오랜 기간 봉사하고 솔선수범해 활동한 시간들을 간과하지 않는다. 이렇게 꾸준히 봉사할 수 있는 비결은 성공적인 시간 관리는 물론이고 자신이 참여하는 활동의 목적을 잘 이해해 집중력을 잃지 않았기 때문이었다. 다른 사람을 위한 봉사는 말보다 손이, 생각보다 발이 빨리 움직여야 한다. 또한 그때그때 상황에 따라 잘 대처하고 주도적으로 행동해야 가능하다.

그런 혜성이의 장점은 코로나19 팬데믹 동안 빛을 발하기도 했다. 혜성이는 대학에 들어가 1학년을 채 마치기도 전에 팬데믹 상황이 되어 집에서 공부하고 인턴십을 해야 했다. 그러다 백신이 개발되어 신청해야 했는데 그 과정이 꽤나 복잡했다. 사실 나도 혜성이 덕분에 겨우 백신 접종을 마칠 수 있었다. 혜성이는 컴퓨터와 영어가 익숙치 않은 한국 이민자들이 웹사이트에 접속해 예약하는 건 정말 어려울 거라며 나이 드신 분들은 못 할 것 같다고 걱정했다. 그런 말을 한 며칠 후, 혜성이는 행동으로 옮겼다. 그 사이 혜성이는 몇 군데 비영리 단체에 이메일을 보내 자신이 한국어는 물론이고 컴퓨터도 잘 다루니 백신 접종 예약에 어려움을 겪는 노인 분들을 돕고 싶다고 자원해서 봉사하겠다고 연락했던 것이다. 이후 한 노인 봉사 센터에서 일주일 동안 1,000명의 노인에게 백신 접종을 추진하는 프로젝트가 있다면서 도와달라는 회신이 왔다. 그때부터 혜성이는 몇 주 동안 전화기를 붙잡고 살다시피 했다. 그렇게 혜성이가 애써서 예약을 잡아준 사람이 287명이나 되었다. 타 인종 자원 봉사자도 많았지만 혜성이가 제일 많은 성과를 냈다며 어떻게 일을 빨리 잘하냐고, 혜성이를 만난 건 행운이라며 좋아했다.

혜성이는 어려서부터 다른 사람에게 봉사하는 시간을 많이 보내다 보니 솔선수범하고 주도적으로 일을 하는 능력을 자연스레 배운 것이다. 다른 사람들을 위해 열심히 봉사하다 보면 점점 돕는 기쁨을 알게 되는 것은 물론이고, 따뜻한 성품으로 성장하면서 사회에 없어서는 안 될 존재로 인정받게 된다.

나만의 개성을 찾다

혜성이는 초등학생 때부터 첫째 혜민이를 따라 피아노를 배웠다. 내가 워낙 바쁘다 보니 혜성이를 위한 시간을 따로 낼 수 없어 혜민이가 배울 때 덩달아 배우게 한 것이다. 그렇지만 혜민이와 달리 피아노에 흥미를 못 느끼는 것 같아 고민 끝에 둘째 혜은이가 했던 바이올린을 가르쳐보기도 했다. 하지만 유난히 손이 작은 혜성이는 피아노도, 바이올린도 버거워하는 것 같았다. 혼자 놀 때 그림을 그리곤 했던 게 생각나 시작한 미술은 중학교에 가서도 계속 배우게 되었다.

혜성이가 7학년이던 어느 날, 인터넷에서 그림과 어우러진 예쁜 글씨를 보았는데 참 멋지다고 생각해 혜성이에게 보여주니 너무 흥미로워하면서 배우고 싶다고 했다. 혜성이가 처음으로 크게 관심을 보인 것이어서 한번 배울 수 있는 곳을 찾기로 했다.

그 글씨는 캘리그라피로 동양 예술의 한 분야인 서예처럼 글을 아름답게 쓰는 손글씨 기술이었다. 잘 배우면 좋은 취미가 될 것 같아 가르쳐주실 선생님을 어렵게 찾아냈지만, 집에서 차로 1시간 가까이 떨어진 곳에서 작업실을 운영하고 계셨다. 8주 동안 진행되는 기본 코스에 바로 등록할 수 있었지만, 매주 그 거리를 다닌다는 게 쉬운 일은 아니었다. 그럼에도 혜성이는 콧노래까지 부르면서 힘든 줄 모르고 정말 좋아하며 배웠다.

수강생은 대부분 내 또래의 미국 아줌마들이다 보니 최연소 수강생인 혜성이를 다들 신기해했다. 혜성이는 나이도 어린 데다 왼손잡이다 보니 불편하기도 했을 텐데 개의치 않고 잘 집중했고 아줌마들이랑 이야기도 나누면서 무척 재미있어 했다. 그렇게 8학년이 되면서 미술은 그만 두고 더 좋아하고 흥미를 느끼는 캘리그라피에 집중하기로 했다.

혜성이는 다른 기술을 배우려 유튜브를 보며 따라했고 틈만나면 방에서 조용히 연습하곤 했다. 그런 노력이 쌓인 덕분에 고등학생이 되면서 전문가다운 모습을 보였다. 기본기를 갖춘 후에는 시즌마다, 지역마다 열리는 캘리그라피 특별 강의에 참석해 새로운 기법이나 다른 종류의 글씨체도 익혔다. 그리고 인스타그램 계정도 만들어 그림과 글씨가 담긴 작품을 사람들에게 소개하기 시작했다. 혜성이의 인스타그램 팔로워가 몇백 명씩 생기고 작품을 좋아해주는 사람들이 늘어나자 자신감이 붙으면서 이제는 다른 사람을 가르칠 수준까지 도달했다. 일찌감치 캘리그라피 협회에도 등록해 다양한 정보도 얻을 수 있었고 더 폭넓은 활동도 하게 되었다. 나는 혜성이의 작품을 하나하나 잘 모아 하버드 대학교에 지원서를 낼 때 영상 포트폴리오로 제출하는 데 활용했다.

독특한 개성으로 스펙을 쌓다

혜성이도 10학년을 마치면서 여름 인턴십을 찾고 있었다. 둘째 혜은이처럼 인근 대학교의 교수님들께 수십 통의 메일을 보내고 기다리던 중 UCLA 심장내과 교수님으로부터 인터뷰를 요청하는 회신이 왔다. 고등학생에게 기회를 주신다 하니 너무나 반갑고 감사했다. 그 교수님은 인터뷰 자리에서 자신의 연구를 설명해주셨다. 그곳은 신경 심장 연구소였고 심장 속 신경을 연구하고 있었다. 이번 과제는 쥐의 심장 속 신경 세포 섬유에 대한 연구였다. 혜성이는 면역 조직에 대한 교육을 받은 후 심장 신경 섬유의 이미지 데이터 분석해 쥐의 심장 신경을 그리는 일을 하게 될 것이라고 하셨다.

교수님은 혜성이를 뽑게 된 이유를 다음과 같이 설명해주셨다. 우선, 컴퓨터 코딩을 배운 경력과 코딩 자격증을 보고 일을 잘할 수 있겠다고 생각했고, 더 놀라운 사실은 이력서에서 취미로 적은 캘리그라피가 돋보였다고 하셨다. 이 연구에서는 쥐의 심장 속 신경세포절 하나하나를 자세히 묘사해야 하는데 아직까지는 컴퓨터로 완벽하게 할 수 없어 사람이 손으로 드로잉 프로그램을 활용해 그려야 하기 때문이었다. 이 때문에 혜성이가 캘리그라피를 한다는 이력서를 본 후 인스타그램도 살펴보셨다고 한다. 이 정도 솜씨면 쥐의 신경세포절을 잘 그릴 수 있다고 판단해 혜성이가 적임자라고 판단하신 것이다.

돌아오는 길에 혜성이와 이야기를 나누면서 전율이 흘렀다. 마치 이 인턴십을 위해 준비했던 것처럼 퍼즐이 맞춰지는 것 같아 정말 감사할 뿐이었다. 그해 여름, 혜성이는 200시간 넘는 시간을 UCLA 의료 연구실에서 보냈다. 교수님의 배려로 돼지의 심장 수술, 기니피그 실험 수술, 사람의 심장 이식 수술까지 참관할 수 있었다. 연구실에서 논문이 완성되자 혜성이의 이름도 공동 저자로 등재되었고 하버드에 제출한 지원서에는 교수님의 추천서도 추가할 수 있었다. 혜성이를 잘 아는 교수님께서 아이의 장점을 잘 대변해주셨을 것이라고 생각된다.

혜성이의 하버드 합격 소식을 전했을 때 무척 기뻐하셨던 교수님은 혜성이가 떠난 뒤 혜성이를 대신할 사람을 돈을 주고 고용하셨다는 이야기도 들었다. 고등학생이 연구실에서 민폐는 아닐런지 걱정이 많았는데 나름 자신의 역할을 제대로 한 것 같아 무척 자랑스러웠다. 정말 좋아하고 잘하는 것을 발견해 최선을 다하다 보면 생각지도 않은 기회가 펼쳐진다. 처음부터 가장 좋은 것을 받게 되는 것이 아니라 할 수 있는 작은 것부터 성실하게 쌓아가면 분명 좋은 기회가 찾아오게 되어 있다.

재능이 취미로, 취미가 봉사로

혜성이는 좋아하는 취미가 재능이 되면서 다른 사람을 위해 봉사하는 것을 원했고 나이 드신 분들도 좋아하실 것 같아 양로원에서 가르쳐드리기로 했다. 첫 시간에는 생일 카드, 크리스마스 카드, 부활절 카드 등을 만들어 이름을 캘리그라피로 써서 드리니 무척 좋아하셨다. 그다음 시간에는 대문자 A부터 본격적으로 가르치기 시작했다. 그런데 예상치 못한 일이 벌어졌다. 연세가 많으시다 보니 손에 힘이 부족해 펜을 쥐는 것도 버거워하신 것이다. 이후 몇 주 동안 다시 시도했지만, 배우시는 건 불가능하겠다는 생각이 들었다. 큰 기대를 했던 혜성이도 실망하는 모습이 역력했다.

우리는 포기하지 않고 학교 주변에 있던 청소년 센터를 방문해 디렉터에게 혜성이의 아이디어를 나누었다. 이 센터는 LA 경찰국이 운영하는 비영리 단체로 주로 저소득층 청소년에게 부모가 직장에서 돌아오기 전까지 다양한 방과 후 활동을 지원하고 있었다. 양로원에서의 경험을 이야기하면서 캘리그라피 수업 개설에 대해 제안하자 흔쾌히 수락해주었다. 혜성이가 다니던 고등학교와도 5분 거리여서 방과 후 가르치기도 수월했다. 수업 개설 직후에는 캘리그라피가 뭔지 잘 몰라 선뜻 배우겠다고 하지 않았다. 그러다 두 명의 여자 중학생 아이들이 관심을 보였고 샘플을 보여주면서 이름을 써주었더니 좋아하면서 배우겠다고 했다. 그렇게 맞이한 첫 학생들을 시작으로 참여하는 아이들이 늘어났고 남학생도 많이 참여했다.

그렇게 시작한 수업은 혜성이가 고등학교를 졸업할 때까지 학기 중 매주 한 번씩 이어졌다. 혜성이는 가르치면서 실력도 점점 일취

월장했다. 학기가 끝날 때마다 수업을 듣던 아이들과 카드를 만들어 양로원에 기증하고 로비를 장식하기도 했다. 그렇게 캘리그라피를 통해 청소년 센터와 양로원을 연결하는 역할도 하게 되었다.

아이들은 고등학생이 되면 봉사 활동을 하려고 많이들 시도하지만 여러 걸림돌을 만나기도 한다. 그럴 때 포기하면 의욕도 잃고 자신감도 떨어져 다음 단계로 나아가기 어려워진다. 어려운 일이나 문제가 생겨도 새로운 길은 항상 있다. 포기하지 않고 묻고 또 물으면서 문을 두드리면 열리게 되어 있다.

누군가를 도울 수 있다는 축복

혜성이는 어릴 때부터 집에 새로 들이는 전자 제품이나 기계의 사용 설명서를 읽어야 직성이 풀리는 아이였다. 언니들과 달리 세대 차이가 있었는지 컴퓨터를 익숙하게 다루는 것도 빨랐다. 나는 혜성이가 7학년 때부터 교회 친구들을 모아 컴퓨터 코딩을 배우게 했다. 처음 배운 것은 C#으로 컴퓨터에 대한 사전 지식이 전혀 없던 터라 무엇부터 어떻게 시작할지 몰라 가르쳐줄 선생님을 찾아나섰다. 마침 교회 집사님 아들 중 UCSD에서 컴퓨터 공학을 전공한 분을 알게 되어 우리 집 거실에서 첫 수업이 열렸다. 당시 우리 동네에서 이렇게 어린 학생들이 코딩을 배운 건 아마 처음이었을 것이다. 누구보다 먼저 시키려고 했다기보다 필요해서 시작했는데 우리 지역의 코딩 교육을 개척한 첫 발이 되었다.

그렇게 교육받던 중 선생님이 다른 주로 취직을 하는 바람에 어쩔 수 없이 중단되고 말았다. 코딩을 배우던 한 아이는 여태까지 살면서 가장 재미있는 것을 발견했다고도 했는데 중단하게 되어 너무 안타까웠다. 함께 배운 아이들의 부모님과 나는 다시 선생님을 찾아나섰고, 다행히 새로운 선생님을 만날 수 있었다. 아이들은 C#부터 시작해 자바스크립트까지 배우면서 공인 자격증에도 도전했다. 아이들이 C# 자격증 시험장에 들어서자 시험 관리자가 몇 번이고 머리를 갸우뚱 하면서 정말 시험을 보러 온 게 맞는지 확인하는 일도 있었다. 그렇게 혜성이와 아이들은 결국 자격증을 취득했다. 선생님은 뿌듯해 하시면서 아마도 혜성이가 남부 캘리포니아 최연소 자격증 취득일 것이라며 《LA타임스》에 실릴 사건이라고 격려해주셨다. 혜성이의 생일이 제일 늦어 최연소라고 했을뿐, 자격증을 딴 아이들 모두 겨우 중학생일 뿐이었다.

9학년이 된 혜성이는 AP수업 중 컴퓨터 공학 수강을 원했지만, 수업 코스 담당 카운슬러는 이제 막 고등학생이 된 신입생에게 어려운 과목 수강을 허락할 리 없었다. 이런 생각에 학교의 컴퓨터 선생님께 혜성이를 소개하며 컴퓨터에 대한 열정과 함께 컴퓨터 공학 수업을 희망한다는 메일을 보냈다. 컴퓨터 선생님은 충분히 수강할 수 있겠다는 답변을 주셨고, 처음에는 의아하게 생각하던 카운슬러도 혜성이의 배우려는 열정을 기특하게 여겨 수강을 허락해주었다.

컴퓨터를 배우고 어느 정도 자격을 갖추게 된 혜성이는 사람들에게 도움이 될 일을 원했다. 집 거실에서 코딩을 배우기 시작했는데 누군가를 도울 수 있다는 게 얼마나 큰 축복인지 잘 알고 있었다. 주변을 돌아보면 코딩을 배우고 싶어도 가르쳐 줄 선생님도 없어 배울 수 없고, 코딩에 대해 접해보지 못해 기회조차 갖지 못하는 사람도 있기 때문이다. 그런 생각을 하던 중 LA 공립 학교의 방과 후 활동을 지원하는 단체의 대표님과 연결되었다. 이 단체의 선생님들은 모두 자원봉사자로 학교 공부를 따라가지 못하는 아이들에게 무료로 가르치고 있었다. 혜성이가 코딩 교육 봉사를 제안하자 마침 그 생각을 하고 있었지만, 가르칠 사람을 찾지 못해 시작하지 못했다며 무척 좋아하셨다. 그러면서 컴퓨터 관련 수업의 책임자로 혜성이를 쓰겠다고 하셨다. 곧바로 가까운 초등학교와 연결되어 방과 후 컴퓨터 수업을 시작할 수 있었다.

혜성이를 통해 초등학생 40명이 코딩에 대해 알게 되었다. 가르치는 것을 곧잘 습득하고 흥미를 보였던 한 아이는 혜성이에게 찾아와 더 배울 수 있는 방법을 물어와 하버드의 무료 온라인 수업을 소개시켜 주기도 했다. 이 아이는 컴퓨터 수업 덕분에 커서 항공우주국(NASA)에서 엔지니어로 일하고 싶다는 꿈을 갖게 되었다. 혜성이도 이 아이의 이야기를 들려주면서 무척 흥분했다.

"엄마, 혹시 내가 가르친 아이 중에 스티브 잡스처럼 천재가 나올지 어떻게 알아? 배울 기회가 없던 아이들에게 가르치는 것만으로도 엄청 뿌듯해. 이 아이들이 무엇을 하게 될지 모르는 거잖아."

수업을 처음 시작할 때만 해도 아이가 아이를 가르치는 것과 다름없어서 반신반의했던 게 사실이다. 하지만 지금은 혜성이와 나는 가능성을 확인하면서 벅차올랐다. 그렇게 우리는 다른 초등학교에서도 컴퓨터 수업 개설을 추진하자는 데까지 이야기를 하게 되었다.

길이 없다면 새로운 길을 만든다

방학 동안 대표님과 이메일을 주고받으며 새로운 학교의 수업을 차근차근 준비했다. 그런데 개강을 하고 학기가 시작되었는데도 연락이 오지 않았다. 나중에서야 대표님과 연락이 닿아 사정을 들어보니 재정상의 이유로 단체를 더 이상 운영할 수 없게 되었다는 안타까운 소식을 들었다. 다가올 새 학기를 위해 세운 계획이 모두 수포로 돌아가게 되자 혜성이가 얼마나 속상해했는지 모른다. 우리는 두 학기 동안 혜성이의 수업을 감독해주신 선생님을 만난 자리에서 놀라운 이야기를 들었다.

"혜성아, 걱정하지 마. 그 단체가 없어져도 계속 컴퓨터 클래스를 만들게. 너는 와서 가르치기만 해. 사실 내가 그 단체로부터 받아야 했던 수당은 지난 학기 중간부터 받지 못했어. 너와 아이들이 너무 좋아하고 열심히 해서 돈을 받지 않고 수업을 한 거야."

고등학생인 혜성이가 감독하는 선생님 없이는 초등학생을 가르칠 수 없었기 때문에 수당을 받지 못하고 계셨는데도 자리를 지켜주셨던 것이다. 돌아오는 길에 우리는 선생님께 감사했고, 앞으로도 아이들을 가르칠 수 있게 된 것에 감사했다. 그때 갑자기 혜성이가 이런 말을 꺼냈다.

"엄마, 내가 아예 비영리 단체를 만들까? 어차피 컴퓨터 수업에 대한 세부적인 계획은 다 세워져 있고, 학교의 승인은 대표님께서 받아주신다고 하셨어."

포기하지 않은 혜성이 덕분에 일이 더 커져버렸다. 그렇게 나는 비영리 단체 등록과 관련한 일들을 알아보았고, 혜성이는 초등학교 선생님을 찾아가 계획을 설명하며 추천서를 부탁했다. 우리는 비영리 단체 등록을 위해 이름을 고민한 끝에 '코딩을 가르치는 친구(buddy)'라는 뜻으로 코드버디(Codebuddy)라고 지었다.

LA 교육국에 속한 초등학교에 코드버디 소개와 추천서를 이메일로 보내면서 방과 후 컴퓨터 수업 개설에 관심이 있다면 회신을 부탁했다. 이메일 만으로는 부족할 것 같아 코드버디 소개와 추천서, 명함을 들고 교장 선생님, 담당 선생님을 만나기 위해 초등학교들을 직접 방문했다. 담당자를 만나는 것은 정말 어려웠다. 만나지도 못하는 경우도 많았고, 만나더라도 서류만 놓고 가라고도 해서 과연 전달이나 될지 걱정되기도 했다. 그런데 혜성이에게 연락이 오는 게 아니라 추천해주신 선생님께 연락이 온다는 소식을 들었다. 그도 그럴 것이 고등학생이 만든 단체에 뭘 믿고 수업을 맡길 수 있겠는가. 연락을 받으신 선생님은 지난 1년 동안 진행된 컴퓨터 수업을 충분히 설명해주셨고, 혜성이가 고등학생이지만 성실하게 가르쳤던 것도 강조해 칭찬하셨다고 했다. 그 덕분인지 이후 몇 분의 교장 선생님으로부터 연락이 와 면담도 할 수 있었다. 봉사하고 싶어도 마땅한 자리를 찾지 못했던 코딩을 하는 친구들에게 코드버디을 소개하고 가입을 권하자 관심을 갖기 시작했다.

　　지금도 코드버디의 이름으로 첫 수업을 개설해 아이들과 선생님을 연결해주고 나오면서 받은 감동을 잊을 수 없다. 그동안 동분서주하며 바쁘게 뛰어다닌 혜성이의 눈가에 눈물이 고인 것을 보며 무척 기쁘고 흐뭇했다. 혜성이는 "엄마, 사람들이 이런 마음 때문에 계속 좋은 일을 하고 싶어 하나 봐"라고 말하기도 했다.

그렇게 초등학교 코딩 수업을 위해 설립된 코드버디의 프로그램에 참여하는 학교와 혜택을 받는 학생도 점점 늘어났다. 혜성이가 12학년 되던 해에는 11곳의 초등학교에서 약 440명의 아이들이 코딩을 접하게 되었다. 이후 코드버디는 비영리 단체 봉사상을 받았고 그 상금으로 첫 번째 '어린이 코딩 대회'도 열었다. 지금도 코드버디는 후배들을 통해 코딩을 모르는 아이들이 하루라도 일찍 코딩을 접할 수 있는 배움의 기회를 열어주고 컴퓨터의 세계로 초대하고 있다.

혜성이가 어린 나이에 일찍 코딩을 배운 건 축복이었다. 혜성이는 그 축복을 혼자만 누리는 것이 아니라 다른 사람과 나눌 때 진정한 축복이 된다는 것을 체험했다. 컴퓨터를 전공한 사람은 많지만, 어린 아이들이 그런 고임금자로부터 코딩을 배우기란 쉽지 않다. 코드버디는 만나기 힘들고 어려운 선생님이 아닌, 단체 이름처럼 친근하고 놀이처럼 코딩을 가르쳐줄 친구 같은 선생님을 만나도록 해주었다.

다양한 도전과 경험으로 꿈에 다가가다

혜성이는 과학에 관심이 많이 있었다. 고등학교를 선택할 때에도 인문학에 특화된 학교와 수학, 과학에 특화된 학교 사이에 고민하던 중 언니들이 다닌 클리브랜드 고등학교를 선택했다. 아무리 천재적이고 기발한 과학적 발견을 했더라도 글로 표현해 사람들에게 소개하지 못한다면 소용 없겠다는 생각 때문이었다. 과학자도 연구하고 실험한 결과물을 논문으로 발표해 소통하고, 논문을 접한 사람은 이를 통해 자신의 연구를 발전시킬 수 있게 되기 때문이다. 이렇게 어떤 분야든 글쓰기는 학문의 기초가 된다. 혜성이도 언니들처럼 글쓰는 방법을 배우고 익히면서 자신의 관심 분야를 마음껏 표현했다. 인턴십을 통해 생물학에 흥미를 보인 혜성이는 코딩을 접하면서 테크놀로지와 과학의 연결을 생각했다. 학교에서 배우는 인문학에도 더욱 흥미를 느꼈다. 그렇게 자신의 학문적 관심이 어디에 있는지 알기 위해 많은 시도를 했다.

자신이 무엇을 좋아하고 어떤 과목에 재미를 느끼는지 깨닫는 것은 앞으로의 진로를 정하는 데 도움이 된다. 간혹 부모님들을 만나면 아이가 뭘 하고 싶은지 모르는 것 같다며 걱정을 많이 했다. 사실 잘 모르겠다는 아이들의 답은 맞는 말이다. 그 나이에는 잘 모르는 게 맞다. 그렇다고 나중에 다시 생각하자는 것도 좋은 방법은 아니다. 일단 부딪쳐서 무엇이든 기회가 되는 대로 하다 보면 점차 윤곽이 잡히기 마련이다.

여름 프로그램 중에는 아카데믹한 프로그램들이 많다. 여름마다 그런 프로그램을 정해 공부하는 것은 배움과 관련해 많은 도전이 된다. 혜성이는 6학년때부터 시작해 11학년 여름까지 6번에 걸쳐 각기 다른 주제를 다루는 아카데믹 캠프에 참여했다. 혜성이는 프로그램마다 제공하는 내용을 직접 살펴보고 선택했다. 그 프로그램을 통해 적성을 발견하기도, 선택한 프로그램이 적성과 맞지 않다는 것을 깨닫기도 했다. 또한 함께 참여한 친구들을 보며 도전도 받고 협력을 배우기도 했다.

그중 8학년 여름에 참여한 캠프에서는 과학 저널에 수록된 기사를 읽고 분석하며 실험하는 의학 개론 과정을 통해 인체 연구를 경험할 수 있었다. 특히 실험에 흥미를 느낀 혜성이는 이 캠프를 통해 자신이 생물학을 좋아한다는 것을 알게 되었다.

9학년 여름에는 COSMOS에서 진행하는 캠프에 참여했다. 캘리포니아 주립대학교의 캠퍼스 네 곳에서 고등학생 700명 정도를 선발해 4주 동안 기숙사에서 지내며 수업을 받았다. 스템(STEM) 전공을 원하는 학생들이 좋아할 만한 커리큘럼, 저명한 교수진과의 충분한 실습으로 캘리포니아에서 유명한 스템 캠프였다. 재정 지원도 받을 수 있다 보니 경쟁이 치열했다. 대부분 10, 11학년 위주로 선발해 9학년에게는 기회가 잘 오지 않는데 혜성이는 중학생 때부터 여름 프로그램에 열심히 참여한 경력을 인정받아 선발될 수 있었다. 게다가 다행히도 전액 장학금의 혜택도 받았다.

혜성이는 UC데이비스 캠퍼스에서 '생물 물리학과 로봇 공학에서의 컴퓨터'라는 수업을 들었다. 캠퍼스 규모가 커서 수업을 들을 때면 자전거를 타고 이동하고, 식당에서 대학생처럼 지냈던 걸 제일 좋아했다. 중학생 때 경험한 캠프와 달리 학생이 자율적으로 활동하도록 허락해주었다고 한다. 함께 캠프에 참여했던 언니, 오빠들은 이후 대학교에서 스템 분야에서 공부하고 있다고 한다. 특히 이 수업에서는 컴퓨터 프로그래밍을 많이 배울 수 있었고, 로봇 공학과 관련한 엔지니어링도 공부할 수 있었다. 사실 혜성이는 엔지니어링에 흥미를 갖지 못해 생물학과 관련된 내용을 더 배우고 싶어 했다.

10학년 여름에는 앞에서도 소개한 UCLA 심장신경내과 연구실에서 인턴십을 했다. 8학년 여름에 참여한 캠프에서 의학 개론을 배우며 실험한 것을 흥미로워했는데 인턴십을 하면서 직접 참관해보고 배울 수 있어 좋아했고, 연구에 직접 참여했다는 것을 무척 자랑스러워했다.

11학년 여름에는 이전까지 참여한 STEM과 다른 공부를 하게 되었다. 당시 혜성이는 학교에서 배우는 인문학에도 재미를 느끼고 있다 보니 여름 프로그램으로 무엇을 선택할지 고민이 많았다. 보통 여름 캠프는 1~2월 중에 지원 마감을 하다 보니 겨울 방학 때 준비해야 마감을 지킬 수 있었다. 각 분야별 유명 캠프는 아이비리그 대학교에 들어가는 것보다 어렵다. 그렇다 보니 합격될 것이라

344

고 생각하기보다 한번 시도해본다는 게 맞다. 나는 고민하는 혜성이에게 지원한다고 다 되는 것이 아니니 일단 STEM 캠프를 지원하고, 인문학 캠프도 지원해보자고 조언했다. STEM으로 가장 유명한 캠프는 RSI(Research Science Institute)이고, 인문학으로 가장 유명한 캠프는 TASP(Telluride Association Summer Program)이다. 두 프로그램 모두 합격률은 5% 이하였다. RSI는 각 주에서 50명, 해외에서 30명까지 총 80명을 선발하는데 에세이, 시험 성적, 추천서, 연구 경험, 수상 경력 등을 준비해야 했다. TASP는 1차로 130명을 선발하고, 2차로 인터뷰에서 절반 정도만 선발한다(해마다 선발 인원은 변경된다). 에세이만 보는 1차에 합격되면 이력서, 학교 성적, 시험 성적, 추천서 등의 서류를 접수하고 2차 인터뷰를 보게 된다.

TASP 인터뷰는 고등학생을 대상으로 하는 인터뷰 중 가장 어렵다는 이야기가 있다. 주로 TASP 동문들이 인터뷰를 하는데 토론 형식으로 진행된다. 지원자가 제출한 에세이를 바탕으로 해서 에세이와 반대 견해를 제시하면 효과적으로 반론할 수 있는지 보는 것이다. 혜성이는 학교에서 토론 형식으로 인문학을 공부했던 경험이 큰 도움이 되었다. 특히 혜성이에게는 마지막 질문으로 직접 세운 비영리 단체인 코드버디에 관심을 보이면서 어떻게 설립했는지, 무엇을 하는지 등을 물었다고 한다.

결과적으로 혜성이는 RSI에서 떨어졌다. 캘리포니아주 대표로 선발된다는 것은 역시 어려운 일이었다. 그래도 감사한 것은 TASP에 합격한 것이다. 혜성이가 TASP 2차 선발 인터뷰를 마치고 돌아올 때 느낌이 좋다고 해 조금은 기대하고 있었다.

TASP에서 공부한 주제는 '역사, 과학, 문학, 철학 안에서의 인체'였다. 혜성이가 좋아하고 관심을 갖는 모든 분야가 다 들어 있었다. 이 캠프를 통해 인간을 이해하기 위한 학문이 인문학이라는 것과 인간의 삶을 더 인간적으로 만들기 위한 도구가 과학이라는 것을 이해할 수 있었다고 했다. 그 덕분에 혜민이는 인문학과 과학의 만남에 대한 통찰을 얻었다. 혜성이는 하버드에 지원할 때 제출한 에세이에서 '과학의 발전은 사회, 철학, 윤리에도 똑같은 변화를 요구한다'고 밝히며 인문학과 과학의 관계를 배우고 더 연구하고 싶다는 뜻을 표현하기도 했다.

어려서부터 자신의 학문적 관심이 어디를 향하고 있는지 탐색하는 길들을 밟아온 혜성이는 하버드 대학교에서 자신의 관심이었던 인문학과 자연의 연관성을 공부하고 있다.

PART 6

인생의
두 번째 챕터를 열다
: 세 딸이 경험한 하버드 이야기

대학 진학을 통해
부모와 아이가
배우게 되는 것들

대학을 준비하며 깨달은 것들

　2016년 9월 5일자 《타임》 표지는 "평범한 가족, 비범한 아이들 (Ordinary Families. Extraordinary Kids.)"이라는 제목으로 아홉 가문의 이야기를 전하고 있었다. 소개된 이들은 미국에서 이름만 들어도 아는 사람들이었다. 대표적으로 보이치키(Wojcicki) 가문의 세 자매인 수잔(Susan, 유튜브 CEO), 앤(Anne, 23andMe), 자넷(Janet, 질병 역학자) 그리고 이매뉴얼(Emanuel) 가문의 세 아들인 람(Rahm, 전 시카고시장), 제크(Zeke), 아리(Ari) 그 외 로드리게스(Rodriguez) 가문의 레베카(Rebeca), 지나(Gina), 이브리스(Ivelisse) 그리고 린(Lin) 가족의 마야(Maya), 탄(Tan) 등 가문 별로 소개되어 있었다. 소개된 가문들은 하나같이 자녀가 모두 성공했다. 부와 명성을 대물림한 명문가 집안은 제외했다. 단순히 돈이 많거나 유명한 것을 넘어 리더십, 사회봉사, 성취 측면에서 정상에 오른 형제, 자매들을 다루었다. 한 가정에 한 명도 아니고 모두 그런 성공을 거두었기에 자녀를 어떻게 키웠는지 관심을 갖고 조사한 것이다.

《미주 중앙일보》가 교육에 관심이 많은 교민을 위해 《타임》의 기사를 분석한 기사(2016년 8월 27일자, '성공하는 아이들의 특징')도 읽어 보았다. 이 아홉 가문에게서 볼 수 있는 많은 공통점 중 주의 깊게 볼 것은 '이민'과 '교육'이다. 한 가정을 제외한 모든 가정이 이민자였고 교육자 집안이었기 때문이다. 이민자와 교육자의 공통점은 교육의 중요성을 인식한다는 것, 이민 1세대는 소수계로 살아남기 위한 가장 좋은 방법으로 자녀의 교육을 강조했다는 것이다. 이민자들은 자녀에게 희망으로 때로는 압박감과 성취욕을 자극한다. 자녀들은 헌신하는 부모의 높은 기대를 만족시키기 위해 정상을 향하려는 욕구를 갖게 된다. 민족적, 종교적 자부심 또한 중요한 동기가 된다. 강한 투지를 갖게 해서 미래를 위해 현재의 유혹을 물리치도록 하기 때문이다. 더욱 중요한 것은 아홉 가문의 자녀들은 모두 부모의 강압이 아닌, 아이들 스스로 해야 한다는 자유 의지가 있었다.

이 기사를 보면서 미국에서 아이를 키우는 우리의 이야기를 잘 대변하고 있다는 생각이 들어 크게 공감했다. 나 역시 이민자이면서 교육에 중요성을 실감했던 부모였기 때문이다. 더욱이 신앙으로 그 어떤 어려움과 유혹이 있더라도 이기고 승리한다는 믿음으로 지금까지 달려왔다. 인생 전체를 볼 때 대학 자체는 그렇게 중요한 문제가 아닐지도 모른다. 그러나 우리 가족이 처한 상황 속에서 자녀의 대학은 다음 세대에게 꿈을 주고 성장하게 하며 다음 세대에 선한 영향력을 줄 수 있는 징검다리가 되는 것은 분명하다.

간혹 아이들 중 어린 나이에 자신의 의지와 상관없이 어려운 문제를 만나는 경우를 본다. 부모님의 사망, 부모님의 이혼, 질병, 전쟁 등의 문제가 그것이다. 이런 문제를 겪는 아이들에게 대학은 아무것도 아닌 문제다. 오히려 닥친 인생의 어려움을 잘 극복하는 것이 대학 진학보다 더 중요할 수도 있다. 하지만 이런 극단적 경험이 없는 평범한 아이들에게 대학 입시는 어떤 의미일까? 지금껏 만난 문제 중 가장 큰 문제라고 생각하지는 않을까? 결국 자신이 넘어야 할 산이라고 생각하지는 않을까? 대학 진학은 평범하게 자란 아이들이 살아오면서 만나는 가장 큰 고민거리일 수밖에 없다. 자신의 인생의 가장 큰 중대사라고도 할 수 있다. 평범했던 우리 아이들에게도 대학 입시는 어려운 문제였다. 그 과정을 잘 통과하는 것은 결과보다 더 중요했다. 그 속에서 믿음이 성장하고 자신이 쓸모 있는 사람이라는 확신을 갖고 더 넓은 세계로 나아가게 되기 때문이다.

아이의 입장에서 대학 입시는 믿음의 성장을 기대 할 수 있는 시간이며, 대학을 보내는 부모님에게는 가족 간의 화합과 단결이라는 열매를 얻을 수 있다. 함께 입시를 치르면서 부모와 자녀는 하나가 된다. 서로 소통하지 않고는 어려운 대학의 관문을 넘기 쉽지 않다. 어려움을 함께 했던 일들은 가족의 소중한 이야기로 남는다. 혜은이가 완성한 숙제를 찾기 위해 온 가족이 집 안을 샅샅이 뒤지고 이것도 모자라 고무장갑을 끼고 쓰레기통까지 뒤진 일들, 혜성이가 일주일 동안 볼거리에 걸려 학교에 가지 못하고 앓았던 일, SAT 시험을 보러 가다 교통사고가 났는데 마침 친구를 만나 그 차로 아슬아슬하게 시험장에 도착한 일, 혜민이가 우리 부부를 대신해 동생을 학교에 보내주기 위해 멀리 샌프란시스코에서 비행기를 타고 내려와준 일, 혜은이가 다른 주에 갔던 우리 부부를 대신해 운전해서 동생을 학교 데려다주다 교통사고 나 차를 폐차할 지경이 되었는데도 경찰에게 동생은 학교에 가야 한다고 부탁한 일 등 우리 가족에게 일어난 일들이 끈끈한 가족애를 갖게 했다. 이처럼 대학에 가는 길에 우리가 경험한 일들은 인생에서 새로운 지표를 여는 중요한 계기가 되었으며, 이 변곡점마다 온 가족이 함께 노력한 결과물이라는 사실이다.

아이의 발목을 잡는 부모가 되지 않는다

"멀리 있는 딸들은 모두 잘 있나요?"

"집에 오고 싶다고 안 하나요?"

"딸이라서 걱정되시겠어요."

가끔 딸들의 안부를 묻는 지인의 인사를 받곤 한다. 솔직히 나도 늘 궁금하다. 어쩌다 전화가 와도 놀라고, 안 와도 걱정이다. 그럴 때면 미국이 넓다는 게 실감난다. 우리가 있는 서부 LA에서 아이들이 있는 동부 보스턴까지는 비행기로 거의 한나절, 6~7시간 걸려야 만날 수 있다. 어디가 아프거나 무슨 일이 있다고 해도 무작정 달려갈 수 있는 거리가 아니다. 더군다나 딸이라서 항상 마음이 더 쓰인다. 어떤 부모는 절대로 멀리 있는 대학에 안 보낸다고도 하신다. 하버드에서 오라고 해도 멀어서 안 보낸다고 농담처럼 말하시는 분도 있다. 그런 먼 곳을 마다 않고 세 명을 보내면서 다시금 부모의 역할을 생각해본다.

자녀가 멀리 떠나 대학을 간 것은 곧 부모로부터의 독립이다. 자녀가 나를 떠난다기보다 내가 자녀로부터 독립하는 것이다. 아이가 막 태어나면 그 인생 속에서 부모의 자리는 크다. 점차 자녀가 자라면서 부모의 자리는 작아져야 한다. 그러다 대학을 가는 시기가 오면 자녀의 인생에서 나는 떠날 준비를 해야 한다. 대학은 자녀의 인생 속에서 떠나 독립하는 시기이다. 먼저 부모가 자녀를 떠나야 자녀가 부모를 걱정하지 않고 떠날 수 있다. 부모가 떠나지 못해 아이의 발목을 잡고 있으면 마음껏 자신의 의지를 펼치지 못한다.

첫째 혜민이는 여섯 살 때 우리와 함께 미국에 건너와 동고동락한 친구다. 영어의 말문이 먼저 터진 덕분에 어려서부터 우리을 도운 협력자요, 동역자였다. 어린 나이에 어려운 서류들도 통역해주면서 이민 생활의 어려움을 같이 이겨냈다. 그런 딸이 이제는 자신의 삶을 살기 위해 나아갈 수 있도록 내가 먼저 독립을 선언하고 나 스스로 해야겠다는 생각을 했다. 혜민이가 부모와 동생을 두고 떠나면서 무엇을 걱정할지 잘 알기에 부모인 내가 먼저 독립의 의지를 보여주기로 했다. 떠나는 자식이 부모를 바라보는 시각이 바뀌도록 독립하는 것이다. 나는 그렇게 한가해진 시간을 의미 있게 채우도록 계획하고, 새롭게 변화하고 성장하도록 노력할 것을 다짐했다. 무엇보다 하나님이 나에게 주신 사명에 더 집중하는 믿음의 모습이 떠나는 아이들의 마음을 평안하게 할 것이라고 믿는다.

자녀를 위해 할 수 있는 일이 이제는 거의 없다. 막내까지 떠나보내면서 이제 내가 할 수 있는 것은 기도뿐이었다. 단지 떠나는 자녀에게 부탁하는 것은 신앙 생활에 관한 부분이다. 세상으로 나가는 아이들에게 어디서든 하나님을 인정하고 살아가라는 부탁을 할뿐이다. 하나님의 사랑과 부모님의 사랑을 기억하고 어려울 때 이것을 떠올리라고 당부했다. 각자 받게 될 사명도 용기 있게 감당해주길 바란다.

2

하버드가
최고의 대학으로
불리는 이유

글로벌 리더를 양성하는 학교

모든 대학교의 합격 발표가 다 끝나면 보통은 여러 학교로부터 합격 통지를 받게 된다. 이제부터는 결정이 아이의 손에 달려 있다. 이것을 알고 있는 대학교들은 우수한 학생을 유치하기 위한 홍보를 시작한다. 지역의 동문 모임에 예비 합격생을 초대하기도 하고, 동문들이 전화로 축하 메시지와 학교에 대한 홍보를 하기도 한다. 이런 취지로 하버드에서는 합격생들을 학교로 초대하는 'VISI-TAS'라는 행사를 연다. 학교에서 3일 동안 먹고 자면서 학교의 대한 소개와 비전을 나눈다. 학교에 들어오면 하버드가 학생에게 제공할 수 있는 모든 것을 설명하고 프리젠테이션하는 것이다. 하버드에서 항공편과 숙식까지 제공한다는 메일을 받은 혜민이는 너무도 흥분했었다. 다만, 아이 혼자 보내는 것이 불안하기도 하고, 궁금한 마음에 나도 함께 하버드를 방문하게 되었다.

정문을 지나 넓은 잔디밭에 자유로이 앉아 책을 읽거나, 친구들끼리 모여 웃고 떠드는 모습을 보니 겉으로는 여느 대학과 같아 보였다. 학교가 마련한 행사를 열심히 따라다니던 혜민이는 벌써 친구를 사귀어 학교 곳곳을 돌아니고 있었다. 잠시 만났을 때 혜민이로부터 들을 말들이 더없이 반가웠다.

"엄마, 여기 있으니까 내가 여태까지 느껴보지 못한 대접을 받고 있다는 생각이 들어. 여기서는 동양인이라는 것도, 여자이기에 느끼는 차별도 없고, 다른 사람과 동등하게 대접해주는 느낌을 받아. 무엇보다 다양한 것을 서로 인정해주는 자유가 있어 좋아. 여기는 내 스타일이야."

서부 LA에서 이 먼 곳인 케임브리지라는 조그마한 도시에서 이방인처럼 느끼면 어쩌나 걱정했는데 자기 자리인 것 같다고 느끼는 딸의 고백이 고마웠다. 학교가 자리잡은 도시 자체가 젊은이로 넘쳤고, 대중교통이 잘 되어 있어 어디든 다니기 수월해보였다. 공부를 하다 스트레스를 받거나 힘이 들어도 금방 학교 밖으로 빠져나와 스트레스를 날릴 공간들이 학교 주변에 많이 보였다.

내가 느낀 하버드 대학교는 미국만을 위한 미국의 대학이 아닌, 세계인을 위한 세계의 대학 같았다. 여기서만큼은 내가 소수계 출신이라는 것을 느끼지 못했다. 단지 나는 한국계 미국인을 대표한다는 느낌이 들었다. 거기서 만나는 다른 나라의 학생들, 사람들 모두 각 인종을 대표하고 나라를 대표해 이곳에서 만나 공부하고 학문을 배우고 가르치고 있다는 생각이 들었다. 전 세계에서 모인 인재들은 여기서 공부하고 배워 졸업한 뒤 다시 전 세계로 나아가 각자의 자리에서 세상을 위해 일한다. 또 연계되어 있는 세계의 수많은 대학교에 가서 공부할 기회도 열려 있다. 전 세계에 흩어져 있는 동문들끼리 서로 협력하는 커넥션도 갖춰져 있다. 혜민이는 3학년 여름에 두 달 동안 중국에서 논문 리서치를 했었다. 베이징, 상하이, 광저우, 홍콩 등 여러 도시를 돌아다녀야 하는 일정이었다. 21살 여자가 중국을 혼자 돌아다닌다고 하니 걱정이 앞섰다. 학교 담당자를 만나니 명함을 하나 주었다고 했다. 혹시라도 중국에서 위험한 상황이 생기면 연락하라는 것이었다. 마치 자신이 하버드라는 회사가 고용한 직원 같았다고 했다. 해외에서 비상 상황을 만나면 대사관으로 연락하듯 하버드의 학생이 위험한 상황에 처하면 도울 수 있는 글로벌 시스템이 준비되어 있는 것이다.

하버드는 전 세계의 인재가 많이 오면 올수록 학교는 더 성장할 수 있고, 더 많은 세계적 인재를 양성할 수 있다는 신념을 갖고 있는 것 같았다. 그렇게 배출된 인재들은 자신의 나라와 인종을 대표해 좀 더 나은 세상이 되도록 최선을 다할 것이다.

하버드만의 특별한 시스템

　지역 한인가정상담소에서 '대학을 보낸 엄마의 경험담'을 나누어 달라는 부탁을 받고 강의를 하게 되었다. 강의를 마치고 나오는 길에 한 어머니가 감사하다고 인사를 하셨다. 그분은 대학에서 받을 수 있는 혜택에 대해 들은 적도, 생각해본 적도 없었다면서 무작정 명문대만을 고집하는 부모를 보면 자신의 욕심에 허세를 부려 아이만 고생시키는 것이라고 생각하셨다고도 했다. 하지만 나의 강의를 듣고 나니 내 아이도 그런 혜택을 받을 수만 있다면 보내고 싶다는 소망을 갖게 되었다고 하셨다. 그분과의 대화를 통해 좋은 것은 아는데 구체적으로 뭐가 좋다는 것인지 정확한 정보를 알지 못하는 경우도 있겠다는 생각을 했다.

　우리 아이들이 하버드에 들어가 받은 혜택을 정리해보려 한다. 우리의 경험이 전부라고는 할 수 없다. 다만, 우리가 경험한 것을 나눔으로써 앞으로 대학을 보낼 부모님에게 도움이 되지 않을까 하는 마음이 들었다. 오랜 세월 동안 명문대라고 불린 대학교는 그럴 만한 이유가 분명히 있다. 다른 학교와 차별화되는 그 학교 만의 혜택이 존재한다.

돈 걱정 없는 학교

하버드 대학교는 '니드 블라인드(need blind)' 정책을 시행한다. 장학금을 신청하더라도 합격에 영향을 주지 않는다는 의미다. 우리 아이들은 하버드를 지원할 때 지원서와 함께 장학금을 신청했다. 이때 간혹 혼동을 줄수 있는 용어가 있다. 바로 '장학금'이라는 용어다. 장학금은 크게 성적 장학금(Merit Scholarship)과 재정 보조(Financial Aid)로 나눌 수 있다. 하버드에는 성적 장학금이라는 것이 없다. 학교에서 장학금을 받았다고 하면 그것은 재정 보조를 받은 것이다. 지원서와 함께 작성하는 장학금 신청은 성적 장학금을 뜻하는 것이 아니다. 이것은 가정 형편에 따라 주는 재정 보조다. 하버드는 이런 재정 보조를 신청했다고 합격시키거나 탈락시키지 않는다. 합격 여부를 결정하는 기관인 입학허가처(Admissions Office)는 학생의 경제적 형편과 상관없이 입학을 결정한다. 미국에는 이러한 정책을 시행하는 대학교가 많이 있다. 이러한 정책을 외국 학생(International Student)에게도 똑같이 적용하고 있는 대학교도 있다. 점차 이러한 정책을 시행하는 대학교가 늘어나는 추세다.

우리 가정의 경우 부모가 지불해야 할 돈이 없었다. 그 이유는 부모의 소득이 1년 7만 달러 이하였기 때문이다. 쉽게 말해 소득이 적어 대학생의 학비를 낼 수 없는 가정 형편이라는 뜻이다. 하버드는 7만 달러 이하의 소득 가정의 학생에게는 무료로 교육을 제공한다. 1년 학비가 7~8만 달러라고 하면 이 금액 안에 학비, 기숙사비, 식비, 용돈, 의료보험 등이 모두 포함되어 있다. 세 아이는 모두 학교에서 재정 보조를 받아 우리 부부는 학비를 지불하지 않았다. 이것을 잘 몰랐던 분들은 무슨 돈으로 아이들을 전부 사립 학교에 보냈는지 궁금해하신다. 혜민이가 만약 UC버클리에 갔다면 1년에 3,000달러를 내야 했다. 하버드를 가면 돈을 내지 않아도 된다는 것은 우리에게 가장 좋은 소식이었고 가장 큰 축복이었다. 이처럼 공부하는 데 돈이 문제가 되지 않아 신경 쓰지 않고 마음껏 공부하고, 목표하는 일들을 이룰 수 있다는 것이 가장 좋은 혜택이다.

학비와 기본적 생활은 보장되지만, 전 세계의 부유한 아이들이 몰려온다는 하버드에서 혹시라도 기가 죽지는 않을까 불안한 마음도 있었다. 그러나 학교에서 주는 세심한 배려와 돌봄 덕분에 우리 아이들은 전혀 그런 느낌을 받지 않고 생활할 수 있었다. 학교에서는 컴퓨터가 필요하면 컴퓨터를 사주었고, 캘리포니아처럼 따뜻한 지역에서 온 학생에게는 겨울용 코트 구입비를 주었다. 추운 동부에 적응해야 하는 신입생에게 학교의 따뜻한 마음을 전하는 것이다. 이뿐만이 아니다. 학기마다 학교 매점이나 주변 식당에서 사용할 수 있는 소량의 돈도 카드에 넣어준다. 써본 적은 없지만 비상시에만 쓸 수 있는 돈이 5,000달러까지 있다고 한다. 졸업식에 참석하는 부모님을 위한 졸업식 지원도 있다. 부모님이 멀리 살다 보면 졸업식에 참석할 때 비용이 많이 든다. 왕복 항공편과 며칠 간의 숙식까지 비용 부담이 결코 작지 않다. 학교에서는 이런 형편을 헤아려 졸업식 참석을 원하는 부모님을 위해 기꺼이 경비를 지원해준다. 그러니 돈 걱정 없이 부모님과 함께 졸업을 마음껏 축하할 수 있다.

고등학교에서 공부와 여러 활동만 하다 대학생이 되면 가장 하고 싶은 것들이 문화 활동일 것이다. 친구들과 영화도 보고, 연극이나 뮤지컬 공연 등 문화적 활동을 누리고 싶기도 할 것이다. 학교에서는 1년에 5번 정도 어떤 공연이든 관람할 수 있는 티켓을 제공한다. 학교 주변인 케임브리지나 보스턴에서 열리는 행사의 무료 티켓이나 할인 티켓을 사용할 수 있는 기회도 제공한다. 아이들이 좋아하는 보스턴 레드 삭스의 경기, 보스턴 심포니 오케스트라의 공연, 발레 공연 등 지역 사회의 문화 활동도 즐길 수 있다. 등산이나 암벽 등반이라든지 스포츠, 견학 같은 학교 밖 취미 활동도 저렴한 비용만 내면 참여할 수 있게 해준다.

이민자이며 미국 내에서 경제적 약자인 우리 아이들은 하버드에 들어가 공부할 수 있다는 것만으로도 큰 혜택일 것이다. 그렇지만 경제적인 형편 때문에 다른 친구들이 즐기는 문화적 혜택을 누릴 수 없었다면 부모로서 많이 안타까웠을 것이다. 그렇지만 이렇게 학교의 섬세한 지원이 있었기에 마음껏 공부하고 원없이 대학 생활을 할 수 있었다. 이렇게 하버드에서 공부하고 생활하는 동안은 모든 학생이 동등하게 대우받고 동등한 혜택을 누릴 수 있다. 약자에 대한 학교의 지원은 훌륭한 학생을 배출하고, 이러한 정신을 이어받은 학생이 사회에 나가 자신보다 더 어려운 사람을 돕고 선한 영향력을 끼치는 인물이 된다.

최고의 학습 컨설팅

둘째 혜은이는 모든 일을 완벽하게 해야 직성이 풀리는 성격이었다. 그러다 보니 스트레스가 이만저만이 아니었다고 한다. 공부, 클럽 활동, 봉사 활동에 주말이 되면 신앙생활까지 빡빡한 일정을 소화하지 못하게 되면서 점차 공부를 미루게 되었고 고민 끝에 학교가 제공하는 카운슬링센터(Bureau of Study Counsel)를 찾아가게 되었다. 그 센터에서는 자기 관리를 위한 여러 워크숍이 준비되어 있었다. '속독법', '과제 계획', '시간 관리법' 등 체계적 방법을 배울 수 있었다. 공부가 힘든 학생을 위한 튜터링 프로그램도 제공하며 1:1 카운슬링도 받을 수 있다.

혜은이는 워크숍과 1:1 카운슬링에 참여해 도움을 받았는데 1:1 카운슬링이 가장 큰 도움이 되었다고 한다. 덕분에 수업을 위한 과제를 어떻게 생각하고 접근할지 생각할 수 있었다. 혜은이는 해야 할 과제를 '큰 덩어리'로 생각했기 때문에 부담과 스트레스로 다가

왔던 것이다. 혜은이는 우선 이 큰 덩어리를 우선 잘게 잘라 분류하라는 조언을 들었다. 그렇게 작게 만들면 스트레스가 줄어들기 마련이다. 작아진 과제는 단계별로 만들어 언제 처리할지 스케줄을 만든다. 계획을 세운 후에는 1:1 카운슬러와 계속 상담하면서 잘 실천하고 있는지 점검을 받았다. 이렇게 한 학기 동안 코칭을 받고 나자 생활이 완전히 달라졌다고 했다. 이러한 자기 관리법을 고등학생 때부터 알았다면 더 잘할 수 있었을 것이라며 아쉬워하기도 했다. 덕분에 혜은이는 집에 왔을 때 동생 혜성이와 교회 후배들을 위해 자기 관리 학습법을 주제로 세미나를 열기도 했다.

촘촘한 돌봄과 관리

하버드에 들어가면 신입생만 따로 모여 기숙사 생활을 한다. 신입생은 이들만 따로 관리하는 어드바이저에게서 여러 단계로 도움을 받는다. 어드바이저는 말 그대로 조언하고 도와주는 사람들이다. 나이가 있는 대학원생도 있고, 조교도, 박사 과정에 재학 중인 사람도 있고, 직업 어드바이저도 있다.

신입생을 제외한 나머지 학생은 12개의 기숙사에 나뉜다. 그렇게 정해진 기숙사에서 졸업할 때까지 생활하게 된다. 12개의 기숙사는 각자 이름을 가지고 있고 하나의 마을(Community)처럼 운영된다. 이때부터 몇 겹으로 구성된 어드바이저를 만나게 된다. 우선, 층별 생활을 관리하고 도움을 주는 어드바이저가 있다. 가끔 학생을 모아 피자 파티도 열어주고 고민도 들어주는, 기숙사 생활의 언니, 오빠 같은 역할인 것이다. 그리고 각 기숙사에는 대표 어드바이저도 있다. 또한 기숙사별로 전공별 아카데믹 어드바이저도 따로 있다. 특히 법대, 의대를 준비하는 학생을 위한 어드바이저도 기숙사마다 준비되어 있다.

학교에서 운영하는 어드바이저도 만날 수 있다. 생활 문제를 상담하는 어드바이저, 로즈 스콜라(Rhodes Scholar) 또는 마셜 스콜라(Marshall Scholar) 같은 유명한 장학금 지원을 돕는 어드바이저도 따로 있다. 전체 학업을 지도하는 어드바이저, 시간 관리, 학업 관리 어드바이저도 있다. 마지막으로 취직과 진로 상담을 위한 어드바이저와 인턴십이나 여름 활동 지원을 위한 전공별 어드바이저도 있다.

이처럼 어디를 가든 어드바이저에게 도움을 요청할 수 있는 체계적 시스템이 갖추어져 있다 보니 어디에서 어떤 문제가 생기든 결국 도움을 받게 되어 있다. 학생들은 어드바이저로 겹겹이 둘러싸여 있어서 도저히 낙오할 수 없게 돌봄과 보호가 제공되는 환경에서 공부하게 된다. 이런 시스템 덕분에 하버드의 졸업률은 98%이다. 미국의 대학교 평균 졸업률이 47%인 것에 비하면 두 배 정도 되는 것이다. 졸업을 하지 못한 2%도 학교를 그만두고 스타트업을 시작했거나 다른 학교로 옮긴 경우일 것이라고 한다.

　학교의 돌봄과 보호 시스템과 관련해 감탄한 것은 기숙사 식당의 서비스다. 나는 엄마로서 늘 먹을 것을 걱정했다. 이 또한 엄마의 쓸데없는 걱정인데 말이다. 가끔 12시에 수업을 들어야 하는 경우가 생긴다. 점심 식사는 어떻게 해결하는지 걱정하니 식당에서 도시락을 준비해준다고 한다. 전날 미리 컴퓨터를 이용해 지정된 메뉴 중 도시락을 신청하면 아침 식사 때 도시락을 찾아갈 수 있다고 한다. 건강의 기본인 식사까지 꼼꼼하게 챙겨주는 것에 대단하다는 감탄이 절로 나왔다.

다양한 활동 지원

　첫째 혜민이는 1학년 때부터 중국 정치에 관심을 갖게 되어 중국어를 배웠다. 여름 방학을 맞아서 중국을 경험하고 싶어 중국의 영어 교사로 가게 되었다. 사실 1학년으로서 인턴십이나 해외 경험 기회를 잡는 것이 무척 어려웠다고 한다. 대부분 2, 3학년에게 기회를 주기 때문이다. 더운 여름, 중국에서의 영어 교사 경험은 고생스러웠지만, 1학년에게도 기회가 주어졌다는 것만으로도 감사하게 생각했다고 한다. 중국 학교에서 제시한 조건은 항공편과 숙식 제공이었고, 여름 프로그램이 끝난 후 중국 여행을 할 수 있었다. 2학년 여름 방학 때는 두 달 동안 한국의 통일부에서 인턴을 했다.

항공편과 두 달 동안의 생활비는 하버드에서 지원해주었다.

3학년 여름 방학 때는 졸업 논문을 위해 중국에서 직접 리서치하는 작업이 필수적이었다. 이 리서치를 위해 중국어도 미리 열심히 공부했다. 문제는 두 달 동안의 중국 생활비와 리서치 비용이었다. 지원을 받기 위해 여러 곳을 수소문했고 하버드의 웨더헤드 국제협력센터(Weatherhead Center for International Affairs)에서 모든 비용을 지원받을 수 있다는 연락을 받았다. 대학생에게도 리서치를 위한 지원이 제공된다 해 놀라지 않을 수 없었다. 그렇게 혜민이는 3학년 겨울 방학에도 집에 돌아오지 않고 '티치 포 아메리카(Teach for America)'라는 프로그램에 참여해 보스턴에서 저소득층 학생을 가르치는 지역 사회 봉사를 하기 원했다. 이번에도 학교의 도움을 받을 수 있었다. 원칙적으로 방학 때는 기숙사에 머무를 수 없지만, 혜민이 같은 이유로 남아 있는 학생을 위해 제공되는 기숙사가 있어 숙식도 해결할 수 있었다. 그 외 생활비도 학교에서 지원을 받아 추운 겨울을 의미 있게 보낼 수 있었다.

둘째 혜은이도 1학년 여름 방학 때 아르헨티나에서 하버드 썸머 스쿨에 참여했다. 고등학생 때부터 배워온 스페인어 공부를 계속한 것이다. 스페인어 랭귀지 코스를 아르헨티나 현지에서 참여한 덕분에 소중한 경험과 실력을 쌓을 수 있었다. 멕시코 선교를 가면 늘 현지에서 통역을 구했었지만, 아르헨티나를 다녀온 혜은이가 통역을 완벽하게 해주어 큰 도움이 되었다. 그렇게 대학에 다니며 스페인어 실력을 꾸준히 갈고닦은 덕분에 인턴십을 구할 때도 스펙으로 인정받을 수 있었다. 학교에서는 학생들의 언어 교육을 위해 적극적으로 지원해주었고, 특별히 현지에서 언어를 습득할 기회도 마련해주었다. 혜은이는 2학년을 마치면서 갭 이어(Gap Year)를 가지며 휴학을 했다. 그 시간 동안 자신이 가려는 진로가 정말 맞는지 실전에서 경험해보고 결정하고 싶었기 때문이다. 휴학하는 동안 워싱턴 D.C.에 위치한 비영리 단체와 LA 검사실에서 인턴을 경험한 뒤 다시 워싱턴 D.C.로 돌아와 연방 주택 도시 개발부에서 인턴으로 일했다. 그렇게 휴학을 했던 1년 동안 관심 분야의 인턴을 찾는 과정에서 학교가 제공하는 정보와 도움 덕분에 수월하게 자리를 찾을 수 있었다. 재정적 지원은 휴학 중이었기에 동문들의 도움을 받아 인턴 생활을 이어갔다. 3학년으로 복학한 혜은이는 법대 지원을 위한 공부(LSAT)도 함께 했고 3학년 여름 방학 때는 뉴욕 도시 빈민층의 변호를 돕는 비영리 국선 변호인 단체에서 인턴 활동을 했다. 이 때도 보조금 혜택을 받아 생활할 수 있었다.

최상의 학교 생활을 위한 지원

바쁘게 돌아가는 학사 일정을 소화하다 보면 학생들은 스트레스가 쌓일 수밖에 없다. 그럴 때면 스트레스를 해소할 취미 생활이 있으면 좋다. 우리 아이들은 연극이나 아시안 클럽과 같은 동아리 활동을 통해서도 큰 도움을 받았다.

혜은이는 도자기를 만드는 취미 활동을 시작했다. 학교에 도예를 배우고 도자기를 만들어 구울 수 있는 공간이 따로 있어 학생 아이디만 있으면 아무 때나 도자기를 만들 수 있었다. 도예는 학생들이 가르쳤는데 전문가 수준의 실력을 갖추고 있다고 한다. 4학년 때는 전문 코치가 가르쳐주는 권투도 시작했다. 다른 친구들을 보면 다양한 취미와 수업을 듣고 배우면서 서로 가르치기도 했다고 한다.

하버드의 자랑거리 중 하나가 바로 도서관이다. 도서관이 크고 전 세계의 책을 소장하고 있다는 점에서도 주목을 받지만 학생들이 직접 누릴 수 있는 혜택이 더 많다. 중앙 도서관을 비롯해 24시간 오픈하는 도서관, 단과대별 도서관, 대학원 도서관까지 다양하게 존재한다. 우리 아이들이 좋아한 도서관은 기숙사마다 있던 도서관이었다. 한 기숙사의 도서관은 도시에서 두 번째로 오래된 건물에 위치한, 여덟 개의 방으로 이루어진 도서관이었다. 조지 워싱턴 전 대통령도 지냈다는 역사와 전통이 있는 건물이다. 그런 도서관에서는 미리 예약하면 그룹 미팅을 하거나 친구들과 영화도 볼 수 있다.

이제 막 대학 생활을 시작한 혜성이도 여러 혜택을 충분히 즐기고 있다. 수업을 열심히 듣는 것은 물론이고 언니들이 추천한 클럽에도 가보면서 자신이 좋아하는 필름 축제도 계획하면서 학교에서 재미있게 생활하기 위해 노력하고 있다. 하지만 한창 재미있게 대학 생활을 즐기던 중 시작된 코로나19 팬데믹으로 어쩔 수 없이 집에 돌아왔다. 할 일을 찾던 혜성이는 좋아하는 하버드 과학 저널의 편집을 맡아 크고 작은 논문을 열심히 읽으며 코로나가 가져다준 의미를 깨달아가고 있다.

3

하버드를 졸업한
혜민이와 혜은이가
선택한 길

첫째 혜민이는 대학 생활을 시작하면서 자신의 관심사와 분야를 좀 더 구체적으로 좁혀갔다. 고등학생 시절에는 국제 관계학에 관심을 가졌고, UN에서 일하고 싶어 했다. 대학교에 들어가 더욱 깊이 공부하면서 국제 정치학을 전공하기로 마음을 굳힌 혜민이는 특별히 중국과 아시아에 집중해 공부하겠다는 포부를 밝히기도 했다. 2학년을 마치면서는 정치학으로 박사 과정에 도전해보고 싶다면서 박사 학위를 받으면 대학에서 학생들을 가르치고 연구하는 교수가 되고 싶다고 했다. 우리 가족은 그것이 무엇이든 네가 결정한 것이라면 적극 찬성한다고 했다. 가장 좋아하고 자신 있는 일이 공부라고 하는 혜민이에게 꼭 맞는 일이라고 생각했다.

박사 학위 프로그램을 지원하기 위해서는 학부를 마칠 때 쓴 졸업 논문으로 지원해야 했기에 무엇보다 논문이 가장 중요했다. 비록 학부생이 쓰는 논문이었을지라도, 제대로 리서치하고 모든 힘을 쏟아 몰두했다. 논문을 쓰는 동안 전공 교수님과 조교들의 도움을 많이 받았다고 한다. 감사하게도 혜민이는 졸업을 하면서 어렵게 완성한 논문으로 정치학과에서 주는 논문상을 받았다. 또한 수석 졸업이라는 명예와 특별한 멤버(Member of Phi beta Kappa)로 추천되는 영광도 받게 되었다.

졸업식 때 만났던 혜민이의 주임 교수님은 우리 부부에게 당신의 딸이 얼마나 훌륭한 논문을 완성했는지 말해주고 싶었다고 했다. 그런 칭찬과 상은 석박사 통합 프로그램에 지원한 뒤 구체적인 성과로 나타나기 시작했다. 지원한 대부분의 학교에서 합격 통지서가 도착한 것이다.

혜민이가 졸업했던 그해 하버드의 박사 과정에서는 하버드 학부를 졸업한 학생 중 정치학에서 유일하게 한 명을 뽑았는데 그게 혜민이었다. 하지만 혜민이는 학문의 다양성을 경험하기 위해, 다른 도전을 따라 학문의 풍토와 색깔이 다른 스텐퍼드 대학교의 석박사 통합 프로그램을 선택했다.

박사 논문을 위해 스텐퍼드에서 열심히 공부하던 혜민이는 중국어를 더 유창하게 구사하기 위해 중국으로 어학 연수를 떠났고, 그곳에서 1년 동안 지내면서 리서치도 했다. 앞으로 혜민이가 어떤 곳으로 가게 될지 모르지만, 어느 곳이든 평화와 정의를 위해 쓰임을 받는 일꾼이 되길 바랄 뿐이다.

이 책의 원고를 거의 완성했을 즈음 혜민이는 스탠퍼드 대학교의 석박사 과정을 마치고 그동안 꿈꾸며 준비했던 교수로 임용을 받기 위해 여러 학교에 지원했다. 그 결과 미국 육군 사관학교로부터 국제 정치학 교수로 임용되었다는 소식을 듣게 되었다. 미국 내에서 정치학 교수가 된다는 것은 좁고도 험한 길이지만 목표를 향해 굳은 믿음으로 달려 왔다.

혜은이는 2학년을 마치면서 법대 진학을 생각하기 시작했다. 그러나 옳은 결정인지 확신하지 못하겠다면서 휴학 후 일을 하면서 확신을 갖고 싶다고 했다. 휴학 중 여러 정부 기관, 검사실, 국선 변호사 기관에서 인턴을 통해 법대 진학을 결심했다. 3학년 복학 후에는 법대 진학을 위한 시험을 준비하기 시작했다. 그 과정에서 법대 진학을 돕는 어드바이저 덕분에 하버드 학생을 대상으로 하는 JDP(Junior Deferral Program) 프로그램을 알게 되었다. 이 프로그램은 학부생 때 하버드 법대에 지원하는 것으로 3학년 때까지의 성적과 LSAT 시험, 그동안의 활동을 바탕으로 지원하는 것이다. LSAT 시험을 공부할 시간이 충분치 않아 걱정이 많았던 혜은이는 최선을 다한 결과 합격 통지서를 받을 수 있었다. 이 덕분에 4학년은 마음 편히 공부하면서 졸업 준비를 할 수 있었다.

혜은이처럼 이 프로그램으로 합격한 학생들에게는 졸업 후 바로 법대 공부를 시키지 않는다. 입학 조건이 졸업 후 2년 동안 사회 경험을 하는 것이기 때문이다. 여행, 자원봉사, 취업 등 어떤 것이든 좋다고 한다. 나는 이러한 원칙이 너무 반가웠다. 너무 어린 나이에 법을 공부하고 변호사가 되는 것보다 인생 경험을 조금이라도 더 하고 법을 공부한다면 더 좋은 법조인이 되지 않을까 하는 생각이 들었기 때문이다.

2년이라는 시간이 주어진 혜은이는 스페인어를 더 유창하게 구사하고 싶다면서 스페인으로 가기 원했고 스페인 정부를 통해 보조 교사 자리에 취직이 되었다. 혜은이는 코로나19 팬데믹으로 집에 돌아오기 전까지 거의 2년 가까이 스페인 남부와 북부에 살면서 문화와 언어를 두루 경험했다. 근무했던 학교가 시골에 있었기에 동양인을 거의 찾아볼 수 없는 곳이다 보니 어려움도 있었다고 한다. 그렇지만 시간이 될 때면 유럽을 여행하며 새로운 친구들을 사귀고 국제 경험이 많은 어른들도 만나게 되면서 새로운 생각을 할수 있게 되었다고 한다. 앞으로 법을 공부하게 되면 국제법에 중점을 두고 국제 변호사가 되겠다는 생각을 하고 있다.

그런 혜은이의 경험은 언어 역량의 성장은 물론이고 관심 분야에 더욱 흥미를 갖는 큰 소득이 있었다. 앞으로 더욱 열심히 공부해 국가 간 불평등을 없애는 귀한 일에 쓰임 받기를 바라고 기도할 뿐이다.

세상의 모든 아이는
각자의 가능성을 가지고 있다

그동안 "어떻게 하면 하버드에 갈 수 있나요?", "특별한 비결은 무엇이었나요?", "아이들의 스펙이 어떻게 되나요?", "SAT 점수는 얼마나 나왔어요?" 같은 질문을 참 많이 받았다. 우리 부부가 대답을 하면 말 한마디 한마디가 마치 엄청난 권위를 가진 어록인 것처럼 하나하나 받아 적는 사람까지 생겼다. 한 집안에 한 명은 그렇다 쳐도, 그게 둘이 되고, 이제는 아이 셋 모두 하버드에 들어갈 수 있었던 건 분명 무언가 대단한 비결과 방법이 있겠다고 생각한 모양이다.

지극히 평범한, 어쩌면 그 이하일 수 있는 환경에서 특별한 사교육도 받지 않았던 세 아이가 어떻게 하버드에 들어갈 수 있었을까?

미국 주류 사회에 진입하기도 힘든 소수 인종 출신의 이민자이면서, 부모는 언어의 장벽과 문화적 어려움 앞에서 여전히 고생하고 있어 사회적 약자일 수밖에 없는데 말이다. 결론적으로 말한다면, '다르다'는 차별성 덕분이었다. 우리 세 딸은 미국인과 달랐고, 또래의 아이들과도 달랐으며, 심지어 자매끼리도 서로 달랐기 때문에 세계 최고 대학교라 불리는 하버드의 문을 열고 들어갈 수 있었다.

우리 가정이 미국에 도착해 처음 정착했던 시골에서의 생활은 도시와는 달라도 무척 많이 달랐다. 당연하다고 여겨 큰 의미를 두지 않을 수 있지만, 삶의 환경이 다르다는 것은 큰 차이를 가져올 수 있다. 만일 우리가 미국 사회에 완전히 동화되어 정체성을 잃은 채 미국인으로 살았다면 우리 세 아이들이 하버드에 입학하는 일은 어쩌면 일어나지 않았을 수도 있다. 나는 아무리 미국 주류 사회에 끼어들고자 해도 미국인들은 절대 인정하지 않는다고, 그렇기에 절대로 미국인이 되려고 노력하지 않을 것을 가르쳤다. 오히려 생김새도, 피부 색도, 말도, 문화도 다르다는 것을 분명하게 인식하도록 가르쳤다. 미국 시민권을 가지고 있어서 권리를 정당히 누리고 살아간다 할지라도, 영어를 완벽히 구사해 의사소통에 문제가 없을지라도 그들의 눈에는 이상할 정도로 영어를 잘하는 한 명의 동양인 그 이상도 이하도 아니다. 한국인이라는 정체성을 가지고 한국적인 것을 부각하면서 다른 아름다움을 보여주면 개방적이고 자유로운 그들의 사고와 문화에서는 다르다는 이유만으로도 흥미를 느끼며 관심을 갖게 된다고 생각했다. 다른 우리를 그대로 인정하고 받아들이면서 자신보다 더 나은 점을 발견하면 존중하고 인정해주기 마련이다.

또한 이러한 아이들의 다른 점을 발견했을 때 어떤 상황에도 흔들리지 않는 일관성을 유지하려고 부단히 노력했다. 부모가 정한 원칙이나 소신을 흔드는 수많은 소리와 유혹이 참 많았지만, 한 번 정한 원칙과 소신은 양보하지 않고 지키겠다는 우리 부부의 의지가 세 아이들에게는 안정감을 주었고 결국 각자의 목표를 이룰 수 있도록 하는 원동력이 되었다.

입시 컨설팅은 생각도 하지 못했고, 그저 공립 학교에 보내면서, 특별한 사교육을 시키지도 않았는데 세 아이들이 모두 하버드에 들어가게 된 것을 무엇으로 설명할 수 있을까? 그것은 오로지 하나님이 우리에게 베푸신 은혜였다고 고백할 수밖에 없을 것 같다. 나로서는 다른 것으로 설명이 불가하다.

세 아이가 아름답게 성장하고 자신의 길을 찾아가는 것을 보면서 나의 사명을 발견했다. 자녀에 대한 부모의 책임과 사명을 발견하도록 돕고, 더 좋은 부모가 되는 방법을 배우고자 하는 모든 분들에게 조금이나마 도움을 드리는 것 말이다. 그런 간절한 마음을 꾹꾹 눌러담아 이 책을 드린다.

지은이 **심활경**

2012년, 미국에서는 한 고등학교에서 몇 년에 한 번 탄생할까 말까 한다는 하버드 대학교 합격 소식이 '한 집안'에서 또 들려왔다는 기사가 나왔다. 그 주인공은 둘째 딸 혜은이였다. 언니인 혜민이가 하버드에 합격했을 당시 기사에는 한인 사회의 경사 정도로 소개되었지만, 한 집안에서 연달아 하버드에 합격하자 미국 내 한인 사회가 떠들썩해졌다. 당시 기사는 "현재 중학생인 혜성 양도 하버드에 입학한다면 세 자매 입학 기록도 세울 수 있는 상황"이라며 기대감을 내비치기도 했다. 그로부터 7년이 지난 2019년, "말이 씨가 된다"는 옛말처럼 셋째 딸 혜성이마저 하버드에 조기 합격하면서 '하버드 세 자매'의 전설이 완성됐다.

한국에서 기독교교육으로 석사 학위까지 받은 후 같은 대학에서 신학을 공부하던 남편과 결혼한 뒤 남편의 늦깎이 유학을 계기로 미국으로 이민을 떠났다. 동양인 이민자였기에 사회적으로는 비주류였고 게다가 목회자의 가정이었기에 경제적으로도 넉넉지 않았지만, 이 모든 것을 극복해냈다. 입시 컨설팅은 꿈도 꾸지 못했고, 그 흔한 사교육도 시키지 않은 채, 유명 사립 학교도 아닌 일반 공립 학교를 다닌 세 딸을 모두 하버드 대학교에 보낸 것이다. 첫째가 하버드에 들어가면서 시작된 최상위권 입시 성공 비결에 대한 주변의 질문 세례는 둘째와 셋째까지 하버드에 들어가면서 더욱 치열해졌고, 또 구체적으로 바뀌었다. 이를 계기로 세 아이는 남들과 무엇이 달랐기에 하버드의 문턱을 넘을 수 있었는지 돌아보게 되었다.

매년 미국뿐만 아니라 전 세계의 내로라하는 인재가 모여드는 곳이 하버드이기에 세 자매는 최선을 다해, 타의 추종을 불허하게 누구보다 치열하게 공부한 결과 절대 무너지지 않는 탄탄한 실력을 쌓아 모두의 인정을 받을 수 있었다. 그렇더라도 단지 공부만 잘했다면 하버드를 향한 치열한 경쟁을 뚫을 수는 없었을 것이다. 남들과는 다른 아이들만의 독특한 인생 스토리를 완성하도록 끊임없이 격려했고, 사랑으로 보듬고 베푸는 기독교 정신을 바탕으로 '인종의 용광로'라는 미국에서 소수자의 목소리를 대변하고 더 나은 사회를 이끌어갈 사람이 되도록 가르쳤으며, 책상 앞에 앉아 공부만 하는 것이 전부가 아님을 강조하며 다양한 경험을 쌓게 한 것이 주효했다.

그동안 곳곳에서 비결을 알려달라는 질문이 쏟아졌지만, "지극히 평범한, 특별한 구석이라고는 하나도 없는 나"라며 스스로를 낮추었고 모두 아이들이 해낸 것이라며 말을 아껴왔다. 지금까지의 수많은 질문에 대해 속 시원하게 처음 풀어놓는 답변이기도 한 《나는 이렇게 세 딸을 하버드에 보냈다》에서는 결코 녹록지 않았던 환경 속에서도 목표를 이루기 위해 세 자매와 엄마가 함께 실천했던 동기부여, 자기관리, 공부법을 공개한다. 또한 한국인으로서의 정체성, 신앙인으로서의 역할과 태도를 잊지 않도록 가르쳤던 이유와 타지에서 하나가 되어 어려움을 이겨낸 감동적인 스토리 등 모든 것을 처음으로, 아낌없이 풀어놓았다.

그동안 자녀교육과 양육 관련 강의를 활발히 진행하며 수많은 부모의 고민을 들어주고 공감해준 것처럼 독자 한 명 한 명과 눈을 맞추듯 따뜻하게 메시지를 전하고자 한다. "당신도 충분히 잘하고 있다"는 위로와 누구든, 얼마든지 할 수 있다는 자극과 도전은 모든 부모가 내 아이 속에 숨겨진 씨앗을 발견하는 기쁨을 경험하게 해줄 것이다.

나는 이렇게 세 딸을 하버드에 보냈다

2022년 7월 23일 초판 1쇄 | 2023년 10월 23일 10쇄 발행

지은이 심활경
펴낸이 박시형, 최세현

마케팅 이주형, 양근모, 권금숙, 양봉호 **온라인마케팅** 신하은, 현나래, 최혜빈
디지털콘텐츠 김명래, 최은정, 김혜정 **해외기획** 우정민, 배혜림
경영지원 홍성택, 강신우 **제작** 이진영
펴낸곳 (주)쌤앤파커스 **출판신고** 2006년 9월 25일 제406-2006-000210호
주소 서울시 마포구 월드컵북로 396 누리꿈스퀘어 비즈니스타워 18층
전화 02-6712-9800 **팩스** 02-6712-9810 **이메일** info@smpk.kr

쌤앤파커스(Sam&Parkers)는 독자 여러분의 책에 관한 아이디어와 원고 투고를 설레는 마음으로 기다리
고 있습니다. 책으로 엮기를 원하는 아이디어가 있으신 분은 이메일 book@smpk.kr로 간단한 개요와 취
지, 연락처 등을 보내주세요. 머뭇거리지 말고 문을 두드리세요. 길이 열립니다.